B BLUE BOOK 广东蓝皮书系列
GUANGDONG BLUE BOOK SERIES

郑红军　主编

广东消费蓝皮书 2021

新冠肺炎疫情下的消费理论创新与实践探索

SPM
南方出版传媒
广东经济出版社
·广州·

图书在版编目（CIP）数据

广东消费蓝皮书. 2021 / 郑红军主编. —广州：广东经济出版社，2021. 9

ISBN 978-7-5454-7828-0

Ⅰ. ①广… Ⅱ. ①郑… Ⅲ. ①消费市场—研究报告—广东—2021 Ⅳ. ①F727.65

中国版本图书馆CIP数据核字（2021）第135096号

责任编辑：徐依然　陈丹扬
责任技编：陆俊帆

广东消费蓝皮书2021
GUANGDONG XIAOFEI LANPISHU 2021

出版人	李　鹏
出　版 发　行	广东经济出版社（广州市环市东路水荫路11号11～12楼）
经　销	全国新华书店
印　刷	广州小明数码快印有限公司 （广州市天河区高普路83号B栋C5号）
开　本	787毫米×1092毫米　1/16
印　张	16
字　数	300千字
版　次	2021年9月第1版
印　次	2021年9月第1次
书　号	ISBN 978-7-5454-7828-0
定　价	168. 00元

图书营销中心地址：广州市环市东路水荫路11号11楼
电话：（020）87393830　邮政编码：510075
如发现印装质量问题，影响阅读，请与本社联系
广东经济出版社常年法律顾问：胡志海律师

广东消费蓝皮书2021

学术顾问：李新家
主　　编：郑红军
副 主 编：姜彩芬（执行） 王强东 郑英隆 欧翠珍
编　　委：（以姓氏笔画排序）
王强东　左连村　申　勇　刘品安　江　波
陈　搏　欧翠珍　罗顺均　郑红军　郑英隆
钟陆文　姜彩芬　黄铁苗　彭　斌　蒋序标
游霭琼　谢仁寿　窦志铭　黎友隆

广东消费经济学会组织架构

会　　长：郑红军
副 会 长：（以姓氏笔画排序）
王强东　左连村　申　勇　江　波　欧翠珍
郑英隆　钟陆文　姜彩芬　黄铁苗　彭　斌
蒋序标　游霭琼　谢仁寿　窦志铭　黎友隆
秘 书 长：游霭琼

序 言

郑红军

随着经济向高质量发展迈进，我国经济增长的动力格局发生了重大变化，消费日益成为经济增长的主要拉动力，对经济增长的贡献不断提升。2019年，我国社会消费品零售总额达41.2万亿元，消费对经济增长贡献率达57.8%，拉动GDP增长3.5个百分点，连续6年成为经济增长第一拉动力。

然而，2020年初，一场突如其来的新冠肺炎疫情席卷神州大地，对我国社会经济生活的方方面面产生了重大影响，以至成为冲击消费的“黑天鹅”。防控疫情需要控制和避免人口大规模流动和聚集，部分疫情严重地区要实施隔离管控。这一方面大幅降低了人们的消费需求，对我国餐饮、旅游、电影、交通运输等行业造成明显冲击；另一方面导致很多地区、行业停工停产，物流渠道阻滞，生产供应链发生短期断裂，供给不畅反过来引起居民收入降低，使得消费需求进一步减少。

大疫来袭，传统商业消费遭遇“滑铁卢”，但也在无形之中培养了一些新的消费习惯，催生了新业态、新模式。在线教育、在线医疗、远程办公等新型消费崭露头角，社交电商、线上直播、O2O模式等许多新的销售渠道纷纷涌现。新兴消费迎来发展机遇，极大激发了消费潜力，激活了消费市场，助推了消费升级。在2020年上半年全国社会消费品零售总额增速为负的情况下，线上新兴消费保持了两位数以上的高速增长，成为引领消费增长的主要动力。此外，新冠肺炎疫情的暴发让人们开始重新审视生命和健康，营造与追求注重生命价值的健康生活方式便成为新的消费潮流，健康生活理念与消费行为持续升温。

与此同时，新冠肺炎疫情加剧了近年来经济全球化逆流的趋势，各国内顾倾向上升，全球产业链、供应链面临局部断裂风险。习近平总书记在浙江考察时就发现，当地不少企业需要的国外原材料进不来、海外人员来不了、货物出不去，不得不停工停产，疫情对全球产业链、供应链的冲击已经直接影响到我国国内经济循环。疫情以来，全球的形势已经很不一样，我国大进大出的环境条件发生了变化，必须根据新的形势提出引领发展的新思路。2020年4月，习近平总书记首次提出要建立以国内大循环为主体、国内国际双循环相互促进的新发展格局，党的十九届五中全会更对构建新发展格局作出全面部署。新发展格局的重要内涵之一就是立足国内大循环，协同推进强大国内市场和贸易强国建设，坚持扩大内需这个战略基点，充分挖掘国内市场潜力。这就在国家层面把消费提到了更为重要的战略位置，使得关于消费的理论研究前景更加广阔。

在此背景下，广东消费经济学会于2020年下半年组织广大会员围绕疫情与消费、新消费与理论等展开研究，并从中精选论文25篇，汇编成《广东消费蓝皮书2021》（简称《蓝皮书》）。恰逢学会换届，《蓝皮书》由广东消费经济学会新任的第三届常务理事会领衔组织编撰，老会长李新家研究员作为学术顾问对其中文章的评选给予了大量指导，在这里表示衷心感谢！

总体来看，《蓝皮书》具有以下五个鲜明特征：

（1）聚焦疫情。本书中有10篇论文聚焦于疫情研究，不仅分析疫情对总体消费和经济的影响，而且探讨了疫情影响文化旅游、跨境旅游、绿色健康消费、线上消费、家庭消费结构、地摊经济等的现状与理论机制，并提出了有针对性的政策建议。

（2）聚焦消费。作为广东消费领域的品牌书籍，本书全部聚焦于消费热点与理论研究，并特别关注文化旅游、绿色健康消费、线上电商、教育培训等新消费业态。

（3）关注广东。本书作者大多来源于广东高校和科研机构，他们特别熟悉广东，并将理论运用于实践，重点研究广东消费（有12篇论文），特别是关于粤港澳大湾区的消费产业发展及消费结构升级的内容。

（4）强调原创性。本书25篇论文都属于原创性成果，提出了许多新观点及新概念，如《国民经济数字化转型中的消费理论研究论纲》一文提出了

“国民经济数字化转型”，《新生代老龄群体消费：特征、难点及对策》一文提出“新生代老龄群体消费”等。

（5）强调实践性。本书25篇论文关注的都是现实消费问题，充分把理论性与实践性相结合、现实性与前瞻性相结合，以科学的研究方法、翔实的资料数据和客观的动态分析，从不同层面、不同角度、不同切入点全面深入地研究消费领域的重大理论与现实问题。

希望本书的出版，能在推进消费理论创新、服务政府决策等方面，引起反响。

是为序。

（作者：郑红军，广东消费经济学会会长、研究员）

目 录

CONTENTS

宏观篇

中观篇

微观篇

宏观篇

国民经济数字化转型中的消费理论研究论纲

李新家　　左连村

摘要： 数字技术的兴起和迅速发展引发了人们对人工智能的深入开发和应用升级，成为促进数字经济和数字化经济创新发展的重要驱动力。国民经济转型和发展的整体形态在一定程度上可用“数字化经济”来描述。数字化经济是通过在传统实体经济和服务经济中广泛深入运用数字资源、数字化资源和现代数字技术而数字“化”出来的经济，也向我们提出消费理论创新的要求。数字化经济中的消费品、消费结构、消费水平、消费函数、消费方式、消费环境以及公共消费品等都会表现出与传统的消费经济不同的特点，也有着不同于以往的消费管理、引导和调控的要求。发展数字经济，促进国民经济数字化转型，必须打造相对完整的高质量数字化资源对接网络，形成消费互联网和产业互联网有效对接的数字化智慧型网络经济系统。

关键词： 国民经济数字化转型；消费理论创新；数字化经济；数字消费品；数字化消费品

一、坚持马克思主义政治经济学基本原理

研究消费问题，必须始终坚持马克思主义政治经济学关于生产、流通、分配、消费为一个有机整体和各要素相互作用的基本观点，因为这一理论揭示了国民经济顺畅循环的基本规律。马克思说：“我们得到的结论并不是说生产、分配、交换、消费是同一的东西，而是说，它们构成一个总体的各个环节，一个统一体内部的差别。生产既支配着生产的对立规定上的自身，也支配着其他要素。……一定的生产决定一定的消费、分配、交换和这些不同要素相互间的一定关系。当然，生产就其片面形式来说也决定于其他要素。例如，当市场扩大，即

交换范围扩大时，生产的规模也就增大，生产也就分得更细。随着分配的变动，例如，随着资本的集中，随着城乡人口的不同的分配等等，生产也就发生变动。最后，消费的需要决定着生产。不同要素之间存在着相互作用。每一个有机整体都是这样。”①

习近平总书记强调加快构建以国内大循环为主体、国内国际双循环相互促进的新发展格局，是在指导我国当前经济发展中对马克思主义政治经济学再生产原理的运用和发展。

二、促进国民经济数字化转型的指导思想和战略决策

习近平总书记多次强调“数字经济是大势所趋”，要“做大做强数字经济”，建设“数字中国”和“智慧社会”。习近平总书记在党的十九大报告和《中共中央关于制定国民经济和社会发展第十四个五年规划和二〇三五年远景目标的建议》中都反复强调了要促进数字经济的发展。

《中共中央 国务院关于新时代加快完善社会主义市场经济体制的意见》、国家“十四五”规划、广东省“十四五”规划等，都对推进数字经济的发展作出了具体的规划和部署。

三、数字经济、信息经济和网络经济的一般探讨

数字经济和数字化经济、信息经济和网络经济，都是在现代信息技术不断升级的基础上发展起来的，在其具体形态上具有高度的同一性。也许可以认为信息经济是最基础的层次，信息经济的广泛发展导致了网络经济时代的到来。在网络经济的基础上，数字技术的发展引发了对人工智能的深入开发和应用升级，促进数字经济和数字化经济进一步地深入和广泛地发展。

对于国民经济转型和发展的整体形态来说，可能采用“数字化经济”来描述比较合适。“数字经济”是“数字化经济”中最基本的部分，“数字化经济”体系中包括“数字经济”部分。或许可以说，数字经济就是直接通过数字资源和数字技术生产数字消费品的经济。数字化经济则是通过在传统实体经济和服务经济中广泛深入运用数字资源、数字化资源和现代数字技术（包括人工智能等）而数字“化”出来的经济。

---

① 中共中央 马克思 恩格斯 列宁 斯大林著作编译局编.马克思恩格斯选集（第2卷）[M].北京：人民出版社，1972：102。

四、数字化经济中的生产

（一）数字产业和数字化产业

也许应该提出数字产业和数字化产业这样的概念，并对其进行区分。

有些产业本身就是数字产业，其产业资源主要是数字资源，生产过程主要是数字资源的采集、加工，产品仍然是数字产品。当然，在生产过程中要运用到计算机系统等工具，生产过程中需要人力资源和人才资源是不言自明的事实。

除了数字产业之外，还有很多数字化产业。这些产业的产品不是数字产品，但是它们可以通过利用数字资源和人工智能等被生产出来，数字资源在生产过程中发挥的作用越来越大，相当一部分产品价值是由数字资源转移或增值而来的。比如一个水果，从它的生产环境和生产过程，直到成为最终消费品，数字资源和数字技术都发挥了重要的作用。这个在数字化生产体系中生产出来的水果，与完全没有利用现代数字资源和数字技术的传统农业生产体系中生产出来的水果相比，无论是使用价值还是价值都发生了重要的变化。当其价值中由于利用现代数字资源和数字技术创造的份额达到某个程度时，这个水果就可以称作数字化产品，相应的产业体系也就成了数字化产业。

在数字经济或者数字化经济体系中，会开发出越来越多的数字产业，越来越多的产业会成为数字化产业。电子商务、云计算、网络安全等被认为是数字产业。通过互联网、大数据、人工智能同实体经济深度融合，创造出来的产业互联网、智能制造、远程医疗等被认为是数字化产业。

（二）数字产业的产业链和数字化产业链

对数字产业和数字化产业的观察和研究，必然会延伸到对产业链的观察和研究。诸如产业互联网之类的数字化产业体系本身就是通过多个产业链的网络连接而成。

（三）促进产业数字化或者构建数字化产业链的基本技术路径

通过数字技术、人工智能的推广应用，各个产业在新一代互联网上的紧密结合，互连互通，才能实现产业数字化。只有数字产业和数字化产业的专业化网络连接，才能形成数字化产业链。只有通过数字化产业链深度的网络连接，才能构建起产业互联网。产业互联网的技术基础就是数字化和网络化。

（四）发展数字化农业，促进农业产业链、供应链数字化转型

在数字化经济的生产体系中，农业具有较大的特殊性。在农业数字化转型过

程中，必须把握国家推进数字经济发展的机遇，紧密结合乡村振兴战略规划的实施，加强农村数字化产业发展的基础设施建设，包括农业生产动态空间信息系统的建设，构建数字化、智能化利用农业资源的管理体系；构建数字技术和新一代网络技术，落地农业农村的科技服务体系和金融支撑体系；促进农产品产供销全产业链数字化、网络化发展。

五、数字化经济中的流通和分配

社会再生产的生产、流通、分配、消费四个环节，在现实经济活动的表象上，从某些具体的内容而言，可以观察到它们各自独立的具体形态。例如，在生产资料和消费品的运输过程中，可以直接看到“流通”的事实和现象。但是，“流通”的全部内容远远不止这些，它还包含在生产、分配和消费环节。其他各个环节相互交错的情况也相类似。换言之，在生产环节中，也内在地包含着流通、分配和消费的部分内容。

在国民经济数字化转型中，在流通领域和分配领域，以现代信息技术为基础的数字化智能型物流体系和电子商务体系，以产业链金融为主线的数字化金融支撑体系，以及数字资源、数字技术的市场化开发和运用体系，以实现人民群众对美好生活的向往为根本宗旨的国民收入分配体系，都已经有了长足的发展。诸多体系的发展过程中，进一步显露和展现数字化经济中的流通和分配的现象、特征和规律，是今后经济学研究必须密切关注的重要对象。

数字化经济体系中，数字货币会发挥作用和影响，它将引发怎样的变化，产生怎样的规律性现象，也是必须特别关注和研究的新课题。

六、数字化经济中的消费

（一）数字化经济中的消费品

研究数字化消费首先要考察消费品，必须从使用价值和价值两个方面来认识和考察。数字化经济中的消费品，可以分为三种。

一种是数字消费品。消费者直接使用的数字产品就是数字消费品。现实生活中，这类消费品已经有许多了，数量也在不断扩大。

一种是数字化消费品。这种消费品本身的使用价值形态不是数字产品，但是在其生产过程甚至包括流通过程中使用的数字资源、数字化资源和数字技术的比重提高到了一定的程度，因而在其价值形成中，从数字资源、数字化资源和数字技术中转移和创造的价值占了相当大的比重，故被称为数字化消费品。

目前，建立在第四次产业革命技术基础上开发出来的“新消费”，有些直接就是数字消费品的消费，有些则是数字化消费品的消费。

在数字消费品和数字化消费品之外，肯定还会存在不属于这两种的其他消费品。例如农民按照传统的生产方式生产的，直接供自己和家人消费的农产品。这类消费品的生产过程中，是较少使用数字资源、数字化资源和数字技术的。在经济数字化转型和发展过程中，这类消费品的生产会逐步减少，因为它们的生产、流通等将会被“数字化”。

（二）数字化经济中的消费结构

人们从不同的角度研究消费结构。在数字化经济系统中，消费结构会表现出一些新的特征。首先是在居民家庭和个人消费中，数字消费品、数字化消费品消费的比重会增加，传统的非数字化消费品消费比重会下降。这方面的消费结构会随着经济数字化转型的区域和发展阶段上的差别而表现出复杂的情况。

衣食住用行等方面的消费品的数字化发展也会呈现不同的趋势。目前，智慧型住房已经开始出现，但房屋的重建或改建成本较高，居民住房大量转变为数字化智慧型住房还需要相对较长时间。各种家用消费品数字化将会发展得很快，如装载智能型构件的汽车正在快速发展。各种交通工具数字化、智能化发展和交通调度智能化体系的形成，促进人们出行消费的数字化程度提高。

在现阶段，可以观察到各种服务消费的数字化、智能化发展相对较快。

物质消费和精神文化消费的数字化转型会表现出明显的差别。许多精神文化消费直接就是数字产品的消费。

（三）数字化经济中的消费水平和消费函数

通常，具有实际研究和参考价值的消费水平指标是以消费主体消费支出的货币数量来表示的。决定消费水平的主要因素是国民收入分配中消费主体所获得的份额以及消费品的市场价格。消费函数理论主要是说明收入决定消费的各种关系和形式。在数字化经济系统中，消费水平和消费函数的理论也会有新的表现。

消费水平可以用来衡量社会主义生产目的的实现程度，用来分析和调整国民收入分配中的各种关系。如果整个社会的消费水平低下，说明社会生产体系效率低下，或者分配不公。这些基本的原理在数字化经济中可能不会有太大的变化。

（四）数字化消费方式

数字消费品、数字化消费品和非数字化消费品的消费方式有很大的差别，一定的消费品通常都只适用于一定的消费方式。消费方式的变化带来的是生活方式的变化。类似音像产品这样的数字消费品，消费的时间几乎没有限制，导致了大量消费者时间分配不合理、使用方式不健康等现象的产生。

（五）数字化消费环境

消费环境可以区分为消费的自然生态环境、人工建设的物质环境以及社会文化环境，这些环境要素是相互交错的。消费环境的数字化转型也是必然的趋势。

（六）公共消费的数字化解决方案

公共消费的数字化解决方案在应急时期能够发挥极其重要的作用。新冠肺炎疫情期间涌现出来的服务于公共卫生事件应对和防治新冠肺炎检测的线上医疗平台等健康服务平台有效增加了社会公共资源的供给，提高了公共产品使用效率，极大地满足了社会对公共产品的需求。

同时，在疫情期间各种各样的社会交流（包括国内外的交流），如会议等，数字化、网络化的云计算资源也发挥了重要作用。这些公共消费领域的数字化解决方案在非应急时期照样可以发挥重要的作用。

在教育消费的领域，线上教育平台在疫情期间发挥了重要作用，包括各国留学生在其他国家的学习都基本上有了数字化解决方案。

（七）关于消费的管理、引导和调控

在数字化、网络化消费领域，每一部手机都有可能成为一个炒作某项消费的分支平台、成为一个相对独立的消费市场。随着市场主体限制的减少、数字化消费产品和衍生产品的不断开发和增加，过分的炒作和投机行为、欺诈行为等也不断增加。无论是消费品，还是它们的消费方式，都有可能对消费者的生活和身心健康产生不良影响。

数字化经济体系的虚拟化程度会提高。消费品、消费方式、消费环境、消费水平和消费效果都有可能出现虚拟化程度提高的现象；消费信用、消费金融、消费保险、消费安全，甚至国民经济各部门经济发展水平的计量和统计、对外经济贸易等都有可能出现虚拟化程度提高的现象。这会导致对于经济发展具体状况认识的失真，甚至可能引发决策失误。

因此必须加强对数字化经济体系中消费的管理、引导和调控，必须根据经济数字化转型的具体进度，制定和实施一系列政策、制度、法律和法规，加强对消费者的教育引导，加强对消费品质量安全和健康的监管，加强对消费市场的管理，理顺消费在国民经济循环过程中的关系。

七、以消费大数据为引导，促进消费主导型经济的形成与发展

网络经济、数字化经济的发展，使整个社会消费需求，包括居民家庭和个人消费的需求以及社会公共消费的需求，以消费大数据的形式得到日益充分的表现。这也使消费导向型经济直接表现为以消费大数据为引领的数字化网络经济。

发展数字经济，促进国民经济数字化转型，必须打造相对完整的高水平高质量数字化资源对接网络系统。通过数字资源的优化配置和数字技术的升级应用，形成整个经济体系中各个环节和各个部门的信息资源数字资源对接，并进而打造和形成相对完善的政策链、资金链、技术链、服务链、管理链及贯穿其中的创新链，充分发挥这些资源对接链的协同作用和集成效果，形成消费互联网和产业互联网有效对接的数字化智慧型网络经济系统。

（作者：李新家，广州工商学院教授）
（作者：左连村，广东外语外贸大学教授）

消费扶贫的理论和实践探索研究

邓利方　曾　鸣

摘要：消费扶贫是社会各界通过消费来自贫困地区和贫困人口的产品与服务，帮助贫困人口增收脱贫的一种扶贫方式，是社会力量参与脱贫攻坚的重要途径。以消费助推扶贫，以扶贫扩大绿色消费，充分体现了绿色消费发展理念，这是马克思主义消费理论在中国的新发展，也是对新时期扶贫模式的探索，是构建全社会共同参与大扶贫格局的成功尝试。在脱贫攻坚决战决胜的关键时期，全省各地各部门必须坚决贯彻落实好党中央决策部署，紧紧抓住消费扶贫这个重要抓手，更广泛动员社会力量参与、加大力度扶持贫困地区特色产业发展、着力提升贫困地区农产品供应水平和质量、着力拓宽线上线下销售渠道，扎实推进促进消费扶贫的各项措施。

关键词：消费扶贫；绿色消费；脱贫攻坚

为彻底打赢脱贫攻坚战，2019年1月，国务院办公厅印发《关于深入开展消费扶贫助力打赢脱贫攻坚战的指导意见》，指出消费扶贫是社会各界通过消费来自贫困地区和贫困人口的产品与服务，帮助贫困人口增收脱贫的一种扶贫方式，是社会力量参与脱贫攻坚的重要途径。2019年4月17日，习近平总书记在重庆主持召开的解决“两不愁三保障”突出问题座谈会上提出：“要探索建立稳定脱贫长效机制，强化产业扶贫，组织消费扶贫，加大培训力度，促进转移就业，让贫困群众有稳定的工作岗位。”明确将组织开展消费扶贫工作作为助力贫困地区稳定脱贫的一项长效机制进行强调。截至2020年8月16日，全国消费扶贫总额达8031.48万元，其中地方消费扶贫7064.67万元，消费扶贫专馆211.16万元，消费扶贫专柜755.65万元。

党的十八大以来，广东省委、省政府以“撸起袖子加油干”的精神，以“责无旁贷舍我其谁”的担当，在扶贫考卷上写下经得起历史检验、令群众满意的答案，广东的精准扶贫实践被国务院扶贫办点赞为“中国亮点、世界模式”，充分表现出国家对广东扶贫工作的认可和肯定。截至2019年年底，2277个省定贫困村年人均可支配收入17456元，村均集体经济收入达28万元，贫困村年人均可支配收入已超过全国平均水平。161.5万相对贫困人口中99.94%的相对贫困人口达到脱贫标准。随着消费扶贫活动的广泛深入开展，制约消费扶贫在生产、流通、消费各环节的痛点、难点和堵点被打通，消费扶贫助力、促进社会扶贫，必将为助力打赢脱贫攻坚战、推进实施乡村振兴战略作出积极贡献。消费扶贫是对新时期扶贫模式的探索，是构建全社会共同参与大扶贫格局的成功尝试，其蕴含的理论价值和实践价值，值得我们深入思考和研究。

一、消费扶贫的理论价值和实践价值

（一）消费扶贫的理论价值

以消费助推扶贫，以扶贫扩大绿色消费，充分体现了绿色消费发展理念，这是马克思主义消费理论在中国的新发展，是新时代中国特色社会主义消费理论的新特点。

马克思认为，生产与消费都是社会再生产过程中的重要环节，其中生产是起始环节，消费是最终环节，生产与消费之间存在着辩证统一的关系，相互依存、互为前提，相互转化、互为创造。通过消费扶贫，以消费助推扶贫，以扶贫扩大消费需求，在消费者和贫困群众之间建立起社会再生产的流程关系，这是马克思主义消费理论在中国的新发展。

绿色消费是指以节约资源和保护环境为特征的消费行为，是以有利于人的健康和环境保护为标准的消费方式以及消费行为的统称。近年来，随着人民收入水平的提高，消费需求不断攀升，消费已成为拉动经济增长的新引擎。绿色消费作为一种新型消费方式和新的经济增长点，具有巨大的空间和潜力，所以促进绿色消费能够实现经济的可持续发展。另外，推进绿色消费既是对中华民族勤俭节约传统美德的传承，也是现阶段消费升级对绿色生态农产品的需求，促进了贫困地区产业发展的供给侧结构性改革。由于诸多原因，我国广大贫困人口生活居住在农村或偏远山区，而这些地区往往特色资源十分丰富，如自然环境、地方传统文化、蔬菜种植、畜牧养殖、中药材种植等，因而是优质绿色特色农产品和特色服务的生产加工基地。“绿水青山就是金山银山”，立足贫困地区特色资源基础大力发展绿色产业，促进广大农村贫困地区大力生产有利于人们身心健康、有利于环境保护的绿色农产品，着力提高农村绿色产品的生产水平，加大市场绿色产品的有效供给，使绿色产品市场占有率大幅度提高，推动绿色消费，充分体现了绿色发展理念，随着消费的扶贫推广深化，必将有力推动全社会绿色消费。

（二）消费扶贫的实践价值

消费扶贫体现精准扶贫的实践性、具有社会价值的平等性、具有扶贫社会动员的广泛性、具有助力农业产业升级的带动性。

1. 消费扶贫体现精准扶贫的实践性

消费扶贫与精准扶贫之间具有内在逻辑的一致性，消费扶贫的对象精准、方式精准、渠道精准、结果精准，是一个行之有效、可持续发展的扶贫途径。消费扶贫起源于实践的探索，自2014年国务院扶贫办提出消费扶贫理念以来，各种资源、各方力量向消费扶贫聚合。从目前的实践发展来看，充分利用现代互联网技术和电商平台，主要采取线下、线上消费扶贫或将两者结合的模式，聚焦支持服务“三农”，让扶贫变得人人可为、人人乐为，精准带动农民发展生产增收脱贫，是实施农村振兴战略、推动农村地区全面建成小康社会的有效手段。线下的形式有集体采购、以购代捐，通过农家乐、特色文化节等打造的生态旅游，社区农产品对接帮扶，农产品进餐馆和农超一体等。线上的形式是基于“互联网 + 消费扶贫”电商精准扶贫模式，通过微博、微信、直播平台、众筹等渠道销售农产品。随着网络和信息技术的不断普及，电商消费等新业态不断涌现，带动消费空间不断拓展，扶贫的精准性越来越强，从而对有效地提升帮扶对象的“造血”能力，赋能脱贫攻坚，具有重要的扶贫实践价值。

2. 消费扶贫具有社会价值的平等性

消费扶贫的核心就是通过灵活运用市场化机制，广泛动员全社会力量消费来自贫困地区和贫困人口的产品与服务，实现农产品有销路、贫困农户就业有渠道、休闲农业和乡村旅游有活力，筑牢贫困农户脱贫致富的内生动力机制。在消费扶贫过程中，从简单的给钱给物向深度开发演化，重点是提升贫困地区与贫困户的发展能力。帮扶主体与贫困主体之间的互动与相互作用，体现出扶贫工作“参与式”理念，即贫困农户参与扶贫项目决策过程，参与扶贫资金及资源在投放领域、方向和产业方面的选择。这样，贫困户作为农产品的生产者、提供者，可以更好地定位市场，消费者需要什么就生产什么，诸如农副产品认种认养、微田园生产等服务，充分调动自主发展意识和内生动力，通过提高自身生产能力、文化科技水平，大力提升产品或服务的质量，以此满足消费者追求绿色健康和个性化、多层次消费产品的需求，从而为自己带来最大经济收益。在消费扶贫的过程中，消费者同样可以主动参与到扶贫项目的策划、设计和生产等过程中，通过积极表达诉求和进言献策，来获取更佳的消费体验。如对农村地区生产力的发展、生活环境的改善、社会文化的进步进言献策，充分享受农村特色的农产品和服务。总之，贫困户由“受施者”向“参与者”角色的转变，能确保脱贫攻坚过程中的公平价值导向，有效提升扶贫攻坚的质量和效率，实现合作共赢、互惠互利。

3. 消费扶贫具有扶贫社会动员的广泛性

在长期的扶贫实践探索过程中，我国已初步建立了具有中国特色的扶贫机制，即坚持政府引导、社会参与、市场运作。消费扶贫最大特点就是引导、推动、激发社会全员便捷参与到扶贫中来，这是打赢脱贫攻坚战的持久、根本之策。消费扶贫采用商业化手段连接消费者、贫困户、第三方平台（合作社或企业等形式），汇聚各消费扶贫参与主体合力，以动员社会全员参与扶贫作为切入点和突破口，推动扶贫方与贫困户双方受益扶贫、可持续扶贫的发展。消费扶贫的实践过程实质上是让政府各级机关、国有企事业单位、民营企业、市场消费者和贫困农户等多元利益主体协同发挥作用，推动各级机关和国有企事业单位等带头参与消费扶贫，发挥各自优势，积极履行社会责任，通过“以购代捐”“以购代帮”等形式，以更加积极姿态参与到脱贫攻坚战过程中来，建立起一个人人皆愿为、人人皆可为、人人皆能为的扶贫格局。政府部门通过资源的投入与政策的引导，带动社会扶贫力量、服务消费主体、广大贫困农户积极参与其中。各消费主体在同等条件下，优先消费来自贫困地区和贫困人口的产品与服务，既服务了国家战略目标，又确保了自身社会福利水平不下降。同时，社会力量的积极、广泛参与后，政府财政转移支付加大对欠发达地区的基础设施和公共服务支出力度，重点保障低收入群体享受均等的教育、医疗、养老、社保等公共服务，从而进一步提升财政扶贫资金的利用效率。

4. 消费扶贫具有助力农业产业升级的带动性

消费扶贫创新了传统的农业生产方式，推动了农业供给侧结构性改革，有效地为农业生产模式的调整与变化提供了助力。消费扶贫是一个全过程的行为，以产品和服务为媒，以消费为牵引，贫困地区的农副产品从生产、加工、流通到最后的销售各个环节都可以凝聚起来，延长农业价值链，有效地提升农产品的附加值，推动农业转型升级。通过实施消费扶贫战略，带动消费品质不断升级，消费者不仅可以购买贫困地区优质、安全、绿色的农产品，也可以深入贫困地区开展乡村旅游，亲身体验休闲农业，满足自身多样化需求，为我国消费升级注入新的活力。随着消费扶贫支持政策的不断完善，带动了农村特色产品与文化的宣传与推广，一系列具有农村特色的产品与服务势必发展迅猛。特别是乡村旅游能够满足新时期消费者回归自然的需求，让其感受净化的田园生活或者浓厚的乡村文化、乡愁文化。区域性特色农产品品牌、美丽休闲乡村（镇）、乡村旅游精品景区等农村特色产品与文化将不断涌现，老房土菜、乡村民宿正在兴起，贫困地区的原生态恰逢其时，许多非物质文化遗产，尤其是一些民俗、传统民歌、传统技艺等将重新回到公众视野。

二、当前我国消费扶贫面临的困境

当前各地区在开展消费扶贫过程中虽取得了一定成绩，但消费扶贫产品的生产和供给存在产业结构单一、特色不明显、优势不突出、中高端农产品供给不足、区域结构趋同等突出问题，使得整体市场竞争力不强，阻碍了消费扶贫的纵深推进；同时对消费扶贫产品的消费也存在着短期热情较高、长期持续不足等问题，亟须诊断症结，科学破解相关问题。

（一）消费扶贫产品供需结构性矛盾突出

贫困地区产品与服务生产结构没有随着市场消费结构的变化而变化。随着人们生活水平的提高和农业对外开放步伐的加快，近年来国内农产品市场消费结构发生了根本性的变化，农产品消费需求从侧重数量转为侧重质量、品种、花色、品牌，档次化、个性化、多样性消费趋势不断增强，而贫困地区传统的较为单一的农业结构没有发生根本改变。受传统小农思想意识的局限，贫困地区消费产品的生产者通常文化程度较低，对新技术、新思想的接受程度不高，短时间内无法进行角色和意识转变。表现为农业生产方式较为传统，标准化程度比较落后，商品率不高，一些生产出的产品与市场需求不匹配。目前的消费扶贫也大多立足于有什么就消费什么，还没有过渡到消费者需要什么再生产什么的阶段。普遍存在着以下几种现象。

（1）农林牧渔产业结构中，仍然以传统的农业为主，这与当前肉、蛋、奶、水产品消费快速增长的趋势不相适应。

（2）种养结构中，粮猪独大。种植业以粮食为主，畜牧业以生猪为主，水果业以柑橘为主，水产业以鱼类尤其是四大家鱼为主，而市场需求旺盛的特色作物、特种水产、牛羊等农产品供给不足。

（3）农产品品种结构中，低品质居多。水稻以品质、口感不占优的籼稻为主，库存量大；蔬菜以大宗低档菜为主，旺季过剩；大部分果茶品种品质难以满足城镇居民消费需要。

（4）区域产业结构趋同问题突出。区域农业产业、产品相似度较高，特色优势不明显，区域农产品无序竞争、供求失衡较严重。

（二）消费扶贫产品量不足、质不高

1. 分散经营的小农生产模式难以满足批量化供应

农产品消费扶贫在多方面因素的影响下容易出现销量爆发式增长的情况，此时就需要强大的产品储备来支持这一局面。贫困地区农产品生产普遍是家庭小作坊模式，农业生产往往小而散，看似漫山遍野，实际能够流通到市场的农产品数量较少。加上农村地区贫困人口中的青壮劳力普遍选择外出打工，导致贫困地区劳动力不足，在需要增加产品储备时无强劲的后力支持，真正有企业成批量收购时，却又很难达到商品要求，短期内难以满足大量采购要求。特别是发达地区的供销企业，订单较大，往往出现供不上的现象；即使是小批量的采购，也存在从千家万户收集，成本不经济的问题，从而导致上升的农产品消费需求迅速回冷，影响着消费扶贫的效果。

2. 农产品供应链水平落后，增效能力较弱

农产品产业链条短、增效能力较弱。农产品是关乎民生的产品，其从生产到销售的过程有着严格的要求，在农产品的完整产业链上对其品质、保存、运输、包装等都有着一系列的严格规定，贫困地区的农产品想要对外销售，必须遵循严格的市场产业链硬性要求。从贫困地区的田间地头到城市的居民餐桌，中间有漫长的供应链体系。提高农业效益的关键在于延伸产业链条，提高农产品的附加值。从现实来看，绝大多数贫困农户劳动力文化程度较低，对农产品产业链的认知度不高，而且受产地等多方金融因素影响，很少有第三方有能力为农村贫困地区农产品进行产业链完善。贫困户通常生产规模小，从事初级加工，带动农业增效、农民增收的能力较弱。尽管休闲农业呈蓬勃发展态势，但规模仍较小，盲目跟风的多，同质化现象突出，特色资源挖掘不够，产业融合程度低，综合效益不高，辐射带动能力弱。流通领域中，贫困地区农产品物流的专业化程度不高，物流终端建设滞后，冷链物流发展缓慢，农产品的产后分级、储藏保鲜、快递物流、包装文创等都较为落后，腐损率高，储藏、运输、销售等环节存在“断链”

现象，致使消费者心理落差很大，甚至有上当受骗的感觉，导致消费者消费体验不好。

3. 农产品缺少具有竞争力的品牌

随着贫困地区资源环境约束加大，优质的绿色农产品生产也受到了很大影响。原因有以下两方面。一是长期以来对耕地重用轻养，导致耕地质量不断退化。由于长期以来，过度追求产量，提高耕地复种指数，大量施用化肥、农药，轻视耕地养护，导致耕地质量不断下降。二是资源利用粗放，农业面源污染严重。大量未被吸收的化肥和农药经雨水冲洗带入径流和土壤，加上部分区域规模化养殖的污染，使贫困地区受到不同程度污染。因此导致优质、安全、绿色的农产品提供受到很大影响。

农产品品牌少、市场竞争力不强。农村贫困地区的农产品往往很少能形成品牌效应，而且无法提供高品质的服务，从而导致消费者对农村贫困地区的农产品没印象、不了解，对农村贫困地区的农产品服务无感觉，从而导致消费者没有强烈的购买欲，品牌化的不足也让农产品消费扶贫无法进入部分消费者的心中。

（三）销售渠道没有完全打开

农产品作为我国农村地区的产物，种类丰富，贫困地区的农产品自然也是种类繁多。但是，这些农产品一直在农村地区贫困人口的手中，无法到达消费者的手中，这对农产品消费扶贫产生了极大的阻力。农产品的线下销售需要专人进行对接，线上销售也需要进行探索，而贫困地区受多方面因素影响，在线上线下的销售缺少渠道，从而出现有好的农产品卖不出去、消费者想购买农产品却没有门路的窘境。

（四）消费者短期热情较高，长期持续不足

一些企业和平台发起的消费扶贫活动是一次性的，短期内对化解当下的农产品存量有一定帮助，但对产业发展缺少后续安排。一些东西部协作的消费扶贫订单缺少长期保障机制，难以推动形成长期的生产发展动力。需要进一步贯彻落实精准扶贫的有关要求，长期对口帮扶。同时，还需进一步探索与农村“三变”改革、村集体经济建设等融合的办法，加大金融扶贫力度，提升消费扶贫效果。

三、广东消费扶贫赋能脱贫攻坚的重点举措

为深入贯彻落实习近平总书记“开展消费扶贫行动”的指示精神，根据国务院扶贫办、中央网信办、教育部、农业农村部、商务部、国务院国资委、全国工

商联七部委《关于开展消费扶贫行动的通知》和国务院扶贫办《关于做细做实消费扶贫行动有关事宜的通知》及《关于进一步细化实化消费扶贫行动的通知》的要求，按照“中央统筹、省负总责、市县抓落实”的工作体制和“县认定、市复核、省审定、国务院扶贫办汇总备案并公示发布”的操作流程，开展扶贫产品认定工作。经各贫困地区扶贫部门认定，国务院扶贫办汇总形成了三批全国扶贫产品目录。2020年3月，广东省委、省政府发布了《关于加强乡村振兴重点工作 决胜全面建成小康社会的实施意见》，明确提出我省要建立健全消费扶贫联席工作机制，培育建设一批对接市场服务农村的消费扶贫平台，通过消费扶贫助力贫困地区打赢脱贫攻坚战。

2020年是我国扶贫攻坚收官之年，在脱贫攻坚决战决胜的关键时期，全省各地各部门必须坚决贯彻落实好党中央决策部署，紧紧抓住消费扶贫这个重要抓手，以更大力度、更大创新举措，扎实推进促进消费扶贫的各项措施，努力克服新冠肺炎疫情给扶贫工作带来的不利影响，坚决打赢扶贫攻坚战，全面完成脱贫攻坚任务。

（一）更广泛动员社会力量参与

消费扶贫最大特点就是政府、社会、企业和贫困户四方共同发力形成合力，通过市场手段，有效打破贫困地区农产品“产、供、销”壁垒，促进贫困地区产业发展，帮助贫困户增产又增收，构建稳定脱贫的长效机制，进而真正形成一个人人皆愿为、人人皆可为、人人皆能为的扶贫格局。为此，要尊崇广东人民从善帮扶的品质，广泛动员爱心企业、社会组织、公民个人以及党政机关和国有企事业单位、工会组织、干部职工支持、参与消费扶贫，发挥各自优势，履行社会责任，通过“以购代捐”“以购代帮”等形式，引导企业到贫困地区建立“菜篮子”基地，进一步扩大对贫困地区产品和服务的消费规模，扩大对贫困地区产品和服务的持续消费力。银企配合商务部门开展的“提信心、惠民生、促消费”活动，支持发放扶贫消费券、电子消费券，引导社会各界踊跃参与消费扶贫。要充分调动贫困户生产积极性，市场消费者需要什么，贫困户就生产什么，激发起自主发展意识和内生动力，培养市场竞争意识，大力提升产品和服务质量，以此满足消费者个性化、多层次产品消费的需求，从而为自己带来最大经济收益。

（二）加大力度扶持贫困地区特色产业发展

消费扶贫链接着产业扶贫，而发展扶贫产业是实现贫困户脱贫之根本。“绿水青山就是金山银山”，要立足于广东贫困地区自然环境、地方传统文化、蔬菜种植、畜牧养殖等自然条件及自身优势，打造“自我造血”的扶贫产业，引导和推动更多产业项目落户贫困地区，积极推动脱贫攻坚和乡村振兴有机衔接，通过产业帮扶提升贫困地区、贫困人口的“造血”能力。结合我省“一村一品”“一镇一业”富民兴村规划，大力推进发展油茶、水稻、山茶花等种植产业及肉牛养殖产业等，坚持“农业合作社+农户”“公司+农户”帮扶模式，促进产业升级。以农产品加工和农村“双创”为重点，帮助搭建全产业链，打造形成从农户种植到合作社规模化种养殖，再到大型企业深加工，最终供应给平台和销售市场的链条，真正实现一二三产业融合。大力扶持发展扶贫车间，有针对性地提供资金支持和技术支持，生产加工利用贫困户农产品，并吸收贫困户就业。要积极拓展农业保险覆盖面，加大对贫困农户农业保险的政策性补贴力度，支持贫困户发展产业的扶贫小额信贷发放，适当延长受疫情影响还贷困难贫困户的还款期限。促进贫困地区休闲农业与乡村旅游融合发展，引导贫困户开展诸如农副产品认种认养、微田园生产等服务，兴办老房土菜、乡村民宿，打造各具地方特色的旅游服务品牌。结合打造“粤美乡村”旅游品牌，深入挖掘贫困地区自然生态、历史文化、地域特色文化、民族民俗文化、民族手工艺品、传统农耕文化等资源，搞好名人名居、古道古树的修复保护工作，推动乡村旅游提质升级。针对粤东粤北贫困山区红色资源丰富的特点，突出区域特色，发展红色文化，发展红色旅游。

（三）着力提升贫困地区农产品供应水平和质量

消费端的搭建是消费扶贫的一个环节，长期持续的消费有赖于贫困地区农产品和服务的水平和质量。要加快农产品标准化、品牌化、绿色化体系建设。随着消费扶贫的推广深化，市场绿色产品的有效供给增加，必须着力提高农村绿色产品的生产水平，大力推动绿色消费，实现绿色发展，通过标准化逐步健全贫困地区农产品生产标准、产品标准和质量可追溯体系，通过品牌化改进品牌标识、包装设计，通过绿色化以贫困地区的生态优势、恒久的绿色信誉促进持续消费。继续依托广东省农业科学院、华南农业大学、各地市的农技站等，对贫困地区、贫困户进行技术帮扶，着力推进农业技术、社会力量“引进来”，切实推进扶贫与扶智、扶志相结合，全方位提高农民技能，着力提升贫困地区农产品供应水平和质量，推动贫困地区产品和服务进入珠三角乃至整个粤港澳大湾区。采取“企业+合作社+农户”的模式，大力发展订单农业，提高农产品供给的规模化组织化水平，提升农产品质量和供应量，增强农产品持续供给能力。同时，要根据各地基础条件和区位环境，引导贫困户实现差异化发展，防止产业、项目同质化，搞恶性竞争。

（四）着力拓宽线上线下销售渠道

消费扶贫一头连着贫困地区、贫困人口，一头连着广阔的消费市场，必须积极探索并完善“互联网+线下零售”销售模式，拓宽扶贫产品销售渠道，带动更多贫困户脱贫致富。线下推广方面，要深入实施广东“消费扶贫直通车”工程，将产自贫困地区的优质扶贫农产品通过汇报展销的形式，优先推广到机关、部队、学校、企业、社区、园区、商场，帮助扶贫农产品开拓市场，实现增值超值。广泛组织各地成立消费扶贫中心、搭建消费扶贫交易博览会推介平台，设立消费扶贫专馆、专区、专柜及推广快递进村等，为社会各界购买扶贫产品、参与消费扶贫行动提供便利条件。线上平台方面，要充分利用现代互联网技术，大力发展农村电商平台，通过微博、微信、直播平台、众筹等渠道，减少交易环节，降低流通成本，提高销售效率，助力贫困地区农产品销售。可借助中国社会扶贫网、广东移动岭南优品、东西优选网和阿里巴巴“村淘”、腾讯“为村”、本来生活等平台，开设精准扶贫优质产品网店，形成稳定的线上销售渠道。借助“农特产品+直播+电商+助农”模式，提高扶贫农产品在不同渠道的销量和产品知名度，探索新的农产品品牌化路径，提升农副产品品牌价值。不断提高贫困人口使用网络的能力，为贫困户及村民讲解电商知识，帮助他们及时了解市场需求，及时掌握市场信息，克服抗风险能力弱、容易跟风种养、销售渠道信息不通等问题。

（五）加强贫困地区基础建设

我省大多数贫困地区存在着道路交通发展滞后、村容村貌较差、贫困户素质不高、脱贫返贫风险高等问题，农产品运不出、旅游消费引不来，严重制约着消费扶贫的作用效果。各级政府要加大扶贫财政投入，合理利用扶贫资金，加大珠三角地区通达粤东西北地区交通基础设施建设，建设扶贫产业生产基地，完善边远山区的物流仓储基础设施，铺设流通服务网点。深入实施环境改造工程，改善村容村貌、人居环境，建设美丽乡村，让更多非物质文化遗产尤其是一些民俗、传统民歌、传统技艺等重新回到公众视野，吸引越来越多的人前来休闲旅游，满足新时期消费者回归自然、感受净化的田园生活需求，感受浓厚的乡村文化、乡愁文化。要精准开展职业技能培训，搭乘实施“粤菜师傅”“南粤家政”“广东技工”三大工程东风，推动珠三角地区职业教育资源要向贫困地区倾斜，让更多的贫困农户、学子接受职业教育，大力提高贫困户的技能素质。要巩固好脱贫成果，继续推动扶贫工作“四个不摘”，即不摘责任、不摘帮扶、不摘政策、不摘监管，健全完善贫困人口监测预警机制，对脱贫贫困户进行动态监测，确保脱贫户不返贫。要加强对扶贫企业和贫困群众规范管理、教育，坚持诚信守法、品质为先，让特色产品绿色安全，严肃查处消费扶贫行动中的欺诈行为和打着消费扶贫旗号敛财牟利行为，推动树立良好口碑、形成长期效应。

参考文献：

［1］国务院办公厅．国务院办公厅关于深入开展消费扶贫助力打赢脱贫攻坚战的指导意见［R/OL］（2018-12-30）［2019-1-14］.http：//www.gov.cn/zhengce/content/2019-01/14/content_5357723.htm.

［2］邓利方．消费扶贫：脱贫攻坚的重要抓手［N］．南方日报，2020-06-29（A12）.

［3］孙久文，林万龙．中国扶贫开发的战略与政策研究[M]．北京：科学出版社，2018.

［4］中国茶叶流通协会．“消费扶贫”正式纳入国家脱贫攻坚政策体系［J］．茶世界，2019（02）：20.

［5］邓利方．消费扶贫的理论与实践价值［J］.南方，2020（12）：24-25.

［6］刘荣．消费扶贫是“有尊严的扶贫”［N］．吉林日报，2019-06-05（11）.

［7］顾仲阳．消费扶贫，在共赢中谋长远［N］．人民日报，2019-02-19（05）.

［8］厉亚，宁晓青．消费扶贫赋能脱贫攻坚的内在机理与实现路径［J］．湖南科技学院学报，2019，40（02）：3-7.

［9］葛建华．“一站式”消费扶贫电商平台的构建及运营研究［J］．广东社会科学，2019（03）：42-49.

［10］李军．消费扶贫的创新实践值得关注［N］．经济日报，2019-01-24（12）.

（作者：邓利方，中共广东省委党校中国特色社会主义研究所研究员）

（作者：曾鸣，广州工商学院教授）

后疫情时代以消费促进广东经济高质量发展的思考

彭 斌　蒋 鑫

摘要：新冠肺炎疫情发生以来，全球经济发展都受到严重冲击。广东是全国的经济强省、外贸强省和人口大省，也是消费大省。以消费促进广东经济发展还有较大空间，建议广东重视中低收入人群，从增加居民收入、加强保障、推动供给侧改革等方面入手，将广东从消费大省转变为消费强省。

关键词：后疫情时代；消费；经济发展；广东

新冠肺炎疫情发生以来，全球经济发展都受到严重冲击。尽管包括中国在内的多个国家成功控制住疫情扩散，为其他国家和地区提供了疫情防控经验，但是全球范围内疫情仍在持续蔓延。截至2020年8月17日，全球累计确诊新冠肺炎人数已经高达2173.4万，现有确诊人数649.4万，其中美国、巴西、印度累计确诊和现有确诊人数均居全球前三位。当前，疫情成为全球经济复苏的最大威胁，对各国社会治理水平构成了极大挑战。目前流行病学家普遍认为疫情难以在短期内消失，不排除年内再次大面积传播的风险。在全国出口乏力、投资放缓、消费萎靡的背景下，广东在后疫情时代如何推动经济高质量发展成为重大现实问题。

一、研究综述

消费是一个长盛不衰的话题，尤其是当前后疫情时代，消费不振成为全国性话题，理论界有不少研究从消费视角探讨经济发展。

一是从宏观视角分析疫情对消费的影响及对策。关利欣（2020）从消费者教育宣传引导、消费市场新增长点、多层次城乡消费载体、商品服务质量和监管、收入保障消费倾向、治理服务水平等六个方面提出促进消费和形成强大国内市场的建议。傅志华等人（2020）认为消费下行拖累经济增长，从财政政策、就业政策、消费政策、货币政策以及新基建、价格管理等方面提出建议。郑江淮等人（2020）分析疫情对消费经济的影响，从细分行业、零售业态、消费习惯、消费渠道等方面对消费形势作出预判。

二是结合具体区域研究如何提振消费。明文彪等人（2020）通过总结广东、上海、江苏等地的做法，提出浙江要从壮大新业态新模式、破解消费机制障碍、释放抑制需求等方面提振消费。李美莲（2020）分析疫情下广西消费经济的危和机，从加强影响严重部门的财税支持、提高生产配送能力、发展新消费等提出对策。

三是从行业视角探讨消费提振策略。郑安琪（2020）分析疫情对数字经济的影响，从短期稳定市场秩序、中期警惕泡沫风险和长期夯实产业基础等角度提出发展数字经济消费的建议。彭乐威等人（2020）通过定量分析疫情影响下我国居民水产品消费意愿与行为，认为疫情后购买水产品将更注重安全。当前理论界对提振广东消费也有研究，如王先庆等人（2020）分析当前广东消费现状并针对提振消费提出对策。本文着重从消费视角出发，并结合全球、全国形势探讨如何促进广东的经济发展。

二、客观认识疫情对现阶段经济的影响

（一）疫情对现阶段经济的影响

经历不断恶化到逐步好转，中国经济发展在2020年4月开始触底反弹；各国经济恶化幅度都有不同程度的放缓，经济景气程度、销售和生产等重要经济指标有不同程度的回升。据国际货币基金组织2020年6月24日发布的《世界经济展望报告》，预计2020年全球经济将萎缩4.9%，中国经济的增长预期为1.2%，是2020年唯一保持增长的主要经济体。据世界银行2020年7月29日发布的《中国经济简报》，预测中国经济增速今年将放缓至1.6%。

结合国家统计局2020年1—7月数据来看，社会总需求的“三驾马车”增长乏力，但逐步走向复苏。社会生产建设投资的信心不足，但是正在逐步回升。全国固定资产投资已由1—2月累计的同比下滑24.5%，上升至1—7月累计的同比下滑1.6%；其中民间投资下滑5.7%，增速环比收窄。消费正在逐步复苏，但离全面恢复还有较大差距，餐饮、旅游、文娱等消费需求明显被抑制，全国社会消费品零售总额增速已由1—2月累计的同比下滑20.5%，上升至1—7月累计的下滑9.9%；其中7月单月同比下降1.1%。出口前期受生产和物流影响不能及时出货，

现阶段已逐步好转；全国货物出口已由1—2月累计的同比下滑15.9%，上升至1—7月累计的同比下降1.7%；其中7月单月同比增长10.4%。

结合广东2020年上半年数据来看，经济指标全面好转。广东固定资产投资增速已从1—2月的累计同比下滑21.4%转为上半年的正增长，增速为0.1%；其中6月的增速高达11.6%。广东的社会消费品零售总额增速已由1—2月累计的17.8%逐步收窄为上半年同比下滑14%；其中6月单月同比下滑6.8%。广东货物出口同比下滑8.5%，其中6月单月出口同比下滑1.8%。

（二）消费在经济拉动中的作用凸显

从社会生产的总过程四个环节来看，疫情对生产、交换、分配、消费都产生较大影响，但影响最突出、最严重的是消费。在经济发展的“三驾马车”均受疫情严重拖累之时，突出消费对经济拉动作用十分必要且可行。另外从经济发展趋势来看，我国经济增速持续下滑，2019年的6.1%为近十年最低值，伴随投资和出口增长放缓，消费在经济发展的基础性作用不断增强。我国的工业经济因综合成本上升等原因已有较大压力，此前并未考虑疫情出现，原本预期能够借助消费升级拉动的服务业也将遭受巨大打击，尤其春节长假的正月传统消费高峰都有不可逆的损失，加之美国中期大选结束后可能出现的新一轮贸易争端，让2020年经济形势更加艰难。鉴于国际形势不容乐观，进一步发挥超大规模市场优势，完善促进消费的体制机制，以消费转型升级促进经济社会发展方为上策。

三、疫情对消费的主要影响

（1）社会消费品零售总额大幅下滑，疫情结束后补偿性消费的意愿不强。2020年1—7月，全国社会消费品零售总额下滑接近10%。对比非典最为严重的时期，2003年4—6月全国社会消费品零售总额同比增长分别为7.7%、4.3%、8.3%，较2002年同期分别减少0.5、5和0.3个百分点；而当年6月非典得到有效控制后，前期被抑制的消费需求大量释放，7月社会消费品零售总额同比迅速上升至9.8%。显然，2003年非典期间影响的是局部，全国社会消费品零售总额正向增长，且被抑制的消费在非典结束后出现快速回升；而此次疫情对消费影响明显过猛，疫情结束后补偿性消费的意愿不强。

（2）生活服务类消费受到明显冲击，回暖速度可能低于第一、第二产业。交通运输、餐饮、住宿、旅游等服务性产业受疫情冲击大。2020年上半年，全国客运量和货运量同比分别下滑54.8%和7.8%；全国餐饮业收入同比下降32.8%；

2017—2019年春节档的电影票房占当年全年国产票房比重均超过11%，2019年春节档票房58.59亿，占比为11.4%，而2020年春节档票房仅为284.5万元。对比非典期间，2003年第三季度第一、第二产业均迅速回温，但第三产业仍持续低迷，直至2003年第四季度才明显回暖。

（3）促进外贸消费的展会活动大幅减少。有经济“晴雨表”之称的会展业按下暂停键，许多大型重要会议展览活动纷纷延期或改为线上举办，而部分中小型会展活动只能被迫取消。2020年3月26日，二十国集团领导人应对新冠肺炎特别峰会以视频会议方式举行；原计划于4月15日举办广交会来提振市场信心，推迟两月后也改为线上举办。疫情之下举办线下国际会议展览活动的风险陡增。从会展业强国来看，意大利、德国、美国等国的知名展会活动也因疫情而取消。据2020年3月国际展览业协会（UFI）发布的数据，全球范围内“近期大约有500多场贸易展览无法举行，延期或取消展览的影响正在对整个展览行业造成不断升级的连锁反应”，参展商损失的订单总额超过263亿美元。

（4）粮油食品等生活必需品的消费增长，汽车等可选项消费下滑较大。疫情防控期间，全国14亿人口的基本生活得到有效保障。从2020年1—7月全国限额以上单位商品零售类值来看，粮油食品类零售额同比增长12%，占所有限额以上单位商品零售总额的12.6%。服装鞋帽大类、石油及制品类和汽车类等传统大额消费项目出现大幅下滑，同比分别下滑17.5%、17.8%和11.6%；金银珠宝类、家具类、家用电器和音像器材类的跌幅均超过10%。

（5）互联网消费成为热点，高科技产品消费良好态势没有改变。互联网在疫情期间的作用发挥得相当好，在防控疫情、调配物资、在线教育、远程问诊和文化娱乐消费等方面，起到很好的保障作用。网购、手游和以互联网为渠道的线上消费成为热点。从市场销售来看，2020年1—7月实物商品网上零售额同比增长15.7%，占社会消费品零售总额的比重达到25%。

四、实现消费转型升级、促进经济发展

2019年，我国最终消费支出对国内生产总值增长的贡献率为57.8%，同比增长3.5个百分点，但是与发达经济体75%以上的水平相比尚有较大差距。换言之，通过消费促进经济社会发展还有较大空间。消费作为最终需求，既是生产的最终目的和动力，也是人们对美好生活需要的直接体现。分析当前经济社会发展趋势，消费转型升级的内容主要体现在以下方面：

一是实物消费提档升级，服务消费提质扩容。随着居民收入水平不断提高，

消费者追求品质以及精神享受，对消费品质量的要求也不断提升，服务性消费占比增加。高质产品受到消费者青睐，低质产品被淘汰。旅游、文化、体育、养老、家政等服务消费十分活跃，根据统计数据，服务消费占居民消费支出的比例大，已成为消费的“半壁江山”。

二是消费结构不断优化，消费模式不断提升。居民的恩格尔系数不断下降，衣食消费在消费支出中的占比不断下降，以亲子教育、旅游度假、医疗保健以及电子产品等代表的新兴商品和服务在消费结构中占比迅速提升。生存型消费占比逐步降低，发展型和享受型消费占比快速上升，消费模式向发展型和享受型升级。

三是细分市场蓬勃发展，迎合不同消费人群需求。传统模式下趋同性消费逐步转变为个性化消费，消费群体趋于个性化、小众化，消费市场不断细分。比如“潮男经济”“银色经济”“单身经济”等新的细分客群，就有着明显不同的消费特征；“千禧一代”（指1980—2000年出生的人群）消费群体引发市场关注，催生新生细分消费市场。

四是消费行为趋于理性，关注消费品质和性价比。主流消费群朝着趋优消费和趋低消费两极分化：对于那些能够满足他们情感需求的、高品质的商品和服务，他们愿意为之付出更高的价格；对于仅满足基本生活需要的商品和服务则选择购买价格最低者；而对于日趋乏味、价值降低的中端商品和服务则避而远之。

五是消费方式趋于多元，追求消费场景体验。新技术新业态新模式带来新的消费场景体验，促进消费方式数字化和移动化。线上消费更加便利，线下消费注重体验，消费方式趋于线上线下多元融合。“机器换人”在日常消费场所应用推广，产生以智能快递柜、自助榨汁机、无人便利店等为代表的新消费体验。

五、广东消费转型升级的思考

广东是经济强省、外贸强省和人口大省，也是消费大省。从1983年开始，广东社会消费品零售总额一直稳居全国首位。但是广东消费还有较大增长空间，广东消费率、社会消费品零售总额占GDP比重、人均消费支出等主要消费指标与经济强省的地位不相匹配，尤其是广东的消费率（2017年为50.3%）不仅低于全国平均水平（53.6%），还远低于发达国家的75%左右。当前面临出口受阻、投资放缓，以消费转型升级促进经济社会发展是必由之路。后疫情时代推动消费转型升级，要重视中低收入人群，将广东从消费大省转变为消费强省。主要从以下视角考虑：

一是增加居民收入，提高购买能力。后疫情时代要更加注重落实“六稳”“六保”工作，广东要通过促进就业创业、调节收入差距、合理引导价格、支持消费信贷、精准社会救助等多元措施促进居民收入增长。要减少不平衡不充分发展带来的弊端，从根本上提升居民购买能力。针对农村居民可通过派发消费券的方式，降低农村购物成本。

二是加强保障，构建放心消费环境。广东尤其是珠三角地区，外来人口较多，尤其是深圳、佛山、东莞等地的消费被低估，社会消费品零售总额与GDP比值较低。本地人口与外来人口倒挂的城市，消费有个明显的特征，即不少人虽然生活在这个城市，但是他们的家人还生活在老家，他们要把积攒起来的财富转移至老家消费。新形势下，要让更多外来人口融入城市，做大消费基数。

三是积极推动供给侧改革，改善供给结构。广州、深圳要以国际消费中心城市建设为契机，强化中高端消费的支撑，推动境外消费回流。佛山、东莞、惠州等城市要积极融入大都市圈，提升城市发展能级和消费能力。全省要重视提升商品供给档次质量，调整产业准入政策，促进实物消费提档升级，推进服务消费提质扩容，提高服务消费占比，提升居民消费率，优化居民消费结构。

四是构建成熟的消费细分市场。加快引导消费新模式孕育成长，开发消费特色资源，引导消费流行，培养新兴消费热点和增长点，推动消费梯次升级。各城市要结合上层次规划要求，提升消费在经济发展中引领作用，科学规划消费商圈布局，配套道路、社区基础设施和金融服务，提升消费便利程度。针对汽车消费市场，则注重新能源汽车下乡，提振汽车等大宗消费。

五是增加公共投入，降低居民民生成本。总结疫情期间卫生健康领域的经验和不足，增加学校、医院、文娱设施等公益性基础设施建设，尤其是公共健康领域的人员安排和设施配备。促进生产型城市向生产消费复合型城市转变，扭转重视生产、忽视消费的发展观念。以市场监管为重点，提升居民消费环境，构建放心的消费市场。此外，通过医疗教育半免费、财政补贴部分私人消费等措施扩大居民消费。

六是通过文化、体育、旅游等领域促进服务消费。服务消费是消费扩容提质的重点，也是满足人们高层次生活需求的重要部分。要通过创新推动健康养老加休闲多元化的产品供给，规划文化、体育、旅游等消费依托的新产品和新服务，致力于打造一批新的高品质的生态旅游、工业旅游等产品线路，做精做细文化、体育、旅游等消费。

参考文献：

[1] 关利欣. 新冠肺炎疫情后中国消费发展趋势及对策[J]. 消费经济，2020，36（03）：27-34.

[2] 傅志华，王志刚. 新冠肺炎疫情对居民消费的影响及对策[J]. 财政科学，2020（04）：33-40.

[3] 郑江淮，付一夫，陶金. 新冠肺炎疫情对消费经济的影响及对策分析[J]. 消费经济，2020, 36（02）：3-9.

[4] 明文彪，刘淑娜，何涛. 上海、广东、江苏等地提振消费的做法及对浙江的启示建议[J]. 浙江经济，2020（07）：43-45.

[5] 李美莲，黄凯. 新冠疫情下广西消费经济的“危”与“机”[J]. 市场论坛，2020（03）：14-17.

[6] 郑安琪. 新冠肺炎疫情对数字经济消费的影响及对策[J]. 信息通信技术与政策，2020（02）：78-82.

[7] 彭乐威，刘东，李泽善，等. 新冠肺炎疫情对我国居民水产品消费意愿与行为的影响分析[J]. 中国渔业经济，2020，38（02）：37-45.

[8] 王先庆，矫萍. 疫情防控下常态化提振广东消费的对策建议[J]. 广东经济，2020（06）：36-41.

（作者：彭斌，广东第二师范学院教授）

（作者：蒋鑫，深圳市提质增效管理咨询有限公司经济师）

新时代广东海岛经济产业发展的新要求

黄铁苗　　殷宇冰

摘要：70年多来，在党和国家正确领导和大力支持下，广东海岛经济建设取得了巨大成就。新时代，广东海岛经济的进一步发展必须贯彻新发展理念，创新海岛经济发展思路，推动广东经济高质量发展；利用好市场与政府“两只手”，增强海岛经济协调发展；重视保护海岛生态环境，坚持走绿色发展之路；积极参与“一带一路”国家对外开放发展战略，进一步扩大海岛对外开放；发挥海岛资源优势，促进海岛经济实现共享发展。

关键词：广东海岛；历程启示；新时代新要求；新发展理念

广东既是海洋大省，又是海岛大省，海洋经济规模逐年壮大。2019年，全省海洋产值突破2万亿元，稳居全国首位。历史是最好的教科书。通过回顾新中国成立、改革开放、新时代各个阶段广东海岛经济建设的历程，不仅能从历史中汲取智慧，为本省今后将海岛经济进一步做强做优提供指导，也对其他同类地区的海岛建设具有重要的参考和启示作用。

一、新中国成立以来广东海岛经济建设简况

新中国成立至改革开放前，广东海岛经济建设以巩固国防、建立基层政权为基础，致力于改善海岛居民的生活水平。我党高度重视海岛，大量偏远、无人居住的海岛都被有效管理起来，有力地捍卫了我国领土、领海完整。在当时生产力水平较低的背景下，广东通过充分发挥人民群众的生产积极性对海岛进行开发，加紧国防和民生工程的建设，使海岛居民能够安居乐业，生活水平较之以往有大幅提高。

改革开放至党的十八大前，广东设立诸多海岛综合经济试验区，因地制宜

发展经济。1979年，党中央、国务院支持广东在深圳、珠海、汕头创办特区并实施优惠政策，这三个沿海城市下辖的诸多海岛也因特区的优惠政策而获益颇多，以当时仍属于广东的海南岛①为代表的诸多海岛作为对外开放第一线，经济发展迎来了新的春天。1992年，邓小平发表南方谈话后，广东的改革热情被进一步激发，珠海横琴、汕头南澳、湛江东海岛等海岛纷纷被开辟为综合经济试验区，广东海岛通过因地制宜，发展特色产业，成为全国经济发展最为活跃的区域之一。

党的十八以来，在以习近平同志为核心的党中央坚强领导下，党和国家更加重视海洋事业发展，将海洋摆在高质量发展战略高地的位置。在新的历史时期里，广东作为海洋经济第一大省，根据新情况、贯彻新理念、谋划新思路，推动海岛传统产业升级换代，并积极融入“一带一路”建设、粤港澳大湾区和深圳先行示范区等国家发展战略，走出了一条以海岛旅游和海岛生态建设为重点，以创建自由港、金融岛和“出售”无居民海岛为亮点的特色发展之路，海岛经济发展水平达到新的历史高度。

二、新时代广东加快海岛经济产业发展的新要求

经济发展具有连续性，今天的发展是昨天的继续。新中国成立70多年来，广东海岛已经打下了坚实的经济基础。进入新时代后，中国经济社会发展迎来了转型升级的新机遇和新挑战。尤其是2020年这场新冠肺炎疫情也给海岛经济发展提出了新课题。广东海岛现在和未来的经济建设如何从过去的发展中吸取经验，与时俱进，迎接新挑战、解决新问题，必须重视新时代提出的新要求，坚持以习近平新时代中国特色社会主义思想为指导，紧密结合广东海岛实际，尤其要把握后疫情时代的新情况和新特点，综合贯穿于“五大发展理念”之中，创造广东海岛经济产业发展的新辉煌。

（一）创新经济发展思路，推动广东海岛经济高质量发展

党的十八届五中全会将创新发展列在“五大发展理念”之首，这体现了党和国家对创新的重视。各行各业的发展都离不开创新，要实现我国建设海洋强国的战略目标，把海洋经济打造成国民经济的支柱产业，也必须通过创新。因此习近平总书记强调：“要加快海洋科技创新步伐，提高海洋资源开发能力。”广东要在贯彻落实习近平总书记重要指示以及党中央、国务院的有关决策部署等方面走

① 1951年4月海南行政公署成立，隶属于广东省人民政府。1988年，海南独立建省，至此脱离广东省行政序列。

在全国前列，必须重视发挥海岛在海洋中作为地理支点和发展要地的价值，大力推动海岛经济的创新发展。

目前广东海岛经济在创新方面存在诸多短板，制约着高质量发展。主要有海岛产业结构相对简单、科技含量不高、海洋资源利用不够充分等，由此造成了广东海岛经济面临持续增长动能不足、增长潜力无法有效释放、部分产业竞争力下降、经济发展代价过高、利润率降低等困境。创新的关键在于人才的培养，而海岛研究和管理人才的匮乏、相关理论的缺失，则从智力层面限制着广东海岛的进一步发展。广东海岛经济要突破上述发展瓶颈，必须积极贯彻创新发展理念，选择以海岛产业、相关科学理论及其人才培养两个层面作为创新的主攻方向，在高质量发展上取得新进展，以承担起建设海洋强省的相关责任与使命。

1. 高度重视海岛产业创新

产业是经济发展和创新的重要载体。因此，创新海岛经济发展需要注意三点。一是加强渔业、盐业等传统产业的科技创新力度。研发新技术和新的生产设备，优化生产流程，提高产品科技含量，减少能耗，降低成本，提高产品的质量和竞争力。二是拓宽海岛产业渠道，重视海岛参与海洋药物、生物制品业和海洋可再生能源等新兴海洋产业的发展。如选择合适海岛建立中药产研基地、海洋生物制品研发中心、海岛风电场、波浪能电站等，发展新产业新业态。三是丰富海岛旅游业的发展模式，充实旅游内容，实现多元推动。可在自然观光的基础上，重视结合海洋文化、海岛地理特点，开发集海岛自然景观与游客海洋体验为一体的，既能满足休闲疗养需要，也包括探险潜水等娱乐项目的复合型旅游产品，实现海岛旅游内涵式发展，提高经济效益。

2. 高度重视海岛开发科学理论及其人才培养的创新

海岛开发有其特殊性，需要创新的科学理论的指引，尤其需要创新型人才。因此，创新海岛经济发展：一是要加强海岛科技的研究与投入，成立省、市两级海岛研究机构和研究协会，加强包含自然科学与社会科学两个维度的研究，增加有关海岛经济发展理论与技术的课题立项数目；二是在合适的海岛建立实验室、科研基地、水文气象观测基地等，并加大对海岛特别是无居民海岛和偏远海岛的实地勘探和信息采集，加深对海岛地质情况、周边环境、资源分布、经济价值的认识；三是依托现有科研院所、大专院校，扩建和新组建若干所海洋高等院校或分校，扩大海岛研究人才、管理人才的培养规模，为海岛发展提供人才支撑。

（二）利用好市场与政府“两只手”，促进海岛经济协调发展

长期以来我国经济社会发展中存在不协调问题，导致产业结构不合理、区域发展不平衡、生产要素无法有序流动和高效配置、生产效率低下等。要解决这些问题必须同时发挥好市场和政府的作用，两者紧密配合，才能既保证效率又实现协调。市场是配置生产要素和资源最有效的方式，能够最大程度调动经济活动主体的积极性。但是市场因为具有自发性、盲目性等特点，一定情况下会出现失灵，此时就需要政府进行适当干预，弥补市场的失衡，引导和规范市场，使得经济均衡发展。

广东的海岛经济也存在着不协调问题，这与珠三角地区和粤东西北之间经济发展不均衡是相关联的：珠三角地区经济发展快，其所在区域的海岛发展也快；而粤东、粤西地区的经济发展较慢，其海岛经济发展也相对较慢。全省海洋产业高度集中于珠三角地区，其产值占到全省的80%以上。其原因在于珠三角地区具备区位和政策等方面优势，发展迅速，政府财政实力雄厚，有能力对海岛进行大规模投资，所以该区域海岛经济比较发达。如珠海在海岛旅游发展中对资本和市场具有较强的集聚力和向心力，已经成为维系地区国际旅游形象和客源市场的核心力量。而粤东、粤西地区海岛所属的市、县自身经济不够发达，对海岛投入十分有限，因此这些地区的海岛发展水平总体落后于珠三角地区海岛，许多海岛还只能依靠传统产业缓慢发展。破除广东海岛发展不协调问题，要充分利用好市场与政府“两只手”，因地制宜布局海岛产业、统筹全省海岛经济发展，促进海岛经济协调发展。

1. 按照市场经济规律，因地制宜布局产业

（1）珠三角地区应该根据市场需要，继续发挥已有的经济优势。一是以良好的海洋产业基础、区位条件、市场环境等吸引更多的新兴战略性产业。如“互联网+”、智能制造业、高新海洋装备制造业、海洋生物制药业等集聚于此，创建智慧岛屿、创新岛屿，打造广东海岛经济创新引擎。二是利用该地居民消费潜能大、地区经济活跃繁荣和公共服务高效等有利条件，积极开拓以游轮游艇旅游为代表的高端旅游市场，并发展涉海银行业、跨境结算中心、金融科技等高附加值金融产业，进一步优化营商环境，使海岛经济产业转型、技术革新走在全省前列。

（2）粤东、粤西地区海岛经济的协调要根据市场需要，因地制宜，扬长避短，发挥资源优势，突出地方特色。粤东地区拥有厚重的潮汕文化，汕头经济特区又是著名的侨乡，可以借助这些人文资源优势进一步扩大对外开放，促进海岛

发展与繁荣。因此粤东的协调发展：一是通过积极引进侨资、侨智、侨力，结合特区政策，开放海岛市场，鼓励侨商对海岛进行投资开发；二是充分利用潮汕文化以及相关海洋文化资源，做大海岛文化产业，打造特色文化旅游海岛群，使之成为传承与宣扬地方历史文化的海上桥头堡，为增强文化自信作出贡献。

粤西地区的海岛具备地处西南出海口、交通发达、且多数分布在深水区域等自然资源优势，可以承接以海兴市、以港兴市等战略。因此粤西的协调发展：一是要发挥粤西地区部分海域污染较少、自然风光秀丽、水质优良的生态优势，继续发展岛陆联动的滨海旅游业和海产养殖业；二是积极推动东海岛参与国家级重化工业基地和临港经济带建设，走工业强岛、港口富岛之路，实现多元发展；三是选择合适海岛，利用深水区修建油轮码头，建立巨型石油和其他矿产资源储备基地，如在国际油价低迷之际，充分进行储备，并配套粤西地区的石化生产需求。

2. 发挥政府职能，加强海岛发展统筹管理

一是建立专门的省级层面海岛管理机构，不以行政区划为界限，而是按照海岛的自然属性和产业特点进行统筹，加强海岛产业供给侧改革，建立海岛联合发展机制，规划区域性海岛发展模式。二是引导和支持珠三角地区海岛部分产业向粤东、粤西地区转移，整合同类产业，实现集聚式发展，优化广东海岛整体产业布局，实现优势互补。三是探索全省海岛联合发展模式。以旅游业为例，珠三角地区的海岛管理机构可与粤东、粤西地区海岛联合搭配推出包含多种特色的海岛旅游线路，打造走廊式海岛旅游带，将珠三角地区庞大的海岛旅游市场分流至粤东、粤西地区。

（三）重视海岛生态环境保护，坚持走绿色发展之路

绿水青山就是金山银山，蔚蓝大海就是无穷宝藏，众多海岛如同海上明珠，必须精心呵护。广东的海岛大都面积较小、地质情况简单、生物多样性指数低，因此其生态系统脆弱，一旦环境遭受破坏，很难自我修复，必须投入大量资金进行人工修复。因此广东发展海岛经济要严格按照习近平总书记生态文明思想的要求和党的十八大报告中所指出的“节约资源是保护生态环境的根本之策”，不搞盲目开发，坚持节约优先、保护优先、自然恢复为主的原则，秉持人与海岛和谐共处的理念，在开发过程中突出生态文明指标，科学合理、节约利用海洋资源。

不可否认，多年来广东海岛经济发展成就巨大，但是发展过程中也存在不重视节约资源、生态代价过大等问题。根据2017年国家海洋督查组的调查结果显

示，从2002年起广东通过填海扩大的陆地面积超过1.4万公顷，但是空置率却达到17.32%，这是对资源的严重浪费。此外，因为立法与监管不到位，海岛保护工作存在薄弱环节。如部分海岛海产养殖达不到环境影响评估要求，造成周围海域污染，赤潮频发，如2016年湛江东海岛附近就有300平方公里海域暴发赤潮。许多海岛未经批准就盲目开发，导致其生态价值逐渐消失；有的地方立项论证考虑不充分，如粤东地区就有无居民海岛受石化项目影响而丧失海岛特性，教训可谓极其深刻。

大力保护海岛生态，实现绿色发展是广东建设海洋强省的必然要求。因此要做到以下几点。一是海岛开发时，必须高度重视资源节约，摒弃过去长期存在的粗放式发展模式，按照节约、集约的要求，提高海岛开发资源利用率，大力发展循环经济，努力维持海岛的生态优势。二是推动传统海岛产业升级换代，提高科技含量，淘汰落后产能，发展绿色产业，从源头上减少对海岛生态的污染和破坏，努力创建清洁能源岛屿、生态产业岛屿。三是启动诸多海洋环境保护建设项目，通过积极创建国家级海洋生态文明建设示范区、海洋公园、海洋牧场等环境保护项目，促进渔业资源恢复，构筑优质海岛旅游圈，为发展旅游业提供基本的生态条件。四是对一些已经被污染的海岛，要开展专项整治和修复工作，污染严重的岛屿要果断封岛，暂停一切开发项目，并研发相应的修复技术，逐步向“自然恢复”过渡，守护好蓝色明珠。五是从顶层加强对海岛生态保护关键领域和薄弱环节的规划指导，推进海岛保护立法与管理工作，严格划定生态红线，加大监管和处罚力度，利用制度坚决守护好海岛。六是加大对海岛生态治理的投入，建立生态补偿机制，设立专项资金，专款专用，为海岛修复、保护提供充足的资金保障。七是对于有居民的海岛要加强卫生管理，生活污水必须严格去污化后才能排放，对岛上生活垃圾进行精准分类，尽可能回收利用，妥善处理。

（四）积极参与“一带一路”建设，进一步扩大海岛对外开放

广东海岛经济之蓬勃发展，得益于改革开放的大好时机。当前我国正推进全面深化改革和进一步扩大对外开放，这对广东海岛的持续发展十分有利。但是受疫情的影响，世界经济展现出一定程度的逆全球化趋势，保护主义、单边主义也可能继续抬头。广东海岛发展必须排除这些不利因素的影响，坚持扩大对外开放的方向不改变，加强开放的力度和广度，牢牢把握“一带一路”倡议、粤港澳大湾区与深圳先行示范区等与海岛经济发展有关的重大历史机遇，继续发挥窗口作用，先行先试，通过开放破除当前发展中存在的体制机制弊端，与国际密切接轨

推进自身产业升级，建立更高水平的开放型经济体系。

历史上作为海上丝绸之路起点之一的广东，在融入“一带一路”建设中拥有得天独厚的优势。2015年《广东省参与建设“一带一路”的实施方案》发布，明确提出要将广东建设成为“一带一路”的战略枢纽、经贸合作中心和重要引擎。要实现这一目标，位于“一路”沿线上的诸多海岛将起到关键作用。无论是粤港澳大湾区建设世界一流湾区，还是深圳建设先行示范区，都离不开用发达的海洋经济作为重要支撑。因此《粤港澳大湾区发展规划纲要》提到“拓展蓝色经济空间，共同建设现代海洋产业基地”，《中共中央 国务院关于支持深圳建设中国特色社会主义先行示范区的意见》则指出要支持深圳加快建设全球海洋中心城市。深圳以及其他参与粤港澳大湾区建设的沿海城市均拥有诸多海岛，大多基础设施完善、产业体系健全、区位条件优越、交通便利、资源丰富，这些都为进一步开放发展提供了有利条件。

1. 积极参与“一带一路”建设

一是充分加强与沿线国家海岛的产业互动，深化彼此经贸往来，扩大市场，实现广东海岛产业“走出去”以及将国外高端技术“引进来”。二是依托广州、湛江、汕头等地的海岛建设一批世界级港口群，打造国际货运物流合作网络，选择航线所在海岛建立跨境物流集中分拨中心、航运中转基地，使之成为交通枢纽岛，构建联通内外、便捷高效的海上运输黄金航道。三是拥有丰富旅游资源和厚重海洋文化气息的广东应利用成熟的海岛旅游业，更加主动地与沿线国家就海岛旅游业开展交流合作，向沿线国家推介广东海岛品牌，创建国际海岛旅游节、国际海岛发展论坛等平台，将其作为落实“一带一路”倡议的重要方式和宣传“一路”历史文化的有效途径。

2. 深度融入粤港澳大湾区和深圳先行示范区建设

一是充分利用港澳作为国际金融中心和深圳拥有发达海洋产业体系、强大创新能力的优势，以及国家对“双区建设”政策的支持，大胆创新对外开放模式，创建开放程度更高的自由港、自贸岛、免税区等，打造世界级海岛高端要素配置平台。二是基于粤港澳大湾区“一国两制三种关税区”的特点，探索不同制度、法律体系、关税条件下海岛产业对接与合作的实现方式，以及其他国籍、港澳地区的投资者、从业人员等的待遇问题，为打造全方位的海岛开放格局提供制度层面的保障。三是放宽外资准入门槛，优化营商环境，创建全面配套的服务平台，积极吸引外商外资。如建立外资海岛旅游公园、允许国外企业和个人有条件开发无居民海岛等，打造海岛对外开放新高地。

（五）发挥海岛资源优势，促进海岛经济实现共享发展

共享是我国作为社会主义国家发展经济的重要原则。党的十九大报告中指出我国社会主要矛盾已经转变为人民日益增长的美好生活需要和不平衡不充分发展之间的矛盾。主要矛盾决定主要任务。今后，中国的经济社会发展将更加重视公平正义，切实提高人民群众的获得感与幸福感。因此贯彻共享发展理念既是我国全面建成小康社会的现实需要，也是中国特色社会主义的本质要求。海岛经济未来的发展也必须更加注重这一理念，坚持发展成果由全民共享。

对于长期在陆地生活的人们而言，对海岛旅游充满着新鲜感和向往。尤其是2020年，因为受疫情的影响，人们压抑了消费，海岛是释放消费潜能的好去处。因此，广东要采取有力措施，化危为机，利用海岛相对独立、没有受到疫情冲击的优势，尽量释放人们的消费潜能，让美丽的海岛不只是岛上居民和沿海人民的专属，使得广大内地居民也能够登上海岛观光览胜。

充分发挥海岛的资源优势，使得广大人民群众都能享受海岛经济发展带来的红利。一是积极宣传，推广精品海岛旅游路线，打折促销，鼓励人们登上海岛。使广大游客共享海岛清新的空气、蔚蓝的海水、银白的沙滩、澄澈的天空、碧绿的植被和品味鲜美的海鲜等，让宅家已久的人们在遥望宽广的蓝天、近观深邃的大海、耳闻拍岸的涛声、身沐和煦的海风中，豁然开朗，心旷神怡，释放因疫情久宅造成的心理压力。二是鼓励各种经济主体参与海岛开发、项目投资，建立度假村、作家写作中心、理论研究中心、画家写生中心等，吸引文化界人士登岛更换环境，展现才思。三是鼓励房地产企业在合适的海岛开发房地产，建立海岛小区、别墅等吸引内地人民登岛购房。四是国家和广东省政府都要利用好分配手段，成立海岛开发银行和专项资金，加大对海岛的投资力度，除用于国防、防灾减灾等基础设施的建设之外，还应加强公园、医院、学校等公共服务设施建设；同时对海岛相关产业提供税收方面的优惠，助力海岛招商引资。五是尽力解决海岛交通问题。海岛交通主要以海上船只为主，不同海岛要根据季节、气候变化，及时调整往返轮渡航班，绝对保证乘客安全和出行方便。在有条件的海岛，可以用直升机解决交通问题。离大陆距离较近且面积较大的海岛，可考虑建立海底隧道或桥梁。六是利用海岛分布广的优势，在岛上建立海洋观测站点，监控海洋气候变化，做好海洋防灾减灾工作，营造安全的海岛居住环境，切实保障人民群众生命财产安全。七是在有居民海岛积极发展集体经济，以居民入股的方式，合作创办企业，如集体渔场、集体旅行社等，实现共同开发，共享发展成果。八是对于无居民海岛的开发，可以按照多种所有制共同发展的原则，借助市场机制，鼓

励民营企业和私人进行投资，把闲置的资源充分利用起来。

三、结语

传统的海岛经济发展模式已经无法适应新时代对经济发展的要求。对此，广东应努力顺应形势的改变，充分发挥自身海岛众多、资源丰富、产业基础良好的优势，遵循新发展理念，主动服务和融入“一带一路”建设，创新对外开放模式，大力发展海岛经济，为建设海洋强省、推动广东经济社会高质量发展注入强大动能。

参考文献：

［1］广东省自然资源厅. 广东海洋经济发展报告（2020）[R/OL].（2020-06-05）[2020-06-10] http://nr.gd.gov.cn/zwgknew/tzgg/tz/content/post_3013155.html.

［2］习近平致信祝贺二〇一九中国海洋经济博览会开幕强调 秉承互信互助互利原则 让世界各国人民共享海洋经济发展成果[N]. 人民日报，2019-10-16（01）.

［3］梁元东. 珠中江与澳门旅游业联动发展路径选择[J]. 岭南学刊，2015（05）：95-102.

（作者：黄铁苗，中共广东省委党校教授）

（作者：殷宇冰，中共广东省委党校2018级硕士研究生）

广东农村居民消费结构分析

——基于2014—2018年数据

陈晓梅　　姜彩芬

摘要：国家统计局于2013年更新了居民消费支出的分类和统计标准，因此，本文根据2015—2019年的《中国统计年鉴》，选取2014—2018近五年的数据，分析广东农村居民消费结构的变化和特点，并与全国农村居民和广东城镇居民进行比较，发现广东农村居民消费结构并不优于全国农村居民消费结构，且与本省城镇居民消费支出也存在差距。在此基础上提出改善广东农村居民消费结构、提升生活质量的对策建议。

关键词：广东；农村居民；消费结构

消费是促进国民经济增长的“三驾马车”之一，为统一和更好比较居民消费支出各项情况，国家统计局于2013年建立规范、统一的《居民消费支出分类》。2019年中国农业人口5.52亿，占总人口的39.4%。据国家统计局分省年度数据，2018年末广东省农村居民人口达3324万人，占广东省年末常住人口的29.3%。可见，农村消费市场十分广阔。2020年是全面建成小康社会、决战脱贫攻坚和“十三五”规划的收官之年，因此，为了加强对农村居民消费情况的调查与了解，本文基于2015—2019年的《中国统计年鉴》，选取2014—2018近五年的数据，重点分析经济大省广东农村居民消费结构的变化和特点，为改善和优化广东农村居民消费结构提出相关建议。

一、广东农村居民消费结构及其与全国农村居民消费结构的比较

2014—2018年广东农村居民和全国农村居民在食品烟酒、衣着、居住、生活用品及服务、交通通信、教育文化娱乐、医疗保健、其他用品和服务这八大类的

平均消费支出如表1和表2所示。

表1　2014—2018年广东农村居民消费结构①（单位：元）

消费支出类别	2014年	比例	2015年	比例	2016年	比例	2017年	比例	2018年	比例
食品烟酒	3968.9	39.5%	4511.3	40.6%	5010.5	40.4%	5303.9	40.2%	5641.2	36.6%
衣着	328.2	3.3%	367.1	3.3%	412.0	3.3%	459.5	3.5%	523.6	3.4%
居住	2238.8	22.3%	2494.8	22.5%	2761.9	22.2%	2902.4	22.0%	3355.8	21.8%
生活用品及服务	599.7	6.0%	654.6	5.9%	718.6	5.8%	722.8	5.5%	817.0	5.3%
交通通信	1068.7	10.6%	1160.4	10.5%	1370.5	11.0%	1423.6	10.8%	1930.4	12.5%
教育文化娱乐	918.2	9.1%	952.4	8.6%	1057.8	8.5%	1186.0	9.0%	1473.0	9.6%
医疗保健	686.9	6.8%	723.1	6.5%	803.9	6.5%	921.7	7.0%	1366.7	8.9%
其他用品和服务	233.8	2.3%	239.1	2.2%	279.8	2.3%	279.7	2.1%	303.6	2.0%
总消费支出	10043.2		11102.8		12415		13199.6		15411.3	

表2　2014—2018年全国农村居民消费结构（单位：元）

消费支出类别	2014年	比例	2015年	比例	2016年	比例	2017年	比例	2018年	比例
食品烟酒	2814.0	33.6%	3048.0	33.0%	3266.1	32.2%	3415.4	31.2%	3645.6	30.1%
衣着	510.4	6.1%	550.5	6.0%	575.4	5.7%	611.6	5.6%	647.7	5.3%
居住	1762.7	21.0%	1926.2	20.9%	2147.1	21.2%	2353.5	21.5%	2660.6	21.9%
生活用品及服务	506.5	6.0%	545.6	5.9%	595.7	5.9%	634.0	5.8%	720.5	5.9%
交通通信	1012.6	12.1%	1163.1	12.6%	1359.9	13.4%	1509.1	13.8%	1690.0	13.9%
教育文化娱乐	859.5	10.3%	969.3	10.5%	1070.3	10.6%	1171.3	10.7%	1301.6	10.7%
医疗保健	753.9	9.0%	846.0	9.2%	929.2	9.2%	1058.7	9.7%	1240.1	10.2%
其他用品和服务	163.0	1.9%	174.0	1.9%	186.0	1.8%	200.9	1.8%	218.3	1.8%
总消费支出	8382.6		9222.7		10129.8		10954.5		12124.3	

① 如无特别说明，本文中所有表、图的数据均为作者根据2015—2019年的《中国统计年鉴》整理汇编而成。

比较广东农村居民和全国农村居民消费支出的绝对数和所占比例，结果如下。

（一）食品烟酒类支出：比例先上升后下降，且远远高于全国农村平均水平

从整体上来看，食品烟酒类支出一直以来都是广东农村居民消费支出最大的部分，比例约为40%。这与广东人历来讲究饮食有一定关系，对他们来说，饮食不是填饱肚子那么简单，而更多的是对生活的享受。所以，他们更愿意在该方面有更多的消费。

由表1可知2014—2018年广东农村居民在食品烟酒类的消费金额逐渐增加，但增长速度是逐年降低的，这意味着广东农村在食品烟酒这部分的消费渐趋饱和。

图1则表明广东农村居民食品烟酒类支出比例在2014—2015年缓慢上升至40.6%，在2015—2018年则降至36.6%，其中，2017—2018年下降最为明显，整体呈下降趋势。可见，广东农村居民在食品烟酒类支出结构上有所优化。不过，2014—2018年全国农村居民在食品烟酒方面的支出比例分别为33.6%、33.0%、32.2%、31.2%和30.1%，连续五年都在下降。通过数据对比可得，五年来，广东农村食品烟酒支出比例仍远远高于全国农村平均水平。由此可见，广东农村居民更注重食品烟酒类消费，仍需进一步优化消费结构。

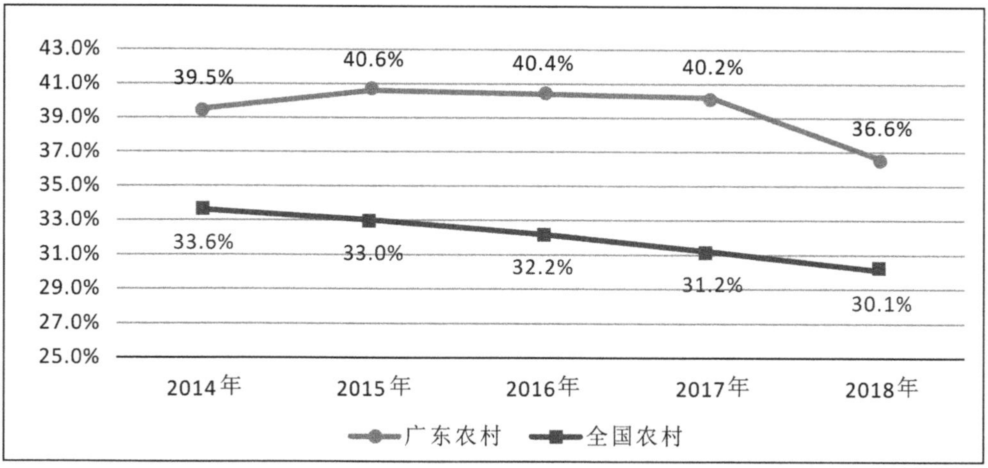

图1 广东农村与全国农村居民食品烟酒类消费支出占总消费支出比例变化

（二）衣着类支出：比例低且稳定，受地理、气候等影响，明显低于全国农村平均水平

从整体上看，广东农村衣着支出不是广东农村居民消费的重点，支出比例在八大类消费中稳居倒数第二。而从2014—2018年的变动趋势来看，广东农村

衣着消费占比相对稳定，五年皆在3.3%~3.5%浮动。相反，全国农村对应的比例则从2014年的6.1%稍微下降到2018年的5.3%，但整体上仍然高于广东农村平均水平。

这与广东的地理、气候和文化都有一定的关系，广东位于中国南部地区，气候是亚热带季风气候，夏季炎热，冬季相对温暖。例如，图2列出了广东农村年平均气温在22℃左右，年极端最高气温在38℃左右。因此，广东农村居民对毛衣等厚重的冬天衣物需求不大，消费支出不多，而更多的是购买比较轻薄的衣物。同时，广东人向来低调，穿着追求舒适实用，因此，在这方面的消费支出较少。

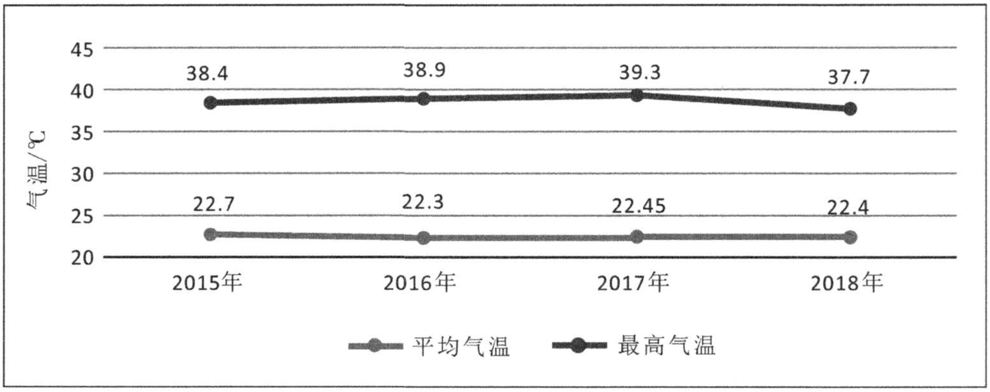

图2　2015—2018年广东农村平均气温与最高气温

（三）居住类支出：消费金额增加明显，比例相对稳定且与全国农村平均水平接近

居住是人们日常生活的基本需要，从整体上看，居住支出是广东农村居民除食品烟酒以外的第二大消费支出。图3表明，广东农村居民居住支出比例整体相对稳定，从2014年的22.3%到2018年的21.8%，只是下降了0.5个百分点，但居住支出消费金额逐年增加，2015年提升了11.4%，2016年提升了10.7%，2017年提升了5.1%，2019年提升了15.6%。由此可见，广东农村居住负担仍然较大，结构有待优化。而全国农村居民这一比重基本稳定在21%左右，绝对金额也逐年增加。广东农村与全国农村居住支出占总消费支出的差别不大，可见农村居民普遍有改善居住条件的愿望和消费行动，居住支出占比也在合理范围内（一般认为居住支出占消费支出三成以上则压力过大）。

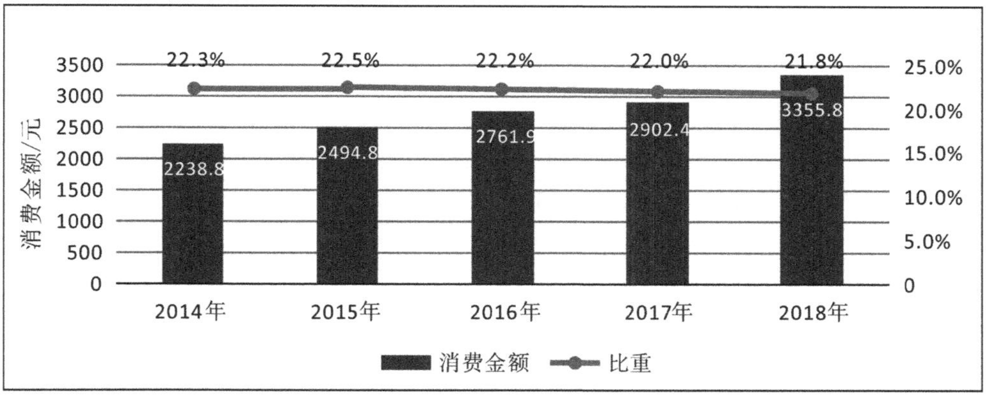

图3　2014—2018年广东农村居住消费金额与比例变化

（四）生活用品及服务类支出：支出金额逐年增加，比例逐渐减少，且低于全国平均水平

从整体上来看，生活用品及服务类支出是广东农村居民消费支出比例较少的一类。而从2014—2018年的变化趋势来看，广东农村居民在该方面的消费支出一直在增加，分别为599.7元、654.6元、718.6元、722.8元和817.0元，但增长幅度比较缓慢。从图4可知2014—2018年广东农村居民生活用品及服务类的消费比例是逐年缓慢减少的，从6%降至5.3%。全国农村居民生活用品及服务类支出占比则基本稳定在5.9%。

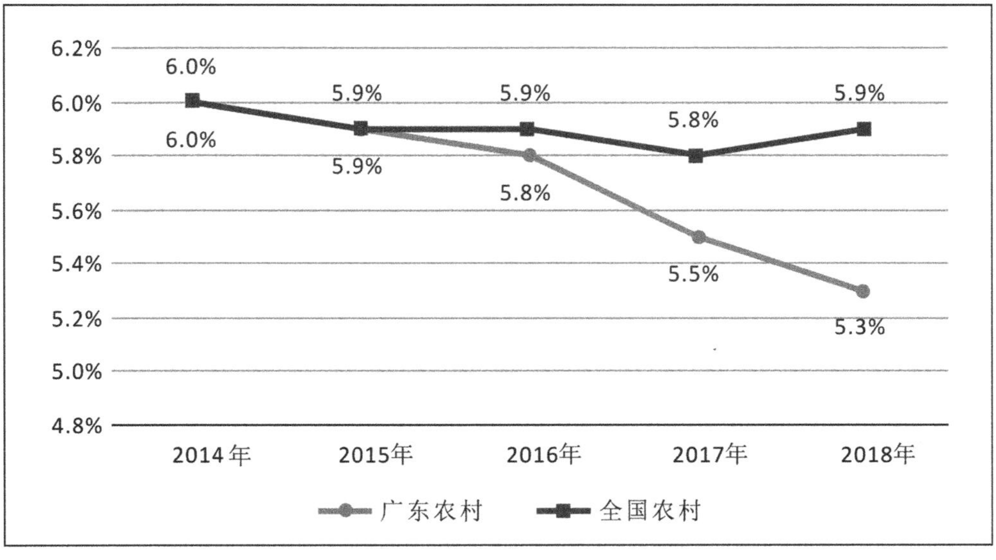

图4　广东农村与全国农村居民生活用品及服务类支出占总消费支出比例变化

而表3则表明，广东农村居民平均每百户主要耐用品拥有量逐年增长明显，可见生活用品及服务类支出比例下降是由收入增加而非消费支出减少引起，广东农村居民在这方面的消费支出呈现出比全国农村居民更加优化的趋势。

表3　广东农村居民家庭平均每百户主要耐用品年末拥有量

主要耐用品类别	2014年	2015年	2016年	2017年	2018年
家用小汽车（辆）	7.48	10.67	14.63	17.57	22.73
摩托车（辆）	108.06	116.95	122.27	123.63	116.73
洗衣机（台）	54.43	64.82	74.43	78.46	84.71
电冰箱（台）	68.36	78.29	84.9	87.93	92.94
彩色电视机（台）	114.28	117.22	119.49	120.47	116.51
空调机（台）	46.67	62.15	81.17	91.33	113.53
热水器（台）	69.36	77.71	84.93	88.49	94.02
移动电话（台）	248.41	267.18	279.89	287.12	290.44
计算机（台）	30.4	33.93	37.73	41.61	35.29

（五）交通通信类支出：支出金额逐年增加，但所占比例上下浮动，且低于全国平均水平

从整体上看，交通通信类支出是广东农村居民的第三大消费支出。随着广东农村互联网的普及与生活质量的提高，人们对移动设备、车辆等消费需求不断增加，而且开始追求产品的质量。

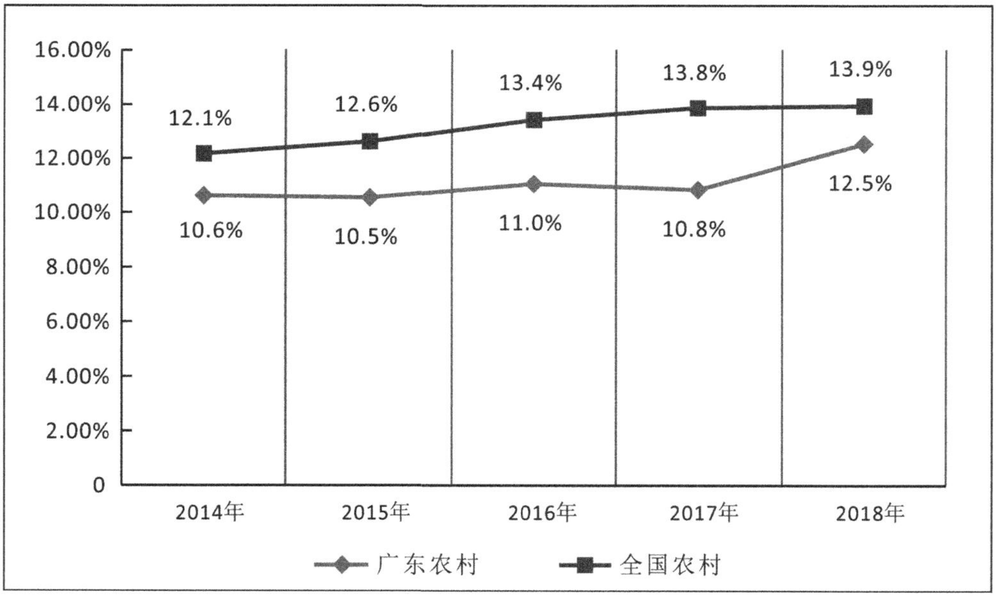

图5　广东农村与全国农村居民交通通信类支出占总消费支出比例变化

从图5中2014—2018年的变化趋势可知，广东农村五年来的交通通信消费比例从2014年10.6%下降到2015年的10.5%，2016年又上升回11%，接着2017年又下降到10.8%，2018年回升到12.5%。比例在10.5%~12.5%浮动。不过，广东农村交通通信的支出金额却逐年增加。这与广东居民消费水平的提高有一定关系。也由表3可知，随着广东农村居民购买力的提高，农村汽车消费逐步旺盛，从2014年的平均每百户家庭拥有7.48辆发展到2018年的22.73辆，极大推动交通支出的增长。同时，随着广东农村互联网的普及，广东农村的移动电话与计算机购买数量也大幅度增加，大大增加了通信支出。而全国农村居民的交通通信类支出无论金额和占比均逐年增加，且广东农村居民交通通信类支出占比低于全国平均水平。

（六）教育文化娱乐类支出：金额逐年增加，所占比例先降后升，且一直低于全国农村平均水平

广东农村居民的教育文化娱乐支出在八大类支出中处于中等水平，大约在9%。从图6中2014—2018年的变化趋势看，广东农村居民教育文化娱乐消费比例从2014年的9.1%下降到2016年的8.5%，接着又上升至2018年的9.6%。由此可看出，广东农村在教育文化娱乐方面的支出不稳定，占比时多时少。而全国农村的数据从2014年的10.3%一直稳步上升到2018年的10.7%，相对稳定，且比例明显高于广东农村平均水平。

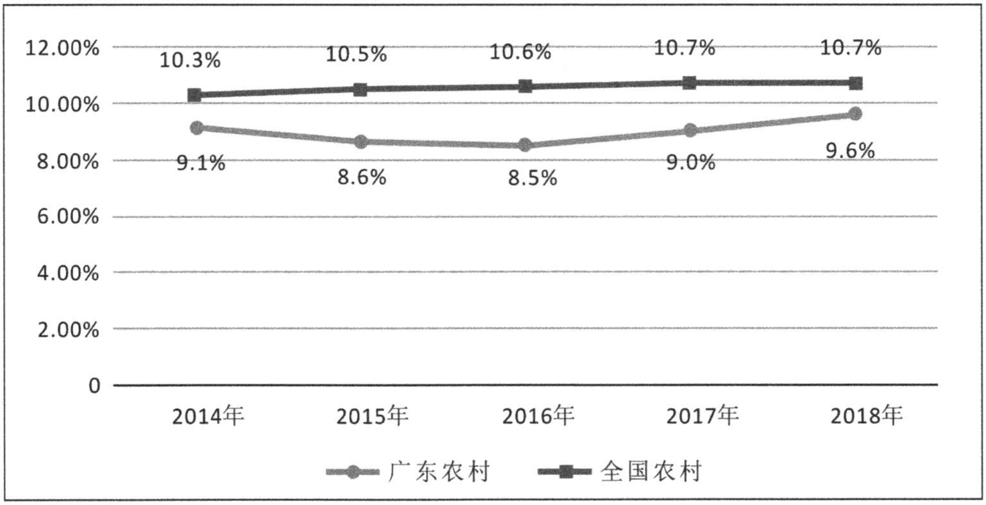

图6　广东农村与全国农村居民教育文化娱乐类支出占总消费支出比例变化

教育文化娱乐类的消费属于发展型消费，与本地区居民文化素养也有关系。当一个国家或地区的收入增加到一定程度，教育文化娱乐类支出占比应有更大提

升。然而，广东农村居民收入一直比全国农村平均水平高，但这方面支出所占比例却一直低于全国平均水平，可见广东农村居民在教育文化娱乐类的消费支出有较大的提升空间，未来政府应重视并采取相关措施以增加广东农村居民教育文化娱乐类支出，提升农村居民文化素养。

（七）医疗保健类支出：所占比例处于上升趋势，但一直低于全国农村平均水平

广东农村居民的医疗保健支出在八大类支出中处于偏下水平。从图7中2014—2018年的变化趋势看，2014年广东农村医疗保健消费比例为6.8%，2018年为8.9%，五年内比例上升了2.1%。可见广东农村医疗保健支出在五年内得到较好的优化。但其比例一直低于全国平均水平，因此，广东居民在医疗保健上的消费有极大的提升空间。

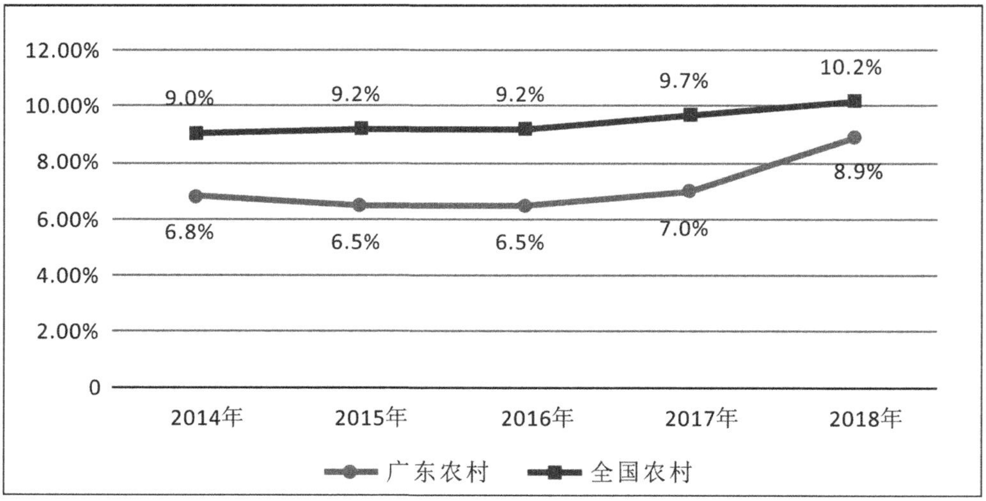

图7　广东农村与全国农村居民医疗保健类支出占总消费支出比例变化

由以上分析可知，2014年以来的近五年间，广东农村居民消费结构有所改善，具体表现在食品烟酒类支出比例减少和生活用品及服务类支出等消费支出所占比例减少，交通通信类、教育文化娱乐类和医疗保健类支出等消费支出比例增加等，但跟全国农村居民平均水平比较而言，教育文化娱乐类支出、交通通信类支出和医疗保健类支出比例一直偏低，可见广东农村居民消费结构并不优于全国农村居民，且与广东农村居民收入增长水平并不匹配，未来还有很大的提升与改善空间。

二、广东农村与城镇居民消费结构比较分析

表4为2014—2018年广东城镇居民各项消费支出占比情况。

表4　2014—2018年广东城镇居民消费结构（单位：元）

消费支出类别	2014年	比例	2015年	比例	2016年	比例	2017年	比例	2018年	比例
食品烟酒	7850.2	33.2%	8533.4	33.2%	9421.6	32.9%	9711.7	32.2%	9780.2	31.6%
衣着	1344.7	5.7%	1453.7	5.7%	1583.4	5.5%	1587.1	5.3%	1415.3	4.6%
居住	5291.5	22.4%	5715.3	22.3%	6410.4	22.4%	7127.8	23.6%	8147.8	26.3%
生活用品及服务	1365.1	5.8%	1526.3	5.9%	1721.9	6.0%	1782.8	5.9%	1726.2	5.6%
交通通信	3625.4	15.4%	3905.0	15.2%	4198.1	14.7%	4285.5	14.2%	4107.3	13.3%
教育文化娱乐	2468.4	10.5%	2671.5	10.4%	3103.4	10.8%	3284.3	10.9%	3335.7	10.8%
医疗保健	988.3	4.2%	1096.4	4.3%	1304.5	4.6%	1503.6	5.0%	1591.3	5.1%
其他用品和服务	678.1	2.9%	771.4	3.0%	870.1	3.0%	915.1	3.0%	820.5	2.7%
总消费支出	23611.7		25673		28613.3		30197.9		30924.3	

通过比较表1“2014—2018年广东农村居民消费结构”和表4“2014—2018年广东城镇居民消费结构”，结果如下。

（一）食品烟酒类支出：农村居民支出比例高于城镇居民，城乡发展不均衡

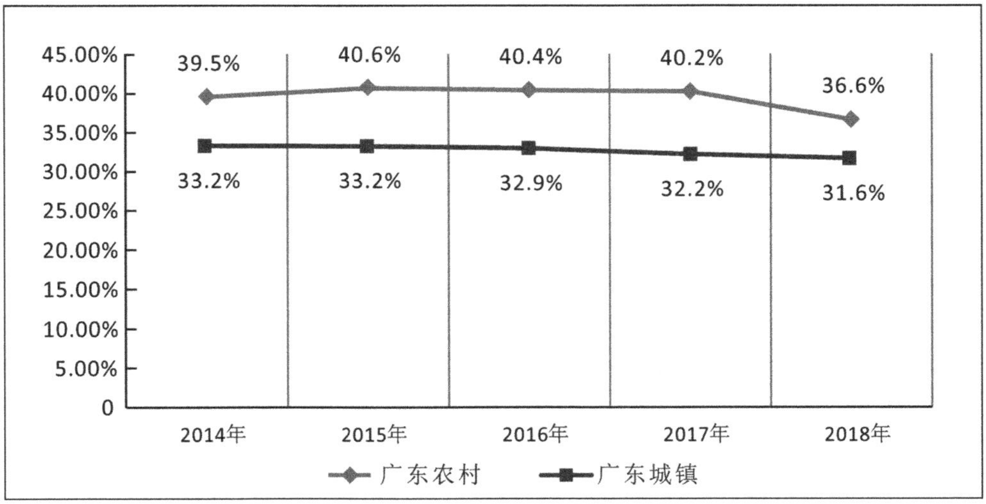

图8　广东农村与广东城镇居民食品烟酒类支出占总消费支出比例变化

由图8可知，2014—2018年广东城乡居民在食品烟酒类的支出比重整体皆呈下降趋势，消费结构都曾改善，但农村居民食品烟酒类的支出所占比例一直高

于城镇居民。而食品烟酒类支出占比与恩格尔系数相对应，2014—2018年期间，广东城镇居民食品烟酒类支出占比一直低于34%，在2014年就已经进入稳定的富裕阶段；而广东农村居民食品烟酒类支出占比在2015—2017年间都高于40%，在2018年降为36.6%，此时才进入富裕阶段。由此可见，广东农村发展速度落后于广东城镇，城乡发展不均衡，急需政府采取相应措施以缩小城乡差距。

（二）衣着类支出：农村居民支出比例一直低于城镇居民，但有差距缩小的趋势

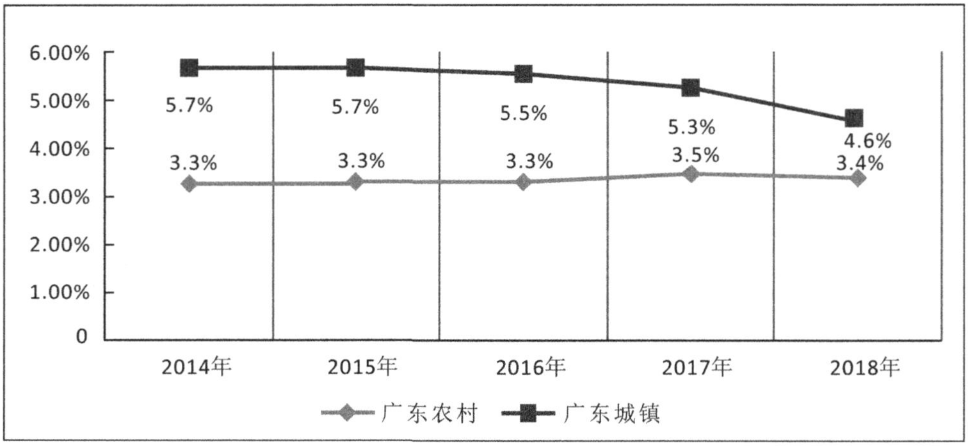

图9　广东农村与广东城镇居民衣着类支出占总消费支出比例变化

由图9可知，2014—2018年广东农村与城镇居民衣着消费所占比例较低，且农村居民衣着消费比例一直低于城市居民，城镇居民衣着消费占总消费的比例从2014年的5.7%下降到2018年的4.6%。城镇居民收入更高，在消费心理上对服装的款式、颜色、时髦度等方面要求也较高，农村居民则受收入水平、生活方式、生活环境等方面影响，对衣着的消费更侧重于实用性，购买的档次要低些，因此，广东农村居民对衣着支出的消费需求更小、需求层次较低。

（三）居住类支出：农村居民支出所占比例普遍低于城镇居民，并有差距拉大的趋势

居住类支出在广东城镇居民消费支出中所占比例较高。2014—2018年，广东城镇居民居住类消费金额不断增加，广东农村从2014年的2238.8元增加到2018年的3355.8元，广东城镇居民从2014年的5291.5元增加到2018年的8147.8元，但农村居民居住类支出所占比例普遍低于城镇居民并且城乡之间的差距在加大（图10）。一方面说明城镇居民居住压力更大，但另一方面也说明了农村居民居住生

活质量有待提高。

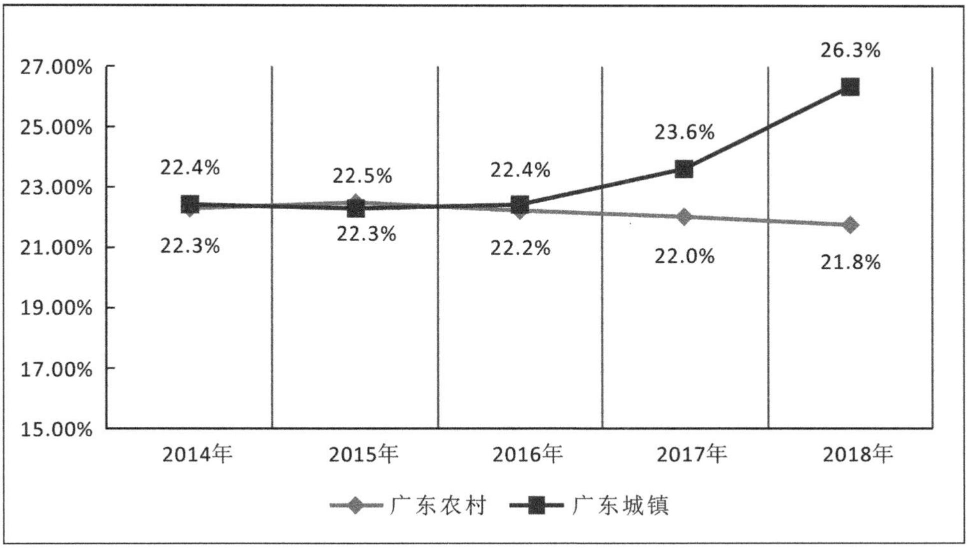

图10　广东农村与广东城镇居民居住类支出占总消费支出比例变化

（四）生活用品及服务类支出：农村居民支出所占比例低于城镇居民，但两者相差不大

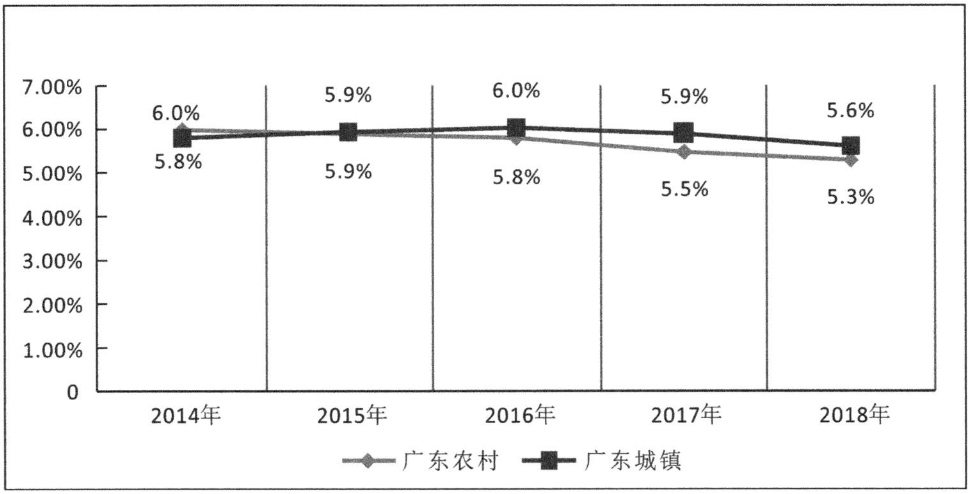

图11　广东农村与广东城镇居民生活用品及服务类支出占总消费支出比例变化

由图11知，2014—2018年广东城乡居民在生活用品及服务方面的消费支出所占比例较为稳定，且城乡差别不大。

（五）交通通信类支出：农村居民支出所占比例低于城镇居民，但两者差距缩小明显

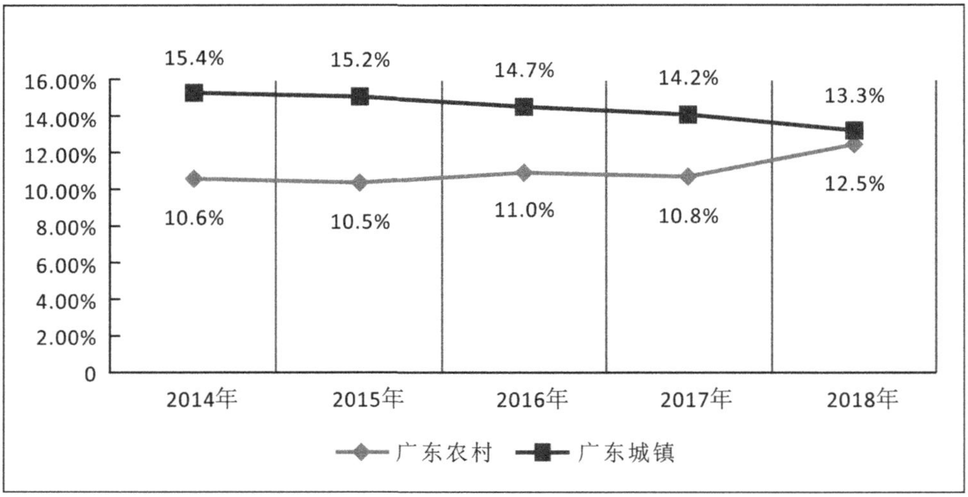

图12　广东农村与广东城镇居民交通通信类支出占总消费支出比例变化

交通通信类支出是广东城乡居民第三大类消费支出，如图12所示，农村居民交通通信支出所占比例一直低于城镇居民，这与城镇公共交通发达程度和居民社交生活有关，但近年来这类支出所占比例日益接近，差距明显缩小。

（六）教育文化娱乐类支出：农村居民支出所占比例一直低于城镇居民

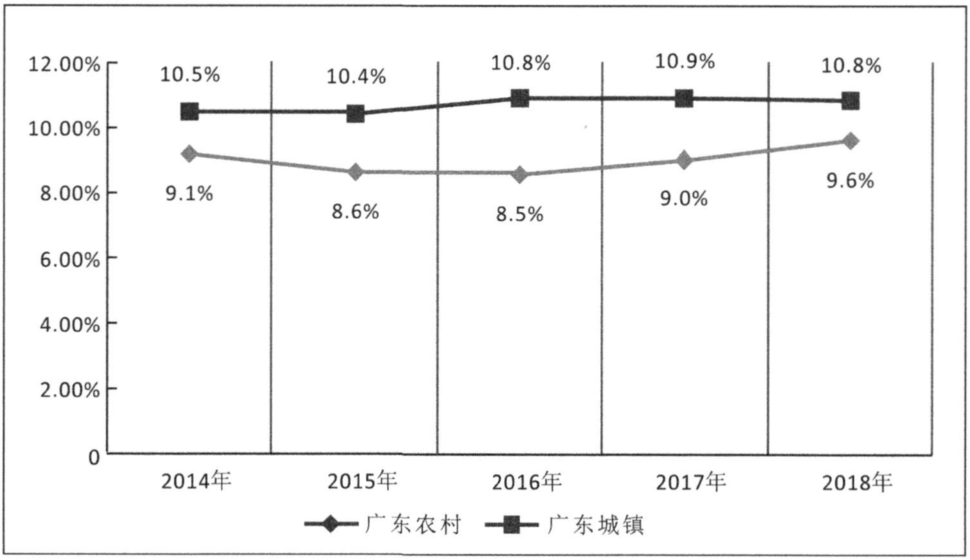

图13　广东农村与广东城镇居民教育文化娱乐类支出占总消费支出比例变化

2014—2018年，广东农村居民教育文化娱乐类支出不仅消费金额更低，所占比例如图13所示也一直低于城镇居民。且五年间，城乡居民教育文化娱乐类支出所占比例增加不大，仍需政府采取措施来提升文化教育类消费，优化消费结构。

（七）医疗保健类支出：农村居民支出所占比例高于城镇居民，且有拉大差距的趋势

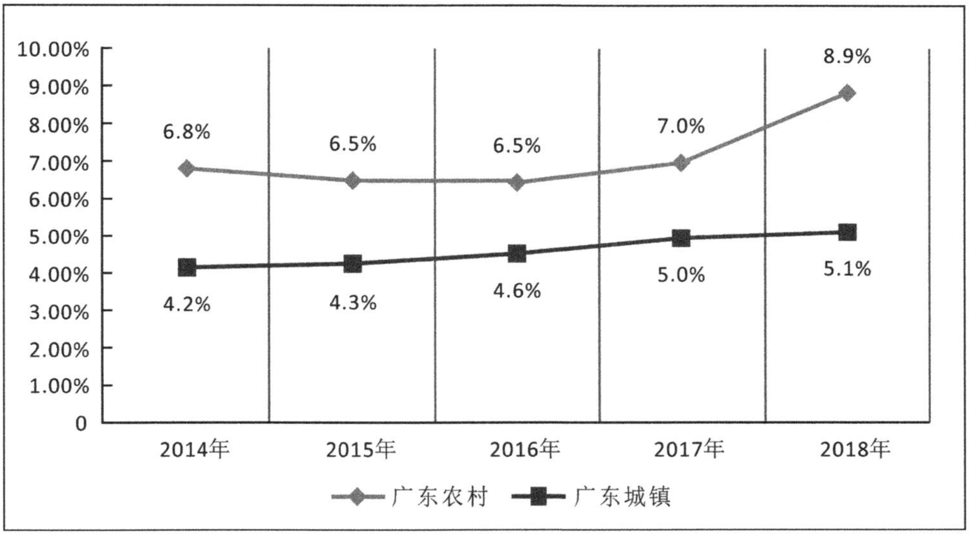

图14　广东农村与广东城镇居民医疗保健类支出占总消费支出比例变化

从图14来看，广东城乡居民医疗保健类支出所占比例都较低，且农村居民的支出比例一直高于城镇居民，比例从2014年相差2.6%到2018年相差3.8%，有扩大的趋势。一方面可能与农村居民较多为老人、儿童等抵抗力较弱的群体有关。另一方面也与广东省医疗保险体系有关。广东省大部分地区实施的是职工基本医疗保险与城乡居民基本医疗保险并行的城乡两项制度。

由上可见，广东城乡居民在生存性资料的消费占比仍占据较大的比重，具体表现在食品烟酒类等支出比例较高，而享受型和发展型消费比较少，如教育、通信与医疗等支出。农村居民衣着类支出所占比例更低，文化娱乐类支出比例更低但医疗保健支出比例却更高，表现出城乡居民消费支出虽然差距有所缩小，但仍然存在明显差距，农村消费还有很大的提升空间。

三、改善广东农村居民消费结构的建议

广东农村居民满足基本生活需要的生存型消费支出超过50%，而发展型和享

受型消费如教育文化娱乐和医疗保健等方面的消费支出较少且低于全国农村平均水平。改善居民消费结构，增加发展型和享受型消费支出，降低生存型消费支出，建议可从以下几方面考虑。

（一）增加广东农村居民收入，提高农村居民购买力，以降低食品类等生存资料消费比例

政府可为农村居民提供免费业务技能培训等辅导措施，以便农村居民能掌握一定的劳动技能和技巧，提高在劳动力市场的竞争力，从而能更多地投入到收入较高的产业中，这样可有效达到提高农村居民工资性收入的目的。同时，政府应采取通过对农林牧副渔等各产业生产资料的补贴政策和指导农村居民优化农业产业来降低农业生产成本，稳步提高广东农村居民家庭经营性收入。此外，为增加农村居民的转移性收入，应落实农业补贴制度，提高对农村居民的补助力度，同时也要关注农村孤寡老人、留守儿童等问题，做好扶贫工作，努力缩小城乡收入差距。只有收入增加了，才能引导农村居民进行发展性和享受性生产资料的消费。

（二）倡导合理的消费观念，提高生活质量，改善农村居民消费结构

广东农村居民多提倡“勤俭”“节约”的美好品质，但这在一定程度上也抑制了农村居民的合理消费需求。而且广东农村居民受传统风俗的影响程度较深，容易形成重人情、迷信消费而轻教育文化娱乐消费等不良的消费习惯。因此，政府需要结合广播、电视等时效性较强的宣传途径，来帮助农村居民树立健康、合理、文明的消费观念，以此刺激农村居民进行合理的消费，从而开拓与发展农村市场，进而提高农村居民消费水平和优化消费结构。此外，政府也要逐渐引导广东农村居民正确追求高质量的生活，从而促进农村居民对高品质衣着类和空调、计算机等优质生活用品及服务类消费。

（三）加强广东农村相关基础设施建设，为农村居民创造便利的消费环境

政府部门应加强对农村各地的基础设施的建设，如修建线下购物场所，修建公路和增加对农村公交的补贴以解决农村出行困难、物流成本高等问题，同时，广东各农村地区也需完善网络通信，增加教育文化娱乐场所，如图书馆等，使农村居民有处可去，从而促进广东农村居民在衣着、交通通信、教育文化娱乐等方面的消费。

（四）继续加强教育投入，提高农村居民受教育水平

一方面，广东农村落后的社会经济发展水平使得农村居民享受到的教育资源

非常有限，同时要付出比城镇更昂贵的代价来追求良好的教育。因此，政府应重视农村九年义务教育，提高乡村中小学的教学条件及教师待遇，减免农村居民学杂费，以减轻农村居民的教育负担。同时，政府、高校和社会团体应该加大对高校里来自农村的家庭经济困难学生的帮扶力度，使更多的农村居民有机会接受高等教育。另一方面，农村居民收入水平不高的重要原因之一是农村居民的文化层次、整体素质较低，农民没有能力靠知识摘掉贫困的“帽子”。要想从根本上解决这一问题，必须要持续地、坚决加大在农村职业教育方面的投入，以此提高农村劳动力素质和竞争力，从根本上解决由此造成的收入低下问题。

（五）健全广东农村居民的社会保障体系，解决农村居民后顾之忧

由前文分析可知，广东农村居民在养老、医疗等各方面的社会保障水平低下，而居住类消费是广东农村居民的第二大消费支出，说明农村居民享受到的住房福利非常有限，住房成本较高。这些后顾之忧强化农村居民的储蓄动机，不利于改善广东农村居民的生活。因此，政府需要建立健全各项农村社会保障制度，解决农村居民“居住贵、看病难”的困难，从而增加消费支出，提高可持续消费的综合能力。

参考文献：

［1］新华社．发展改革委确定2014年7项农村经济重点工作[EB/OL]．[2014-02-05]．http：//www.gov.cn/xinwen/2014-02/05/content_2612990.htm.

［2］农业农村部网站．2015年深化农村改革、发展现代农业、促进农民增收政策[EB/OL]．[2015-04-30]．http：//www.gov.cn/xinwen/2015-04/30/content_2855712.htm.

［3］新华社．中共中央 国务院印发《乡村振兴战略规划（2018—2022年）》[N/OL]．[2018-09-26]．http：//www.gov.cn/zhengce/2018-09/26/content_5325534.htm.

［4］中华人民共和国司法部网站．广东省市场监管条例[S/OL]．（2016-10-1）[2019-12-25]．http：//www.gd.gov.cn/zwgk/wjk/zcfgk/content/post_2727097.html.

［5］广东省发展和改革委员会．广东省农业现代化“十三五”规划[EB/OL]．[2018-07-26]．http：//drc.gd.gov.cn/gkmlpt/content/1/1060/post_106792.html.

［6］广东省农业农村厅．广东省农产品加工业发展规划（2018-2025年）[EB/OL]．（2018-08-30）[2018-09-03]．http：//dara.gd.gov.cn/zcjd2416/content/post_1559417.html.

［7］发展规划处．广东省现代农业产业园建设指引（试行）[EB/OL]．（2018-10-18）

[2018-11-12]. http：//dara.gd.gov.cn/zcwj/content/post_2164238.html.

[8] 快易理财新闻网. 中国历年居民消费价格通货膨胀率（CPI增长率）[EB/OL]. [（2020-06-17）]. https：//www.kylc.com/stats/global/yearly_per_country/g_inflation_consumer_prices/chn.html.

[9] 黄哲. 广东城乡居民消费结构的比较分析[J]. 市场经济与价格，2016（07）：37-42+64.

[10] 张鑫. 20世纪90年代以来我国城乡居民边际消费倾向对比分析[J]. 经济视角（下），2009（08）：68-70+76.

（作者：陈晓梅，广州大学管理学院学生）

（通讯作者：姜彩芬，博士、广州大学管理学院副教授）

疫情防控常态化下消费发展态势及提振消费的思考

——以佛山市为例

钟陆文

摘要：2020年，新冠肺炎疫情形式依然严峻，全球经济下行压力加大，消费市场变局加速，新消费、新业态形成增长新动能，消费对国内国际经济拉动作用不断增强。抓住加快构建国内国际双循环相互促进发展新格局的政策指引，适应城市和经济高质量发展要求，提振消费是当前工作的重要关注点。本文结合佛山市实际情况，提出疫情防控常态化下从应对疫情精准施策、培育消费发展新动能以及强化消费发展保障措施几个方面提振消费的对策。

关键词：疫情；消费趋势；消费发展；佛山

消费是社会再生产先导性因素和国民经济良性循环的原动力。佛山制造业基础雄厚、门类齐全，是全球重要的消费品制造之都。当前的迫切任务是适应消费发展变化趋势，有效应对冲击，稳住经济基本盘，抓住加快构建国内国际双循环相互促进发展新格局的政策指引，把握好“两新一重”建设、粤港澳大湾区建设、广佛全域同城化机遇，促进城市和经济高质量发展。

一、研究综述

疫情防控常态化下全国消费趋势发生变化，理论界对此有不少研究，主要集中在以下方面。一是从全国消费发展趋势角度。关利欣（2020）认为此次新冠肺炎疫情作为外生冲击对消费市场产生重要影响，供需两端原有的均衡被打破；郑江淮等人（2020）认为尽管消费领域受到疫情的影响最大，但疫情之后的“补偿性消费”会一定程度缓解疫情对全年消费增长所造成的冲击。二是从产业与消费角度。李志萌等人（2020）认为需加快传统产业转型升级，大力发展新经济新业态；王志凯（2020）认为打造中国自主品牌和核心技术，可激发民众长期消费热情，助推经济增长。三是从居民消费角度。袁晓玲等人（2020）根据居民消费特征和需求，指出中国经济长期向好趋势不会改变；李柳颍等人（2020）认为疫情后短期内刺激消费措施可能会有一定效果，中长期需要依据居民特征出台更多具有针对性、前瞻性的政策措施。四是应对疫情的消费对策。杨继瑞和薛晓（2020）认为可以从城乡社区非接触型消费角度推进消费回补和潜力释放；臧旭恒（2020）认为应调整国民收入分配结构，充分发挥消费在疫后经济恢复中的基础性作用；陈斌开（2020）认为要加强"消费型"投资，补齐民生短板；尹志超（2020）认为加速消费数字化可以促进消费；易行健（2020）从数字普惠金融、行为助推和大数据分析驱动居民消费发展的方法；王先庆等人（2020）提出通过抓住数字化时代消费转型升级的新机遇，来提振广东消费和促进新消费。

梳理以上文献可知，当前结合特定城市研究得不多。本文拟结合佛山消费现状，提出若干思考。

二、当前消费发展态势

（一）消费对经济的拉动作用不断增强

全球消费市场变局加速，消费对国内经济的拉动作用不断增强。从全球来看，伴随世界经济中心转移，中国经济在全球比重超过16%；中国成为全球第二大消费市场，全球消费增长的三成来自中国；大中华地区已于2018年首次超过美国，成全球最大时尚奢侈品市场。从国内来看，随着工业化快速推进，我国需求结构发生了深刻变化，2013年后消费拉动力呈稳步上升趋势，2019年消费支出对GDP增长贡献率为57.8%。

（二）国内消费扩容提质明显

从主要消费指标来看，2015—2019年，全国社会消费品零售总额逐年增长，尽管增长率从2015年的13.8%下降至2019年的8%，但是增速仍高于经济增长率。消费率远低于发达国家平均水平（75%），仍维持在48%~60%。人均可支配收入和消费支出不断提高。恩格尔系数从0.35下降到0.33，发展型和享受型消费支出占比从0.35上升到0.39。

（三）疫情重创消费市场

受新冠肺炎疫情冲击，企业复工复产受到严重影响，服务业遭受巨大打击，春节长假传统消费高峰不可逆损失让经济形势更加艰难。从国家统计局发布的数据来看，2020年上半年，全国居民人均可支配收入和人均消费支出实际分别下降1.3%和9.3%。按消费八大类别分，除了食品烟酒和居住外，其他类别均出现一定幅度下滑，其中，教育文化娱乐、其他用品及服务、医疗保健同比下滑幅度分别高达34%、14.6%和10.8%。

（四）疫情催生新消费新业态发展

相对于疫情对线下消费的巨大冲击，较长时间的居家促进“宅经济”线上消费快速发展，并催生出一批新业态、新模式。数字技术、线上线下融合、基于社交网络和新媒介的新消费、新模式呈现爆发式增长，由实物消费为主转向实物与服务消费并重发展。消费个性化、智能化、共享化、品质化、多元化、低碳化等趋势性特征明显。

三、疫情防控常态化下佛山市消费发展现状

（一）佛山市消费发展情况

1. 消费总体降幅较大，消费复苏慢而有序

2020年上半年，全市实现社会消费品零售总额（以下简称社消零总额）1502.93亿元，同比下降17.7%，降幅高于全国（11.4%）和全省（14%）。2020年1—2月，全市社消零总额同比下降19.9%，而往年1—2月的增速与年均增速持平。2020年前3月、前4月、前5月的增速同比分别下降21.1%、20.5%、19%，降幅略有收窄，虽离全面恢复还有较大差距，但消费复苏呈现有序特征。

2. 消费结构发生变化，健康消费大幅增长

居民对生活必需品以及药品的需求增长，除此之外，居民整体消费需求持续下降。2020年上半年，全市限额以上粮油、食品类零售额增长4.2%。家用电器和音像器材、服装鞋帽等产品消费急剧下滑。疫情期间医院门诊人数大幅下降，7月初也才恢复至以往的九成水平。疫情倒逼人们增强健康意识、促进健康消费，2020年上半年全市限额以上中西药品类零售额同比增长5.9%。

3. 大额消费支出减少，住房、汽车市场遇冷

2020年上半年，佛山市新建商品房成交面积同比下降18.6%，其中住房成交面积同比下降24.9%；二手房成交面积同比下降29.7%，其中二手住房成交面积同比下降27%。全市汽车消费市场持续疲软，2020年上半年汽车类零售额为189.01亿元，占全市社消零总额比重高达12.6%，高于全国水平（不到10%）；

增速同比下降21.3%。各行各业受到疫情不同程度冲击，居民消费信心下降，影响大额消费支出。

4. 实体消费受到冲击，线上消费迎来风口

交通运输、餐饮、住宿、旅游、会展等生活性服务业受疫情冲击大。2020年上半年，全市客运量累计下降七成以上，餐饮同比下降三成以上；2020年“五一”期间，全市接待游客数量同比仅恢复不到四成。然而，线上消费迎来风口，佛山夜间淘宝购买力居全国第15名、广东第4名；2020年上半年，50%网商企业营收较去年同期实现增长。

5. 部分产品逆势上扬，直播带货受到重视

疫情期间，佛山市三类家居产品（第一类是居家办公或学习的家具产品，第二类是小家电产品，第三类是智能家居）销售情况逆势上扬。此外，部分制造产业推动网红经济发展，带动消费品销售。直播带货成为企业长远布局、推动自身转型升级的重要举措。

（二）佛山市消费发展面临的机遇与挑战

1. 佛山市消费发展面临的机遇

一是以国内大循环为主导、国内国际双循环相互促进的新发展格局加快形成。国内消费结构升级步伐加快，消费动能加转变快，消费拉动国民经济增长的驱动力日益增强。国家消费政策持续加码培育和壮大内需市场，各地重视并抢抓培育扩大内需市场和高质量发展机遇，内需市场的活力和后劲将持续释放。国家完善对外开放战略布局。顺应世界经济格局调整演变趋势，“一带一路”建设推进，为国际贸易和投资搭建新平台，同更多伙伴开展合作，推动区域经济一体化，推动经济全球化朝着更加开放、包容、普惠、平衡、共赢的方向发展。

二是粤港澳大湾区建设、广佛全域同城化提升佛山城市发展能级。粤港澳大湾区建设和广佛全域同城化推动佛山与大湾区四大核心城市形成紧密合作，推动佛山与广州两市共建大平台、大产业、大交通、大生态和大服务。广州有良好的电子信息产业基础，有助于佛山传统制造业数字化转型升级。佛山以泛家居产品为代表的消费品，可依托于广州国际大城市拓宽全国消费市场，进而由内循环促进外循环，推动佛山泛家居走向世界。

三是“新基建”加快佛山传统制造企业数字化赋能、提升消费体验。随着“新基建”的全面铺开，商业场景、商业形态和商业模式面临重构，人与商品、服务的链接方式会发生改变。5G、人工智能、物联网等技术与传统产业的

融合，将全面赋能电商、赋能新零售，给予传统产业更多的创新空间和可能。比如：形成新的研发、生产、销售模式，建立新的商业模型，与消费者建立新链接方式，都将在“新基建”的赋能中建立起来；网店从平面走向3D，走向VR+AR，给消费者带来全新的消费体验；品牌获取消费者需求更加精准，走进了真正以需定产的“互联网工厂”时代。

2. 佛山市消费发展面临的挑战

近年来，全球化深层矛盾凸显，国际贸易摩擦持续升级，中美贸易斗争呈愈演愈烈之势。新冠肺炎疫情对世界经济产生剧烈冲击。全球市场需求疲软，国际贸易投资规则重塑，欧美外资审查趋严，中国对外贸易和投资增长下滑，货物贸易面临较大压力。对佛山而言，挑战还包括：

一是疫情冲击导致消费供需两端结构性矛盾突出。供给方面，供过于求现象显现。从出口来看，2020年上半年，全市外贸进出口总值下降8.5%，其中出口下降3.7%。面对疫情的全球蔓延，物流不畅、出口周期明显延长，加之复工后成本上涨，资金紧张、周转压力大，供应链失衡等影响，外贸订单交付出现延迟，甚至出现取消订单的情况。从全市主要生产或消费品类来看，以泛家居产品为例，受房地产市场的影响，建筑陶瓷、陶瓷装备、针织、家具、五金制品等市场疲软；佛山大量中小型企业的中低端泛家居产品供给过剩，导致企业生存难度加大。需求方面，健康、养老、家政、旅游、文化、教育培训等服务供给存在短板，消费外流现象比较突出，不少市民赴广州、深圳等地消费。

二是常住人口规模和结构制约。全市人口规模偏小，与佛山经济体量接近的宁波、青岛、长沙、郑州、泉州、东莞、济南等城市，常住人口规模都超过佛山，这些城市中绝大多数社消零总额高于佛山，全市人口规模与同等经济体量城市相比并不具备优势。全市制造业工人占比大，从业人员高达49.5%，且男女性别比高于全省平均水平，全市“四上”企业从业人员中，制造业人数占全市“四上”企业总人数的74.1%。此外，佛山被称为全国最缺大学的城市，在校大学生人数、每万人中在校大学生人数在万亿GDP城市中排名靠后。

三是城市场景与配套设施滞后。与城市形象紧密相关的文旅会展产业，战略部署和产品、项目设计等与相邻城市和地区相似，没有明显的区隔定位。从商业模式角度看，采取与中心城市相近的定位，失败的概率较高。同时，佛山缺乏高端消费商圈和商业街区、综合性商业地标。高品质消费平台、中高档文体旅游设施、有影响力的消费类展会难以满足消费升级需求，广州对佛山消费产生了强大的虹吸效应。

此外，佛山消费发展缺乏统筹部门，多头管理影响消费基础性作用发挥，市弱区强、“各自为政”、城市紧凑性弱问题依然存在，体制机制需要理顺。

四、佛山市提振消费的思考

（一）应对疫情　精准施策

1. 针对受疫情影响程度对企业分类施策

按产业区分在疫情中平稳增长型、增速下滑型和逆势上扬型等行业类别，开展有针对性的补贴、减免帮扶；按受疫情影响程度开展精准帮扶，区分企业自身经营管理不善的风险和疫情影响造成的风险，扶持企业重整，促进经营方式转型、产品结构升级。

2. 提振汽车、装修、餐饮、旅游等主要消费市场

借助全国各地密集出台的汽车消费政策，推动佛山汽车销售面向全国消费市场；促进佛山汽车产业和产品升级，鼓励发展新能源汽车、智能汽车，加强5G等新一代信息技术在汽车领域应用。通过补贴政策，引导促进泛家居产品消费。面向特定区域人群发放“佛山消费卡”，对在餐饮住宿、景区门票、公共交通、电影文娱等行业消费一定金额以上的人群，按照实际消费额的适当比例进行补贴奖励。

3. 稳收入、稳就业、重保障

出台落实纾困政策，对高校毕业生、农民工、下岗失业人员等重点群体给予创业补贴、担保贷款、税收优惠等支持。支持制造企业在招收普通员工时放宽年龄限制，鼓励吸纳40~55岁年龄段劳动人口就业，促进中老年群体就业。向农村困难居民发放消费券，实施急需消费品“降价”策略。

（二）培育消费　发展新动能

1. 以数字经济为核心发展新消费、新业态

大力发展数字经济，促进信息消费。加快5G基站建设，支持企业搭建5G全景应用生态圈，建设“智慧商店”“智慧社区”“智慧商圈”“智慧医疗”，升级重构教育、医疗、零售、家居、景区等消费新场景，扩大在线教育、视频直播、网络游戏等服务消费。鼓励建设线上线下融合的消费体验馆，发展可穿戴设备、智能家居、无人驾驶等实物消费。

2. 推动文旅体会展产业联动激发消费潜力

充分挖掘和利用佛山自然景观、历史文化和新兴工业文明等资源优势，突出

"制造名城""大国工匠"，为佛山制造注入新的内涵，加大美食佛山、功夫佛山、养生佛山、生态佛山、家居佛山、陶艺佛山等宣传力度。强化佛山在广府文化、岭南文化中的地位，明确佛山工业旅游、工业会展在全国的地位。销售推广文创IP衍生品和动漫类礼品、玩具，输出佛山文化和产业品牌。

3. 以科技消费为主力加快域外消费回流

发挥佛山制造品牌优势，鼓励和打造名牌名品，吸引市外境外消费回流。包括疫情期间快速增长的系列消费品，如智能家居、医疗卫生、在线办公学习娱乐设备等；适应于新消费的终端产品，包括以"新基建"为支撑的各类产品、以生鲜冷链为支撑的食品、重视消费体验的原产地直送直配等；适应于个性、智能、品质等特征的定制消费；等等。

（三）强化消费　发展保障措施

1. 实施包容性人才引进和培育工程

一是建设高端学府，培养后备力量和人才。积极向教育部等上级部门申请，加快新一轮高校建设。同时，对标加州理工学院、香港科技大学、杭州西湖大学的成功经验，建设一所国际一流民营大学。二是让佛山成为培养"大国工匠"的摇篮。通过政策引导发挥企业主体作用，扩大"大城工匠"培养计划，提高产业工人政治、经济、社会待遇，提升全市产业工人竞争力，保障产业发展基础，使得这批成长起来的技能人才成为佛山消费的重要支撑，形成消费内循环。三是引进高素质、高层次人才。借助人才引进政策，建立人才公园、人才社区、人才园区，形成浓厚的产业人才聚集氛围，增加人才对知识和技术的交流扩散。

2. 升级全市放心消费工程

一是多方位布局消费教育工作，引导消费者树立消费维权和品质消费观念。积极搭建投诉和解与调解平台，开拓多个投诉渠道，便利消费维权，提振消费者信心。强化重点、热点领域的消费维权工作，与媒体开展合作，推动消费环境的持续优化。二是消费维权的智能化提升。从疫情中的企业实践来看，众多企业围绕消费者行为的变化，推进从电商到围绕消费者的"人—货—场"整合分发，开展"以消费者为中心的数字化"的有效尝试，推动新的业态如社区合伙人、导购数字化、办公数字化等概念的"井喷"。面对日益智能化的消费，消费者越来越需要专业的服务和学习，消费维权需求向智能化、精细化发展。

3. 完善消费体制机制建设

一是组建市消费发展领导小组，推动各部门、各区形成消费发展一盘棋。以分管发展改革工作的市领导为负责人，由市发改牵头，商务、科技、工信、文旅体、住建、民政等相关部门组成领导小组，加强对全市消费发展工作的领导。开展丰富多彩的消费促销活动，调动各区和辖区街道的积极性和主动性。二是研究制定佛山市消费发展政策。三是突出消费在“十四五”规划编制中的引领作用，统筹配置消费载体、配套设施和公共服务。

参考文献：

［1］关利欣. 新冠肺炎疫情后中国消费发展趋势及对策[J]. 消费经济，2020，36（03）：27-34.
［2］郑江淮，付一夫，陶金. 新冠肺炎疫情对消费经济的影响及对策分析[J]. 消费经济，2020，36（02）：3-9.
［3］李志萌，盛方富. 新冠肺炎疫情对我国产业与消费的影响及应对[J]. 江西社会科学，2020，40（03）：5-15.
［4］王志凯. 复杂环境下的消费提振与经济发展[J]. 人民论坛，2020（16）：62-65.
［5］袁晓玲，李彩娟，王非. 疫情下居民消费动态变化分析与建议[J]. 北京工业大学学报（社会科学版），2020，20（05）：31-39.
［6］李柳颖，武佳藤. 新冠肺炎疫情对居民消费行为的影响及形成机制分析[J]. 消费经济，2020，36（03）：19-26.
［7］杨继瑞，薛晓. 城乡社区非接触型消费——新冠肺炎疫情影响下推进消费回补和潜力释放的新举措[J]. 中国高校社会科学，2020（03）：12-18+157.
［8］臧旭恒，陈斌开，尹志超，等. “新冠肺炎疫情与消费”专家笔谈[J]. 消费经济，2020，36（03）：3-12.
［9］王先庆，矫萍. 疫情防控下常态化提振广东消费的对策建议[J]. 广东经济，2020（06）：36-41.

（作者：钟陆文，佛山科学技术学院副教授）

新冠肺炎疫情对中国经济的冲击及对策研究

陈　尧　　殷宇冰

摘要：本文从供给端、需求端、进出口端简要分析新冠肺炎疫情对我国经济的影响，提出有效防控疫情与力促经济持续健康稳定发展的对策建议。要坚定不移坚持党的领导和中国特色社会主义制度。短期内要继续加强疫情防控工作；分地区、分时段、分行业逐步推动企业复工；帮助中小微企业度过疫情带来的系统性风险；激发居民消费潜力；着力稳定国际经贸关系；鼓励、支持医疗物资商业出口。中长期内充分发挥国有企业稳经济的“压舱石”作用；加强科学技术在重大疫情防控中的支撑作用；完善抗击重大疫情的法律体系；树立正确的危机意识；重视建立疫情宣传教育的长效机制；倡导社会主义精神文明建设等对策。

关键词：新冠肺炎疫情；经济冲击；对策建议

一、新冠肺炎疫情对我国经济的影响

在人类社会历史上，战争、饥饿、重大传染性疾病被称为人类悲剧的三大根源，在中华文化悠久的历史长河中，中国也曾遭受疫病的侵袭，如天花、鼠疫、霍乱、肺结核、疟疾、血吸虫等，造成了大量的伤亡和经济财产损失。2020年是我国全面建成小康社会和“十三五”规划的收官之年，新冠肺炎疫情的蔓延无疑延缓了我国经济发展的步伐，对供给端、需求端和进出口端等方面造成了一定的负面影响。

（一）从供给端来看

第一，从整体来看，短期GDP受到严重影响。据国家统计局发布的数据，经初步核算，2020年一季度我国GDP为206504亿元，同比下降6.8%。虽然目前国内疫情形势已经控制住，但可以预期的是此次疫情在短期必将拖累我国GDP的增长。第二，从产业来看，疫情对我国三大产业都造成了一定的冲击。2020年第一季度，我国第一产业GDP同比下降3.2%，第二产业下降9.6%，第三产业下降5.2%。其中受到冲击最大的是服务业和工业。服务业方面，主要是对交通运输、旅游、餐饮住宿、影音娱乐等重点行业产生较大影响；工业方面，制造业、房地产、基础设施建设等产业受到较大冲击。2020年1—2月，全国服务业生产指数下降13%，工业增加值同比增速下降13.5%。其中，规模以上工业增加值同比实际下降13.5%，从环比看，2月份，规模以上工业增加值比1月下降26.63%。第三，从就业来看，受疫情即期影响最明显的是餐饮住宿等商贸服务业和劳动密集度高的工业，停工停产导致较多职工处于失业或歇业状态，部分企业为减少人工成本，进行了大量的裁员，这导致我国第一季度的就业压力增大。

（二）从需求端来看

第一，消费需求大幅下降。新冠肺炎疫情使得人们大幅减少外出消费，采用"自我隔离"的方式进行防护，因此，社会消费品零售总额回落明显。2020年1—2月，社会消费品零售总额52130亿元，同比名义下降20.5%。除汽车以外的消费品零售额48476亿元，下降18.9%。其中，餐饮收入4194亿元，同比下降43.1%；商品零售47936亿元，下降17.6%。①另外，2020年1月29日、30日，全国铁路客流量分别同比减少74.7%、73.8%。第二，居民消费价格指数上涨。2020年1月，全国居民消费价格同比上涨5.4%。②2020年2月，全国居民消费价格同比上涨5.2%。1—2月平均，全国居民消费价格比去年同期上涨5.3%。③第三，投资需求疲软。随着疫情的持续和扩散，受物流、人工、供应的影响，部分已经开工在建设的投资项目被迫暂停，计划近期开工的新项目将被迫推迟，部分正在洽谈的投资项目也推迟或中止。尤其是制造业、房地产、基建投资短期基本停滞。2020年1—2月，我国固定资产投资下降24.5%。尤其是房地产行业，全国房地产开发投资10115亿元，同比下降16.3%。④

---

① 国家统计局. 2020年1—2月份社会消费品零售总额下降20.5%[EB/OL]. 2020-03-16, http://www.stats.gov.cn/tjsj/zxfb/202003/t20200316_1732236.html。

② 国家统计局. 2020年1月份居民消费价格同比上涨5.4%[EB/OL]. 2020-02-10, http://www.stats.gov.cn/tjsj/zxfb/202002/t20200210_1725569.html。

③ 国家统计局. 2020年2月份居民消费价格同比上涨5.2%[EB/OL]. 2020-03-10, http://www.stats.gov.cn/tjsj/zxfb/202003/t20200310_1730993.html。

④ 国家统计局. 2020年1—2月份全国房地产开发投资和销售情况[EB/OL]. 2020-03-16, http://www.stats.gov.cn/tjsj/zxfb/202003/t20200316_1732234.html。

（三）从进出口端来看

第一，第一季度的对外贸易下滑幅度较大，进出口贸易出现逆差。据国家统计局发布的数据，2020年1—2月，我国货物进出口总额为41238亿元，同比下降9.6%。其中，出口20406亿元，下降15.9%；进口20832亿元，下降2.4%。全国规模以上工业企业实现出口交货值13545亿元，同比下降19.1%。进出口相抵，贸易逆差426亿元。[①]第二，国际经济环境进一步恶化，逆全球化趋势上升，加剧了我国进出口下行的压力。新冠肺炎疫情在全球的发展和蔓延，对全球的商品市场、资本市场、金融市场都造成负面的冲击和影响，再加上美国单边主义、贸易保护主义盛行，中美贸易摩擦愈演愈烈，可以预见的是，2020年我国对外贸易所面临的经济形势极其复杂严峻。第三，国际政治环境复杂，甚至部分国家意图对中国经济进行打击。从新冠肺炎疫情发生至今，许多国家展示出良好的国际主义精神，表示要一同抗击疫情，战胜病毒。但是，国际上仍有一部分人怀着恶意，不断诋毁和攻击中国。甚至还有部分人借机散布反华和种族歧视的言论，唱衰中国，意图让其他国家对中国未来的经济发展失去信心，降低外商在我国的投资意愿，从而对中国外向型经济造成打击。

二、力促经济持续健康稳定发展的对策

（一）短期内，有重点、分步骤出台一系列组合政策，应对疫情负面冲击

1. 继续加强疫情防控工作

控制住疫情是早日恢复正常生活和社会生产的首要前提，也是减少经济损失的必由之路。因此在短期内，必须以控制住疫情为首要任务。第一，要严控输入性病例，防止疫情反弹。目前，防范输入性病例成为我国防控疫情的关键所在，多地疫情的反弹主要原因也是输入性病例的传染。因此，应对外来人口做好全面健康排查工作，通过隔离等方式避免疫情的再次暴发，严密监测疫情发展动态，保证人民的生命安全。同时，各地区要在疫情防控工作小组的领导下，落实各级防控责任，不能掉以轻心，要继续加强城市、社区、农村联防联控，防止疫情反弹。第二，要保证疫情防控物资生产供应。支持民用口罩、医用护目镜、新型冠状病毒检测试剂盒等疫情防控物资生产企业增产扩产，对企业在疫情防控期间多生产的重点医疗防控物资，由各级政府全额收储，同时对重点防控物资生产企业

① 国家统计局. 1—2月份国民经济经受住了新冠肺炎疫情冲击[EB/OL].2020-03-16，http：//www.stats.gov.cn/tjsj/zxfb/202003/t20200316_1732232.html。

实行优惠税收政策。

2. 分地区、分时段、分行业全面推动企业复工

随着疫情的逐步控制，当前要逐步放开人流管控工作，尽快实现全面复工复产。第一，根据不同地区的防疫形势以及不同行业特点，按照各级政府制定的复工复产方案，明确复工条件标准，分地区分时段推动企业复工复产。其中，优先推动保障生活必需品、能源、交通、进出口等企业员工错峰有序返程返岗。第二，加强监督企业落实各项防疫要求。一方面要复工企业保障员工的防护物资供应、饮食健康、医疗保障，同时积极鼓励和引导企业开展复工前员工新冠肺炎病毒核酸检测，定时定点对员工进行简单的健康检查，保证员工生命安全。另一方面要指导企业建立健全日常清洁、消毒和通风制度，降低相关场所的人员密度，等等。

3. 帮助中小微企业抵御疫情带来的系统性风险

中小微企业是我国经济发展和社会稳定的重要支撑。疫情下，必须保障中小微企业的稳定发展。第一，精准定向为中小微企业减税减负。针对企业利润降低、成本上升等问题，优先允许重点行业的中小微企业暂缓税收、社保缴纳，并视财力状况提供财政补贴、社保返还或税费、社保减免，以此来降低企业运营成本，恢复生产。第二，着力解决企业资金流阻塞问题。可适当加大货币投放，进一步推动金融机构定向降准，支持金融机构增加对有效投资的信贷供给，从源头上降低社会融资成本。将所释放的资金用于为受疫情冲击较大的中小微企业提供信贷支持。第三，鼓励企业抓住此次疫情带来的机遇，进行产业升级，淘汰落后产能，实现产业化结构改造。

4. 充分发挥国有企业在面对疫情冲击稳经济的“压舱石”作用

我国的基本经济制度决定了国有企业是国民经济的重要支柱，在疫情的特殊时期，国有企业要承担起相应的经济责任、政治责任和社会责任。第一，发挥国有企业力量强大、集中的优势，继续加紧防疫物资和生活必需品的生产，全力保障民生供给以及医疗物资商业出口。第二，在控制疫情的同时，国有企业要带头有序化、差异化、精准化推动复工复产，为其他中小微企业提供示范。第三，发挥国有企业的抗风险优势，根据其所涉行业以及上下游产业链的形势，采取积极的、科学的、有效的救助措施，帮扶中小微企业渡过疫情难关，在稳定产业链、畅通供应链、保障资金链上实现更大作为。第四，国有企业要在提升产业基础能力，完善升级产业链，建设现代化工业体系，加强关键核心技术、前瞻性技术和重要共性技术研发创新，加快数字化转型并引领数字经济发展等方面作出更大

贡献。

5. 激发居民消费潜力

消费已经成为中国经济增长重要动能，疫情防控以及停工停产大幅抑制了居民的消费需求。疫情后应该着力提高居民消费能力和增强消费信心。第一，可适当提高个人所得税起征点，降低所得税税率，来提高居民可支配收入，刺激居民进行消费。第二，在保障居民收入稳定的前提下，适当提升居民在医疗和养老等方面的社会保障水平，从而提高居民消费的意愿。第三，加强消费市场监管，稳定市场价格，坚决打击囤积居奇、哄抬物价、假冒伪劣等不良行为，保障消费者权益。第四，对受疫情影响严重的行业，如体育、文娱、影院等行业，实施消费券补贴政策，以补贴直接刺激消费，形成消费回补。

6. 着力稳定国际经贸关系

当前，国外正处于疫情暴发期，国际市场不稳定，在这一关键时期，要着力稳定对外关系，保证对外贸易。第一，坚持“中国是世界的中国”以及构建人类命运共同体的理念，在能力范围内，为疫情严重的国家提供防疫物资，帮其渡过难关，让世界人民了解真正的中国以及中国的外交理念，提高我国的国际声望。第二，通过国际协议的方式，进一步加大内部改革开放，充分发挥外贸新业态优势，推动中国企业更好地实现国际化的合作和交流。第三，进一步加强与东盟和“一带一路”沿线国家的经贸关系，继续优化外贸结构，结合本国实际做好扩大进出口的有关工作。第四，联合全球力量，加强对新冠肺炎疫苗、新冠肺炎治疗等医学问题的研究，尽早控制住疫情，恢复国际市场稳定。第五，充分发挥中国作为世界经济持续发展“稳定器”的作用。要充分利用中国具有的超大规模的市场优势和巨大的消费潜力，以及创新驱动发展战略、“一带一路”倡议、粤港澳大湾区建设为中国经济发展带来巨大的新动能，来推动世界经济持续稳定发展。

7. 鼓励支持医疗物资商业出口

疫情暴发以来，中国充分发挥集中力量办大事的优势，积极扩大医疗物资的生产供应，鼓励相关企业生产口罩、呼吸机、防护服等医疗防疫物资。如今，我国的医疗物资产能产量快速提升，大大提高了我国医疗物资的供应保障。因此，我国可以适当支持医疗物资商业出口。除了对与我国友好互助的国家提供对外援助之外，可以与其他有需求的国家平等贸易。一方面能够为全球防疫作出中国的贡献，另一方面也是我国大力发展健康医疗和医疗物资产业的机遇。据海关总署公布的数据，2020年3月1日到4月4日，全国共验放出口主要疫情防控物资价值102亿元，主要包括口罩约38.6亿只，价值77.2亿元；防护服3752万件，价值9.1

亿元；红外测温仪241万件，价值3.31亿元；呼吸机1.6万台，价值3.1亿元；新型冠状病毒检测试剂284万盒；护目镜841万副。①可见，医疗物资商业出口是我国今年保持经济增长的重要动力之一。

（二）中长期，化被动为主动，建立重大疫情防控长效机制，为经济持续、健康、稳定发展提供良好的环境

习近平总书记主持召开中央全面深化改革委员会第十二次会议时强调："既要立足当前，科学精准打赢疫情防控阻击战，更要放眼长远，总结经验、吸取教训，针对这次疫情暴露出来的短板和不足，抓紧补短板、堵漏洞、强弱项，该坚持的坚持，该完善的完善，该建立的建立，该落实的落实，完善重大疫情防控体制机制，健全国家公共卫生应急管理体系。"习近平的讲话高屋建瓴，切中肯綮。应对重大疫情对国家经济的影响，我们不仅要从经济方面入手，更是要从政治制度、经济制度、法律体系、科学技术等方面入手，化被动为主动，建立重大疫情防控长效机制，为经济持续健康稳定发展提供环境保障。

1. 坚持党的领导和发挥中国特色社会主义制度的强大优势

中国特色社会主义制度的优越性是我国快速战胜疫情，保持经济稳定健康发展的重要法宝。为此，我们必须：第一，坚持党的领导，坚持为人民服务的宗旨。习近平总书记强调："确保人民群众生命安全和身体健康，是我们党治国理政的一项重大任务。"正是共产党从人民的利益出发，坚持为人民服务的宗旨，我们的党和政府才能统一指挥、统一协调、统一调度，做到心往一处想，智往一处聚，劲往一处使。第二，坚持以公有制为主体、多种所有制经济共同发展的基本经济制度。战胜疫情，必须要有经济实力作为支撑，我国的基本经济制度使得我国在面对疫情时，能够提供强大的财政投入，能够帮助中小微企业渡过疫情的艰难期，能充分利用政府和市场"两只手"来统筹协调疫情防控和经济发展。第三，坚持独立自主和对外开放相统一。历史的发展已经反复证明，坚持独立自主，国家才能真正强大，经济发展才能把握主动，不受制于其他国家。坚持对外开放，国家才能顺利发展，经济才会有活力。

2. 加强科学技术在重大疫情防控中的支撑作用

习近平总书记强调："人类同疾病较量最有力的武器就是科学技术，人类战胜大灾大疫离不开科学发展和技术创新。"第一，要加强科学技术在重大疫情监

---

① 海关总署：3月以来出口口罩约38.6亿只[N/OL].人民日报，2020-04-05，https://baijiahao.baidu.com/s?id=1663118410582427559&wfr=spider&for=pc。

测预警中的应用。各地卫生部门要设立传染性疫情监测预警平台，形成全覆盖、高水平的，融研发和监测为一体的智能监测系统，通过对可能造成传染性疫情的相关信息进行收集，并利用模型对相关数据进行深度分析、研究和预测，从而对可能发生的传染性疫情进行识别、诊断、评价、预警和监测。第二，加强科学技术在重大疫情应急处理中的应用。运用互联网和信息技术，建立集各种数据信息于一体、开放共享、安全可靠的大数据平台，全方位收集疫情相关信息，实现实时监控人员流动及流向，远程跟踪可疑的移动传染源以及各类防控物资的募集、调度和精准分配。第三，加强科学技术在重大疫情医疗救治中的作用。一方面要大力发展智慧医疗，准确找出病原；精准进行医疗，不断推进医疗信息化平台建设；利用互联网优势，发挥远程医疗在疫情防控中的重要作用；优化医疗管理水平，简化就医流程，减轻救治成本，提高救治效率。另一方面要加强科研攻关，深入研制特效药品，为传染性疫情的诊疗救治、科学用药提供技术支撑。第四，加强与其他国家机构在科学技术方面的研发合作。要多级联动，充分发挥各级各类科研院所、政府部门、医疗机构、社会组织等一切有生力量，激发群众智慧，加强在疫苗研发、病原学检测、研发治疗药品等方面的密切合作，同时积极开展与其他国家及国际机构的有效合作，集全人类的智慧，提高疫情防控的科学性和高效性。

3. 完善抗击重大疫情的法律体系

快速战胜疫情，恢复经济建设，不但需要医疗机构从技术方面的努力攻克，更需要每个公民、企业服从命令听指挥，而其中的关键就在于法律的规制。第一，完善关于“重大传染性疫情”的立法。一方面要继续完善《中华人民共和国传染病防治法》，尤其要加大政府部门对发生重大疫情瞒报、谎报或缓报、延报、压报等行为的惩处，以及明确公民不配合甚至故意传播病毒、造成社会恐慌等行为的处罚。另一方面要与时俱进，数据已经成为我们抗击重大疫情的重要根据，因此，有必要为重大疫情数据管理立法，对重大疫情数据的收集、建档、管理等进行规范化、法制化操作。第二，加强疫情法律知识的普及。通过印发疫情防控法律知识宣传手册、开展疫情防控法律知识宣传讲座、官方媒体报道等方式，加强疫情防控特殊时期的公民法律责任常识和公民的法定义务教育。要求普通民众、企业家和其他社会组织自觉配合政府，履行法定责任和法定义务。

4. 树立正确的危机意识

“凡事预则立，不预则废。”只有树立正确的危机意识，才能沉着冷静应对危机，保持经济稳定。第一，各级政府官员要坚持底线思维，居安思危。作为长期执政的政府官员，在面对未来可能出现的突发性疫情时，必须坚持底线思维，增强忧患意识，要有正确的危机意识，居安思危、未雨绸缪、警钟长鸣，时刻关注社会变化，分析形势，以如履薄冰的态度不断反思和检讨自身建设存在的问题。要克服经验主义和习惯性思维的缺陷，要对未来社会发展中可能遇到的风险和挑战做最坏的打算，切忌低估突发性疫情潜在的风险和产生的危机而导致失去控制疫情风险的主动权。第二，人民群众要注重身体健康，强化预防传染性疾病的观念。一方面，要让人民群众关注自身健康，摒弃以往错误的传统观念，养成健康饮食、健康消费的生活习惯。另一方面，通过宣传教育来提高人民群众关于传染性疾病的基础知识水平，将传染性疾病预防和病毒预防等知识写进中小学教科书，强化人民群众预防传染性疾病的观念；将危机意识作为国民教育的重要内容之一。同时，提高国民面对重大突发事件的应对能力，在面对疫情时要保持冷静，对政府要有充分的信任和理解。

5. 重视建立疫情宣传教育的长效机制

加强疫情防控，要警钟长鸣。习近平总书记多次强调，“做好宣传教育和舆论引导工作”“加强网络媒体管控，推动落实主体责任、主管责任、监管责任”。第一，要重视疫情信息发布权威通道的构建。由官方机构牵头，专门开设疫情信息获取渠道。坚持信息公开透明的原则，突出内容供给，聚焦时、度、效，及时发布疫情相关信息和防控工作的进展，权威地解读各级政府的重大政策决策，充分尊重新闻媒体和社会公众对重大公共卫生事件的知情权，使群众了解疫情的进展变化。同时，也能引导企业预期，避免造成不必要的损失。第二，要重视各级媒体舆论引导功能的发挥。要求各级媒体积极传递疫情防控“正能量”，防止“妖言惑众”。大力宣传先进事迹、先进人物以及先进理念，增强广大人民群众战胜疫情的信心，避免造成人民群众的焦虑和恐慌，维护社会稳定。第三，要重视真实疫情信息在国际上的发声。要在中宣部的指引下，建立国际化、专业化、科技化的国家疫情外宣平台，做好疫情外宣工作，发出中国的声音，为抗击重大疫情提供有力舆论支持。同时，向外资企业传达国内疫情的真实情况，引导外资企业的预期，提高投资意愿，增强投资信心。

6. 倡导社会主义精神文明建设，发挥社会主义核心价值观的引领作用

一个国家的精神力量是综合国力的重要组成部分。精神力量是我们战胜疫情及困难的内在的动力源泉。第一，重视社会主义精神文明建设，培育人类命运共同体意识。在疫情面前，要呼唤人民群众的人类命运共同体意识，在人类有难、国家有难、民族有难、同胞有难时，能够激发和调动人民群众参与战胜疫情的

积极性、主动性和创造性，使得每个人都愿意挺身而出，用实际行动守护我们人类的共同家园。第二，扎实推进社会公德、职业道德、家庭美德、个人品德建设。引导人民群众追求“讲道德、尊美德、守公德”的生活方式，让每一个人都明白，在疫情下，自身的卫生状况不仅关系着自己的安全健康，而且对社会环境有着直接影响；加强疫情防护措施，绝不是个人的小事、私事，而是关乎群众利益的大事、要事。要扎实推进社会公德建设，使人民群众在疫情面前能够遵守社会秩序，尊重公共利益，关爱他人利益。第三，倡导人与自然和谐相处的新发展观，打破传统“人类中心论”。倡导人类敬畏自然、尊重生命、尊重科学，爱护生命和自然环境。同时深入研究大自然的发展规律和人与自然相处的规律，增强人民群众的生态保护意识。

（作者：陈尧，上海财经大学经济学院博士研究生）
（作者：殷宇冰，中共广东省委党校2018级硕士研究生）

试论广深联动共建国际消费中心城市①

刘金华

摘要：消费是最终需求，既是生产的最终目的和动力，也是人民对美好生活需要的直接体现。在以国内大循环为主体、国内国际双循环相互促进的新发展格局中，广州、深圳处于内外循环交汇的重要位置，必须厚植湾区经济基础雄厚、市场空间广阔、营商环境良好等优势，加快共建国际消费中心城市，争当服务国家培育完整内需体系的先行示范者、配置全球高端要素资源的先行示范者、推进产业高质量发展的先行示范者、构建现代流通体系的先行示范者，为全国全省构建新发展格局提供强有力支撑。

关键词：消费；联动；中心城市

我国消费连续多年成为经济增长的第一动力，是名副其实的经济增长“压舱石”。党的十九届五中全会指出，当今世界正经历百年未有之大变局，不稳定不确定性明显增加，必须坚持扩大内需战略基点，加快培育完整内需体系，积极构建以国内大循环为主体、国内国际双循环相互促进的新发展格局，发挥好消费的基础性作用，以创新驱动、高质量供给引领和创造新需求。研究表明，随着城市形态转变和新兴产业发展，大都市的增长越来越依赖作为消费中心的城市功能与定位。2019年商务部等14个部门联合印发《关于培育建设国际消费中心城市的指导意见》以来，全国已有超过20个城市提出要在“十四五”期间或2035年之前建成国际消费中心城市。广东省委省政府印发的《关于推进贸易高质量发展的行动方案》和贸易高质量发展“十大工程”，明确提出支持广州、深圳建设国际消费中心城市。目前两市已分别提交了建设国际消费中心城市的实施方案。

---

① 该文由深圳市建设中国特色社会主义先行示范区研究中心申勇教授指导推荐。

一、国际消费中心城市的基本内涵

2001年哈佛大学经济学教授爱德华·格莱泽在《消费城市》中，首次提到“国际消费中心城市”概念，并从消费视角研究城市经济增长，把城市视为商品、服务和文化的消费中心。国际消费中心城市具有三重基本内涵：一是服务范围的国际性，即以国内需求为主，但同时面向全球消费者；二是城市功能的消费属性，即能够提供优质、高端的个人消费产品和服务，以及城市安全、教育文化医疗等公共消费产品；三是中心辐射功能，即具有较强的全球消费资源配置能力和消费创新引领能力。

通过分析比较纽约、伦敦、巴黎、东京和香港等消费型国际大都市，国际消费中心城市具有以下特征：

第一，经济实力强、开放水平高。作为在消费领域参与全球竞争的国际消费中心城市，必须具备较强的经济实力、城市辐射力和影响力，并集聚国际性的高端消费资源，如知名消费品牌及其总部等。

第二，拥有发达的服务体系。丰富多样的服务和消费产品是国际消费中心城市的基础。国际消费中心城市往往依托发达的服务业和具有国际影响力的标志性商圈，满足本国消费者对国际化、高品质、时尚性消费的需求，并广泛吸引世界各地消费者，为其提供多样化、特色化、便捷性的选择。

第三，连通全球的交通、信息、物流体系。国际消费中心城市必须要有发达的交通、信息和物流设施，将全球范围内的消费和供给市场紧密连接起来。

第四，宜居宜游性较高。良好的自然景观和人文景观、完善的市政设施和公共服务，以及安全的城市发展环境，同样是国际消费中心城市的重要内涵。

第五，全球优质资源的集聚地。国际消费中心城市是全球著名消费品牌及其总部集聚区，也是一国对外集中展示和输出本国特色品牌、消费文化的门户，能吸引各地创意人才，激发城市创新发展活力，推动城市持续繁荣。

二、广深建设国际消费中心城市的优势和弱点

作为粤港澳大湾区的核心引擎，广州、深圳城市繁荣、商贸活跃、交通便利、消费舒适，商业网点布局完善、商品及服务供给能力强劲、商圈发达模式多样、新零售新业态应用广泛。同时，广深在人力资源上的吸引力遥遥领先全国其他城市，具备建设国际消费中心城市的基本条件。广深在消费发展中具备很强互补性：广州是“千年商都”、省会城市和国家综合交通枢纽，流通能力和消费能

力优势明显，各类市场发达、会展经济强、文化遗产和老字号众多，医疗教育发达，“吃在广州”闻名全球；深圳是“创新之城”“设计之都”，具有庞大的年轻消费群体、发达的外贸连接优势，创新创意能力推动新零售新模式新品牌不断涌现，商务消费活跃。但同时，对标全球消费中心城市，广深亟须在以下方面加快提升：

一是消费对经济增长贡献有待提高。近年来，广深两地促消费扩内需工作取得明显成效，2019年社会消费品零售总额双双突破9000亿元，分别位居全国大中城市的第四、五位。但就社会消费品零售总额与GDP比值而言，广深均低于全国平均水平，2020年一季度，广州、深圳社会消费品零售总额分别只有上海的57.6%和47%。

二是城市吸引力和消费辐射力仍不够强。全球总部和亚太总部数量少，具备国际竞争力的本土跨国企业依然不多，商圈商街、消费品牌的国际影响力非常有限。首店经济、国际品牌渗透度落后于北京、上海、成都，电商平台辐射力尚需提高，世界遗产、赛事活动、重大文体设施等载体不足，国际过境旅客多，但停留时间短且平均消费低。

三是全球服务能力尚需增强。粤港澳大湾区与全球重点区域的交通、信息连通具有良好基础，但全球供应链整合能力有待增强，大宗商品话语权、定价权和资源配置权非常有限，渠道控制、价格发现机制创新不足。保险、金融、文化、健康养老等高端服务进出口和供给都需要提高。

四是大湾区消费资源融合共享不足。粤港澳大湾区5.6万平方千米内，有4个千万级人口的超大城市和香港、澳门这种多元且开放的国际消费中心城市，但各市消费资源、环境和政策自成体系，在联合推介、共同导流方面合作不够，区域融合互赢仍存在短板。

五是消费政策创新力度不够。广深口岸商业发达，但与北京、上海或海南相比，政策创新不足。如疫情前深圳年接待国际游客（含港澳）超1200万人次，但退税商店和离境退税服务点不到北京的1/5和上海的1/3，享受过境游客144小时免签政策的入境口岸仅一个，尚未开通“即买即退”业务，通关便利度和免税政策力度不足。

三、广深共建国际消费中心城市的路径

广深共建国际消费中心城市，应坚持“国内市场+国际市场”协同发力，加强顶层规划，推动服务标准化、资源共享和共同宣介，发挥好比较优势，制定更

具引领性的政策，进一步补短板、强弱项，服务广东双循环战略枢纽的建设。

（一）加强城市合作，提升消费中心的国际影响力

（1）联手创建“广深消费节”和国际级消费品牌节。利用广交会、高交会、文博会、海博会等，深挖岭南文化内涵和广深文创优势，合力打造具有本土特色的产品和服务。鼓励发展城市定制，筛选潜力品牌，用好双城政策和市场潜力，打造具有国际影响力、展示珠三角形象的消费品牌。探索“广深消费节”，制订覆盖全年的消费“造节”计划，共同举办品牌首发活动，支持设立品牌首店、旗舰店。

（2）共建世界知名旅游目的地。发挥大湾区城市旅游合作联盟作用，联合开展城市形象的全球推介活动。依托珠江水系、海岸线、名山、岭南特色小镇等资源，挖掘旅游主题，参考东京电影节、森美术馆、筑地市场等打造一批网红打卡地，推出广深国际黄金旅游精品线路。构建文化历史、休闲度假、游轮游艇等多元旅游产品，开发高铁“一程多站”、推出“畅游珠三角”“惠民一卡通”等旅游产品，将大湾区建设成世界级旅游目的地。

（3）促进高端服务的繁荣互补。围绕商务服务、信息服务、游戏娱乐等，合作打造一批高水平服务业集聚区和创新平台。探索教育、养老、医疗等公共服务跨市合作和便民服务机制，挖掘文化教育、医疗保健、养老安老等资源的合作利用空间。提升金融、保险、文化等高端服务水平，提高生活服务品质，培育一批具有代表性的广东服务品牌。推广主题乐园、特色餐饮、文艺书店等业态，鼓励电子竞技、动漫游戏、互动影视等新文娱消费项目。

（4）共筑文化与时尚发展的高地。完善公共文化服务和文化创意产业发展体系，引进世界高端时尚设计资源，围绕多重文化元素，共同推出一批文化精品工程，培育一批文化龙头企业。发挥深圳文博会优势，集中展示推介大湾区文化整体形象。加强艺术院团、演艺学校及文博机构交流，支持美术馆、博物馆、图书馆联动共享，实现城市阅读一卡通和公共文化联展一站通。共同推进大湾区体育事业和体育产业发展，联合打造一批如三大球、WTA、马拉松、帆船赛等国际性、引领性品牌赛事。

（5）建设数字零售双子城。加强数字赋能，共建“电商直播基地”“智慧零售产业园”等载体，联合打造线上办展参展平台、智慧购物示范场景和商业消费体验中心，实现线上推介、现场直播、线下送货，帮助企业迅速触达全球。发展智慧街区、智慧门店，布局无人体验店、自提柜、云柜等，推进“到家业

务”“无接触配送”“云逛街”“云走秀”等云购物模式。合作推广5G商用，建设各类信息消费体验中心，推广应用广深具有优势的智能家居、超高清终端设备、可穿戴产品等智能硬件。

（6）打造强大流通体系。推动跨地域、跨行业商品市场互联互通、资源共享，统筹规划冷链、物流基地、综合市场等商品流通基础设施布局，合力培育商产融合产业集群和平台经济龙头企业。推动广深跨境电商综试区、直播基地、步行街、夜间经济合作共建，构建覆盖率和便捷度全球领先的新零售网络。推动数字化、信息化与制造业、服务业融合，打通行业间数据壁垒，率先建立区域性工业互联网平台和区域产业升级服务平台。

（二）推动错位发展，发挥消费比较优势

广州立足“千年商都”和岭南特质，擦亮“会展之都”“时尚之都”“电商之都”“美食之都”“定制之都”五张名片，打造岭南文化“传承地”、国际品牌“聚集地”、中国制造“展示地”、消费创新“策源地”；深圳注重国际化元素，发挥城市创新优势、产业优势和时尚特质，构建引领潮流的“时尚之都”、中国制造的“世界橱窗”、消费创新的“全球重镇”，打造最具创新色彩、时尚度和科技感的国际消费中心城市。

（1）打造特质各异的多层级商业地标。参考巴黎香榭丽舍大道及周边蒙田大道、奥斯曼大道等著名商圈，提升广深商圈国际识别度。广州聚焦北京路商圈、天河路商圈、长隆万博商圈、黄埔湾商圈的品质提升，以及上下九商圈、琶洲商圈、环市东商圈等的升级发展，深挖代表岭南特色和广州形象的文化符号，打造国际消费中心城市核心承载区。深圳聚焦打造提升环中心公园活力圈、香蜜湖时尚消费中心、罗湖核心商圈、后海湾超级商业区，升级龙岗、宝安、北站、前海等区域商圈，创建消费电子、时尚产业、滨海风情、文旅创意、口岸消费等特色街区，构建更具深圳特点和国际元素的商业街区。

（2）发展各具优势的服务消费。突出“广州服务”“广州价格”，强化广州在医疗、教育、养老、会展、物流等领域引领大湾区、服务全球的作用；深圳依托平安、腾讯、美团等，深耕保险金融、电竞动漫、生活服务，打造全球动漫游戏原创中心和数字生活示范区。品牌塑造方面，广州侧重挖掘岭南文化，创新发展老字号，实施“品牌保护工程”“国潮出海工程”等；深圳侧重传统优势产业的时尚化，实施“百家名店”计划，推动珠宝、钟表、眼镜、时装、婚庆等时尚产业的数字化和创新发展。

（3）构建各有侧重的流通体系。广州年货运量在全国城市中首屈一指，各类商品市场多而繁荣，唯品会、京东等电商发达，内贸方面流通集散具有巨大优势，年批发额比深圳多近1倍，在叠加期货交易所提升大宗商品话语权的同时，要更注重服务国内流通的枢纽作用。深圳外向型经济发达，出口连续28年位居内地城市第一，进口特别是消费品进口持续提升，应发挥世界级口岸和港口优势，建设一批进口消费品展示交易直销平台，多渠道扩大特色优质产品进口，提升进口集散功能。

（三）优化政策环境，推动消费环境一体化

（1）持续推动广深同城化发展。优化广深同城化通勤，加快推进广深高速磁悬浮城际铁路项目，实现广深地铁联通，发展高铁快递、电商快递班列，探索公交化客运服务。支持广州南站与深圳北站、广州东站与罗湖站等高铁商务区合作发展。

（2）推动政策协调实现平衡发展。联合争取免税政策，提高市内离境退税商店覆盖率，丰富退税商品品类，创建离境退税示范街区，争取离境退税“即买即退”，探索出境人员一定额度免税购物政策，吸引高端消费回流。有侧重有计划地引进高端消费品牌区域总部、分拨结算中心等，平衡两市促消费政策，维护市场竞争环境。

（3）共建行业标准推动包容监管。加强广深行业、企业与协会的交流，支持联合制定、发布消费服务领域行业标准、行业规范，支持两地“网红店”互设“快闪店”，为企业双城经营提供更好环境。构建公平、高效的消费者权益保护机制，加大对侵权行为的惩处力度，探索在大湾区建立跨境消费权益共同保护机制。探索跨部门地域的联合监管、信用监管模式，健全公开透明的监管规则和标准，包容审慎地鼓励新型商贸业态的健康发展。

（作者：刘金华，中共深圳市委党校中青一班学员、深圳市商务局综合法规处处长）

国际旅游岛政策对于海南对外贸易及消费的影响研究

焦　延

摘要：本文以中央和国务院相关政策为背景，研究海南国际旅游岛和国际旅游消费中心政策对海南省对外贸易及消费的影响机制、作用效果；然后进一步运用合成控制法，拟合出“反事实”的虚拟海南发展情况，测量出政策对海南外贸行业发展及消费的具体影响。

文末，笔者提出有关对外贸易和消费发展建议，期望海南多措并举，推动海南外贸行业及消费健康快速发展，增强国际竞争力，塑造中国品牌，推动我国形成以国内大循环为主体，国内国际双循环相互促进的新发展格局。

关键词：旅游岛；外贸；消费

海南，地处北纬18度，和美国夏威夷纬度相似，再加也属于海洋性热带季风气候，因此，被广泛誉为“东方夏威夷”。海南也被称为新的免税消费和购物天堂。2010年，国务院为推动海南国际化发展脚步，出台了建设海南国际旅游岛和国际旅游消费中心的政策。该政策将推动旅游业发展作为主要目的，致力于将海南打造成为具有国际影响力的旅游示范区、国际友人的购物天堂和消费中心，以及国际经济合作和文化交流的重要平台。2020年6月1日，中共中央、国务院颁发了《海南自由贸易港建设总体方案》，其中把举办“中国国际消费品博览会”作为重要实施内容，旨在建设海南国际旅游消费中心，集聚全球消费领域资源，打造国际消费精品全球展示平台。本文对海南外贸与消费发展，特作如下研究。

一、海南对外贸易及消费发展现状

海南作为中国最南端的窗口，对外贸易的发展水平不仅会影响海南跨境企业的营商环境，同时也将直接影响到全国对外贸易合作的水平。据官方统计数据，海南省对外贸易行业，自2010年始，进步飞快，成效显著。

（一）进出口总量

2019年，海南省外向型经济运行稳定，增长态势良好。据国家统计局数据，海南省全年货物进出口总值达905.87亿元，比上年增长6.8%。其中，进口额为562.15亿元，增长2.1%；出口额为343.71亿元，增长15.4%。在外商投资方面，2019年全年新设立外商直接投资企业338家，同比增速稳步提升。外商直接投资15.11亿美元，同比增长106.1%。

笔者将海南按经营单位所在地进出口总额和全国平均水平进行了对比，其效果见图1。

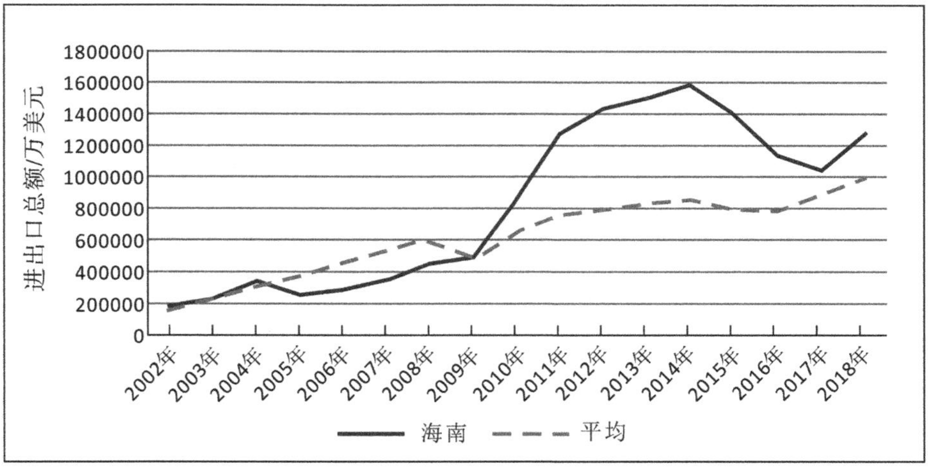

图1　海南省经营单位所在地进出口总额和全国平均进出口总额对比

可以看出海南在2009年之前，进出口水平基本长期处于全国平均水平之下。而在2010年，海南经营企业所在地进出口总额突破了全国平均水平，出现了明显的趋势性拐点。2010—2014年，海南对外贸易快速发展，其进出口总额和全国平均水平发生背离，且增速不断提升，领先于全国平均水平。

（二）消费发展现状

海南省消费水平呈现日益提高的变化趋势。如图2，可以看出，海南省社会消费品零售总额长期呈现上升趋势，且其增速（斜率）显示出不断提升的迹象。海南社会消费品零售总额在2010年数值为664亿元，在2019年已上升至1808.31亿元，增长近2倍，比上年增长5.3%。其中城镇消费品零售额1503.43亿元，比上年增长5.1%；乡村消费品零售额304.88亿元，比上年增长6.4%；而按消费类型分，则商品零售额1496.40亿元，比上年增长5.4%；餐饮收入311.91亿元，比上年增长5.0%。

2020年初新冠肺炎疫情暴发，海南消费也受到冲击。但自2020年7月1日起，海南离岛免税政策施行新一轮调整，购物额度由原来的3万元提高至10万元，增加手机、酒类等商品类别。离岛免税新政的实施促进了消费市场的快速转暖、逆势上扬。2020年，全省社会消费品零售总额1974.63亿元，同比增长1.2%，比全国平均水平高5.1个百分点。可见在中央政策的支持下，海南的消费水平增长迅速，消费的整体发展形势乐观。同时，由于海南原属于广东省，与广东的联系比较紧密，所以海南的消费增长还对广东的消费有直接的拉动作用。

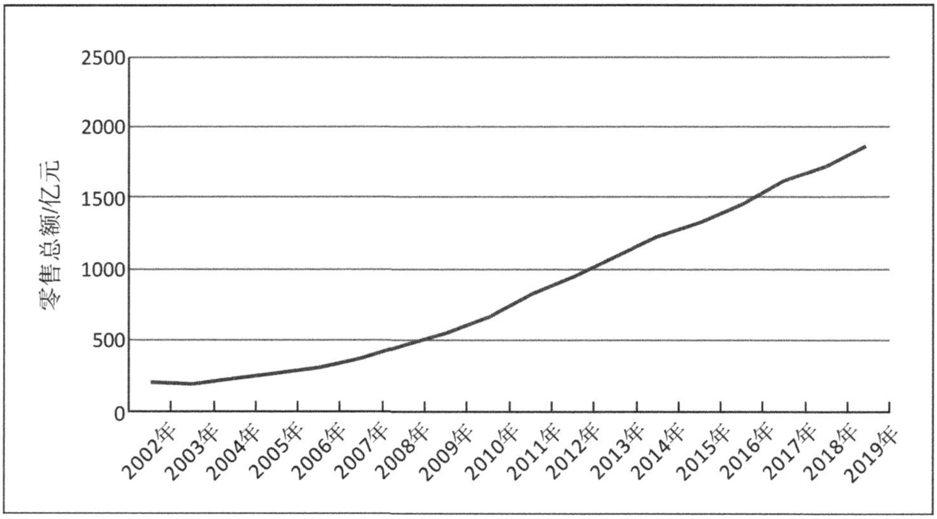

图2　海南省社会消费品零售总额

（三）贸易方式

海南省贸易方式多样，但新兴市场占比较小。详细情况如图3。

海南的进出口商品，以一般贸易和保税物流居多，免税品进出口交易总量次之。图3是海南省2019年全年对外贸易方式的统计结果。海南一般贸易比重占32.7%，提升2个百分点，贸易方式更趋合理。保税物流额高达2545327.96万元，得益于海南国际旅游岛和国际旅游消费中心的定位。海南颁布了相应离岛免税政策，使得免税品进出口额和消费规模呈逐年上升态势。2019年海南省免税品进

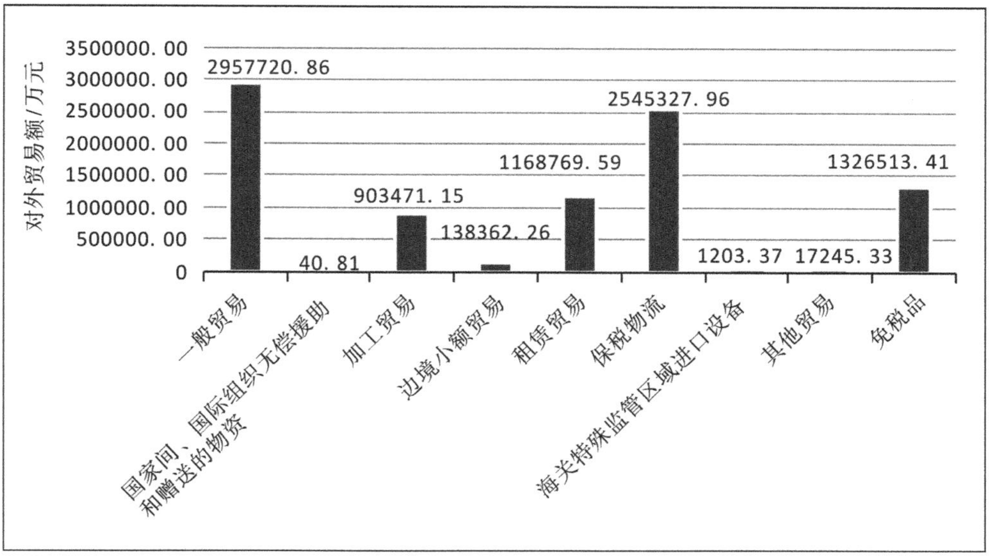

图3 海南省2019年对外贸易方式

出口总值占本省同期外贸进出口总值的比重为15%，较上年同期提升了7个百分点，可见国际旅游消费中心的政策收效较为显著，为海南对外贸易及消费市场的发展，起到了良好的推动作用。

二、国际旅游岛政策对海南对外贸易及消费的促进效应

结合政策实施情况来看，海南国际旅游岛和国际旅游消费中心工作部署较为全面，市场运行状况良好。2019年，海南以国际旅游消费中心建设为抓手，旅游消费呈现规模平稳拓展、质量稳步提升的良好态势。据统计，2019年全省共接待国内外游客8311.20万人次，是海南省总人口944万的近9倍，同比增长9%，其中接待入境游客143.59万人次，同比增长13.6%；实现旅游总收入1050亿元，同比增长11%。消费效果非常显著。

国际旅游岛和国际旅游消费中心的政策，对海南省对外贸易及消费的促进效应具体如下：

（一）企业聚集，降低产业链交易成本

海南省国际旅游岛政策的下达，直接增强了海南省的对外开放程度。这种开放，不仅反映在游客人数和旅游收入的上升、旅游消费市场的扩大，同时也为外商投资创造了更多机会。该政策体现了海南对国外投资者的接纳和包容，为企业

集聚提供了基础条件。

贸易企业的聚集，可提升企业之间的资源整合效率，推动产业扩张和交易规模的增加。上下游企业的聚集，直接减少了企业之间的沟通和运输成本，拓宽了岛内企业对外联系（包括与国外企业合作）的渠道；同行企业间的聚集，也从某种程度上促进了相互合作，推进了规模经济的发展，可降低外贸企业成本，降低卖方价格，开拓消费市场。而且，资本的聚集具有明显的正外部性，越多资本的汇聚，越能加快资本进一步汇集的速度。

（二）人才聚集，降低人力成本

阴雪松（2017）研究得出，劳动力年龄人口、人口教育结构与人口城乡结构均对地区出口有显著正向影响。海南岛打响国际旅游岛品牌的同时，十分注重人才引进政策的推行，出台了“百万人才进海南”的配套政策，以吸引更多专业、创新型人才参与海南建设。人才引进政策不仅注重新进人才的租房、住房补贴问题，还特别重视对特殊类型人才的后期培养，为人才提供稳定的生活保障和广阔的成长空间。自2010年以来，越来越多大学生主动落户海南。虽然目前海南仅处于人才引进的起步阶段，但随着人才日益聚集，红利会日益增加。

人才的聚集，一方面降低了企业成本，提升其产品在消费市场的竞争优势；另一方面，人才本身就是消费力，大量人才的聚集可以增大当地消费需求，进一步拉动消费的增长。除此之外，人才集聚还具有正向的网络外部性，越多人才聚集，越能增加本省对人才的吸引力，逐渐推动当地人力市场进入良性发展。

（三）消费者聚集，扩大岛内需求

海南国际旅游岛建设，目的是将海南打造成为世界一流的海岛休闲度假旅游目的地。中央政策明确指出，要建设富有海南特色的旅游产品体系，大力发展广受欢迎的热带海岛冬季阳光旅游、海上运动、潜水等旅游项目，丰富热带滨海海洋旅游产品。同时，还要打造精品旅游景区，精心设计旅游线路，优化时间、空间配置，为国内外潜在游客带来最大化的便利。政策的落地也为海南带来了大批国际游客，拓展了消费市场。图4是海南国际游客数量的折线图，可以看出，在2010年之后，国际游客数量出现了明显的增加。

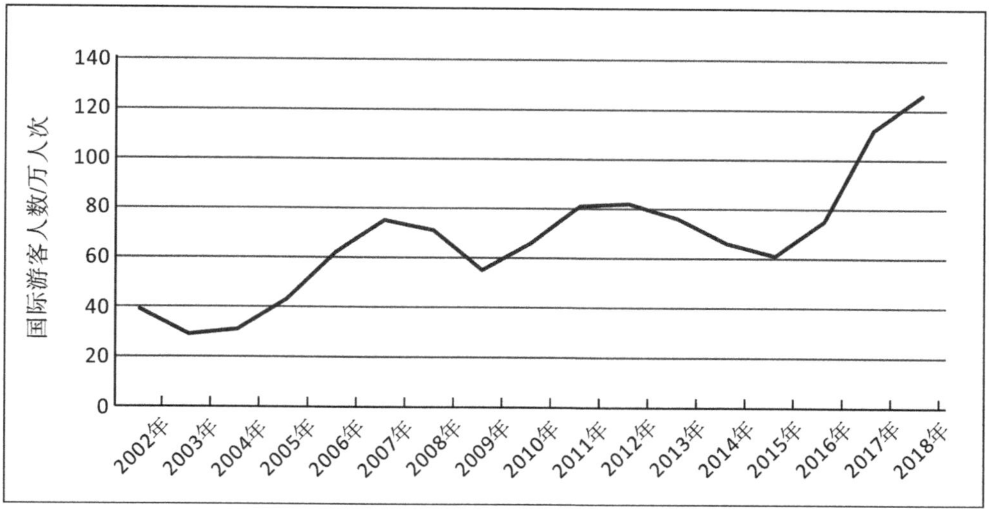

图4　海南省国际游客人数

2010年，海南省游客量达2587万人次，其中国内游客比上年增长14.84%，入境游客增长20.24%。大量游客的聚集，不仅直接拉动了本省旅游消费，同时也为岛内企业拓宽了需求市场。特别是在国际旅游岛背景下，离岛免税、离岛退税政策的施行，直接改善了相应免税品企业的生存环境，对该行业起到了极大的利好和促进作用。

（四）加大交通建设投入，便利外贸运输

为了树立海南国际化的形象，并为各国游客创造良好的旅游体验，海南在建设国际旅游岛的同时，时刻不忘完善交通及配套设施。

王小涵（2018）认为，交通建设状况是反应和衡量一个城市发展潜能和发展水平的重要因素。海南自2010年出台国际旅游岛政策之后，加紧了公路、铁路、港口等方面的建设，在交通建设方面取得了巨大的进步。完善交通及配套设施，不仅改善了人民生活质量，为游客提供了便利，更重要的是，它降低了企业的运输成本，节省了商品在途时间，有利于企业扩大进出口业务范围，增大总体进出口规模。交通的进步是推动岛内外商品自由流通的必要条件，便利的交通运输，可以降低成本，增大产品的竞争优势，也可以连通各个区域，扩大消费市场。

（五）技术进步，满足多元消费需求

技术与创新，是国内众多行业生产活动中最稀缺的要素。习近平总书记在2018年海南建省30周年讲话中提到："中国的开放的大门不会关闭，只会越开越

大。”

国际旅游岛政策推动了海南对外开放，让各国的创新思想与技术自由流动，也让各国在学习和借鉴专业技术的时候，碰撞出了更多灵感的火花。技术的进步，可以帮助一个地区生产出更具不可替代性的消费产品，从而满足消费者更多元的生活需求。在疫情到来之前，我国居民在国外的消费总额始终居高不下，原因就是国内技术水平尚不能满足部分消费者的高端消费需求，导致国内消费力重度流失。而未来，随着海南岛开放程度的增强，岛内会自主生产出高技术含量的商品，改善高端消费品的供给现状，从而将国外高端消费需求引回本地，带动海南乃至整个国家高端消费市场的发展。

（六）信息流通高效，提升消费便利

国际旅游岛政策致力于将海南打造成为国际经济合作和文化交流的重要平台，该政策拓展了中国改革开放的南方窗口，在促进资本融合和技术进步的同时，也极大程度便利了区域之间的信息交流。在互联网时代，信息是流通最便利的沟通工具。高效率的信息流通，大大提升了消费的便利程度。同时也极大程度改善了电商的营销环境，直接缩短甚至消除了商家与消费者之间的物理距离。

三、海南对外贸易及消费的发展建议

海南，面向南海，辐射太平洋，是国际贸易和国际消费的重要集聚地，也是我国南方旅游消费的热点区域。海南外贸的快速发展既有利于提高海南在东南亚地区的经济地位，也有利于推动我国“以国内大循环为主体，国内国际双循环相互促进的新发展格局”形成。

笔者结合海南当前的实情，提出以下几点建议：

（一）加大人才引进力度

劳动力是城市发展建设中非常关键的要素，劳动力的质量和成本，能够直接影响企业的服务水平和利润空间。而海南建省仅有32年（截至2020年），面临人才储备较少、人才供给效率偏低的发展短板。因此，人才引进工作尤为重要，不容半点忽视。

特别是在国际旅游岛政策出台之后，海南需要更多高素质的人才参与到政策的落地和推行工作中来。面对随之而来且日益壮大的消费者和投资者群体，要有足够数量的人才为其提供专业服务。因此，人才引进对于政策落实及旅游业、外贸行业发展，都存在举足轻重的作用。

目前，为配合国际旅游岛战略的实施，海南在人才引进政策的制定和出台方面做了很多工作。其中，“百万人才进海南”政策，显示了省政府及相关部门对人才的重视。但值得重视的是，人才引进政策的大方向宣布之后，相关部门迟迟没有公布具体的人才评定标准和补贴发放细则，使得很多有意落户海南的应届生放弃了落户海南的选择。

海南真正想要发展对外贸易，打出国际品牌，就要真正从人才发展需求出发，给予人才合理的生活保障、更多的培训机会、更广的成长空间。如此，才能把人才汇集于此，而人才的汇集，也是对新人才进一步的吸引。

（二）增加贸易伙伴数量，扩大交易范围

虽然海南进出口总额呈现上升趋势，但是地区经济、商品结构等诸多方面还存在着很多弊端，存在过分依赖合作伙伴的倾向。在中美贸易战期间，海南省进出口额受到了不小的影响。为了实现对外贸易的健康稳定以及可持续的发展，海南应当紧随国家外贸改革步伐，合理把控某一交易方减少或停止交易所带来的经济运行风险。

进一步扩大贸易伙伴的同时，可以考虑适当扩大合作范围，同时要尽所能保持和各大合作伙伴之间的良好关系，这样就可以促使对外贸易的收入来源更加丰富，从而实现经济健康稳定以及可持续的发展。

（三）适度升级产业结构，引进先进技术

国际贸易之所以能够产生，是因为我们在某方面具有相对优势，而随着全球化形势发展，相对优势带来的收益很快会消失。只有不断升级产业结构，提升自身创造能力，改进生产技术，才能让本区域对外贸易行业取得更好的发展。

海南在充分认识和利用好自身得天独厚的有利条件的同时，还需审时度势，充分认识和把握海南在世界经济发展“新常态”中形成的新优势，使海南能够比较积极从容地进行经济结构调整。

建议重视贸易结构的调整，引进新思想、新技术，使整体外贸行业运行更高效，结构更合理。

（四）鼓励消费，拉动需求

消费是外贸行业发展的巨大动力。海南国际旅游岛政策使得海南的登岛人数逐年递增，如此庞大的群体，将带来诸多经济发展的机遇。若想快速发展海南对外贸易行业，就应当利用好政策红利，通过鼓励游客岛内消费，带动外贸行业发展。海南是一片适合发展旅游消费的沃土，在培养海南成为世界一流的海岛休闲

度假旅游目的地的同时，可以通过增加离岛免税购物额、利用经济学价格歧视发展特殊优惠等，拓宽岛内进口商品的销路，推动外贸行业整体再上一个新台阶。

如果能合理调查登岛游客的消费偏好，出台相应的消费优惠政策，巧用经济学价格歧视等手段，增大生产者和消费者剩余，将置换出更多的新生消费力，使旅游业红利得以最大程度地发挥。而本省消费经济高速、稳健的增长，将进一步拉动进出口需求，吸引外来投资，形成积极的正向循环。

（五）进一步挖掘外贸内生动力

我国在对外贸易发展工作中，多次强调转换新旧动能的重要性。而从目前新旧动能转换的实际情况来看，海南省外贸行业新旧动能转换的实现情况并不尽如人意。目前，我国整体的人口红利处于不断缩减的态势；相较于劳动密集的20世纪，劳动力成本显著上升；加上资源和环境的制约，使得转换新旧动能成为推动贸易增长的重要一环。海南省本土虽具有足够的物质资源储备，可谓“遍地是黄金”，这里气候适合作物生长，从某种程度上，也使当地岛民养成了依靠物质资源消耗实现经济增长的生活模式。但是，依靠物质资源并非促进经济发展的长远之计，只有不断发展技术创新、制度创新、模式创新，才能使海南走上经济可持续发展之路。

当前，海南省出台了国际旅游岛建设各项实施规划，吸引了国内外广大投资者的注意力。在这片土地上，资本将不断增加，创新人才和专业人才将不断聚集，这为新旧动能转换提供了强有力的支撑条件。

参考文献：

［1］陈璇. 上海自贸区建设对吸引外商直接投资的影响研究[D]. 西安：西北大学，2019.

［2］阴雪松. 人口结构变动对地区外贸出口的影响：基于31个省份的实证研究[D]. 杭州：浙江工商大学，2017.

［3］王小涵. 交通地位对地区进出口贸易的影响[J]. 时代金融，2018（08）：30—31.

［4］单希彦. 国际贸易对中国区域与行业工资的影响[D]. 北京：对外经济贸易大学，2019.

（作者：焦延，广东省社会科学院2017级硕士研究生）

营销模式创新背景下国内消费市场发展与问题探析

俞梅珍

摘要：互联网及移动互联网的普及，大数据、人工智能技术的发展，促进企业营销模式加速创新，消费领域新渠道、新业态、新应用不断涌现，尤其是近年来新媒体营销直播、短视频等如火如荼展开，对激活消费市场活力、扩大消费规模产生重要作用。但是在新营销关注流量红利收割的背后，存在短期行为导向、产品端创新不足、市场秩序混乱、市场规制不完善等问题，成为建设规范强大消费市场的制约因素。加快市场制度建设，增强公共消费环境的治理具有迫切性。

关键词：营销模式创新；消费市场发展；市场规制

中国经济进入高质量发展新阶段，经济发展方式从投资驱动型向消费拉动型转换，消费对经济增长的拉动作用持续增强。李克强总理在《2019年国务院政府工作报告》中提出，要促进形成强大国内市场，持续释放内需潜力。强大的国内市场的形成对稳定未来中国经济增长至关重要。营销是连接生产与消费的通道，起着沟通产销、调节供求的重要作用。近年来企业营销模式正在加速创新，营销渠道不断拓宽，消费领域新场景、新业态、新应用不断涌现。营销模式对刺激消费，激发市场活力发挥了积极作用，同时，也存在诸多有争议的问题。如何让营销模式有效促进国内消费市场规范可持续发展，值得我们深入探讨与研究。

一、营销模式创新与国内消费市场的规模扩张

（一）我国现阶段营销模式创新的特点

营销是在竞争环境下，通过技术和各种手段，影响和促使消费者购买商品的

一种行为。任何营销理念、营销模式、营销手段都具有时代性。随着互联网及移动互联网的普及，大数据、人工智能技术和5G的发展，营销的技术手段和用户环境发生了巨大变化，新的营销模式不断涌现。我国现阶段营销模式创新表现出如下特点：

1. 线下与线上融合，全渠道营销成为新趋势

全渠道营销是指商家为了满足消费者任何时候、任何地点、任何方式购买的需求，采取线上+线下方式（如实体渠道、电子商务渠道和移动电子商务渠道整合式销售），提供给顾客无差别的购买体验。消费者可以在任何时候如早上、下午或晚上，任何地点如在地铁站、在商业街、在家中、在办公室，采用任何方式如电脑、电视、手机等，都可以购买到他们想要的商品或服务。

全渠道营销，是营销变革的必然方向。社交媒体化、链接普遍化、用户数字化，这是促进营销变革的基础条件。实体门店营销，受制于地理位置、客户购物时间等的约束。在移动互联网时代，消费环境的变化，电商带来的冲击，正在“逼迫”实体零售企业进行一场升级变革。自2015年以来，中国线下55%的商场渠道出现逐年负增长，其中38%的商场下滑超过10%。用户消费习惯从线下即逛即买变成了线上随时随地买，导致绝大多数品牌线上线下的销售比例发生颠覆性倒置。

2016年1月，自营生鲜类商超——支付宝会员店盒马鲜生在上海金桥广场开设了第一家门店，而后在一线城市快速扩张，成为全渠道营销的典范。盒马鲜生采用新的互联网思维及技术手段，构建新的营销体系，通过会员制、支付宝支付，实现顾客全注册，有效解决了所有顾客的数字化、在线化。这家以“吃”品类为主的全渠道体验店，实现了线上和线下的双向流量整合。线下为消费者提供体验式消费，为线上引流，线上销售单数超过线下单数。通过到店客户的支付宝的实名认证信息，盒马鲜生构建了一个更加立体的客户数据库，这使得实体店能够变成大数据入口。线下线上资源整合，物流仓储作业前置到门店，和门店共享库存和物流基础设施，店内部署了自动化物流设备，可进行自动分拣，效率极高，基本能达到“3公里内30分钟送达”的及时配送承诺。

线下线上融合的新零售模式，已然成为引领一个新消费时代的潮流。

2. 体验式营销、场景营销、社群营销、关系营销等向深度与广度发展

体验式营销、场景营销，不只局限在实体店。在移动互联网环境下的消费者，其行为始终处在各类场景之中，这是场景营销不断发展的基础，线下商场、线上购物和交通出行等环境，都构成了场景营销的条件。商家可以利用信息技术手段制造各种消费场景，同时将自身的产品与不同场景下消费者感知点、消费者需求（即当时、当地、当事）相结合，带给人们一种更为直观、契合、关联度高的体验，激发消费者的购买行为。

“社群营销”是利用社群这一组织形态，把用户或者相关利益者大规模组织起来，要么把消费者培养成粉丝，要么把消费者培养成朋友，让品牌和用户之间的弱关系变成强信任关系，构建持续交易的基础，提高用户对品牌的忠诚度和产品的复购率。传统的社群营销主要是利用社区便利店、连锁店，移动互联网时代的社群营销则是有效利用社交媒体，微信群、QQ群等成为有效的营销渠道。新型社群营销具有互动性强、情感连接、自行运转等特点。拼多多在电商市场的崛起，得益于其社区电商的特质。拼多多成立于2015年9月，用户通过发起和朋友、家人等的拼团，以更低的价格购买商品。该团购旨在凝聚更多人的力量，用更低的价格买到更好的东西，体会更多的实惠和乐趣。同时可以利用社交媒体实现用户裂变，如付款后可以一键分享到微信等社交平台上。从下单到支付，再到最后离开拼单页面，每一个关卡都在暗示、引导买家“分享”，在朋友圈传递消费信息，形成消费示范效应。

3. 新媒体营销如火如荼、方兴未艾

新媒体是相对于报刊、广播、电视等传统媒体而言的新的媒体形态，涵盖了所有数字化的媒体形式，微信、微博、贴吧等社交平台，哔哩哔哩、优酷、快手、秒拍这类视频平台，豆瓣、天涯这类社区，都属于新媒体的范畴。所谓新媒体营销就是利用新媒体的手段，以内容为核心，去获取有利于企业盈利的潜在销售线索。在过去的2019年，直播、短视频、内容“种草”等引发全民购物狂潮，2020年势头依然强劲。

“直播带货”是“直播+电商”的全景销售模式，成为各大电商平台的新风口。一时间全民似乎陷入直播带货的狂热中。从网红到大明星，从企业家到政府官员都在网上推出“直播带货”，借助个人魅力吸引用户，以自己的知名度或感染力对广告内容进行背书，带动消费者对产品的消费需求。有数据显示，2019年直播电商市场规模已经达到4338亿元。

（二）营销模式创新的积极作用

营销模式创新对推动国内消费市场发展发挥了积极作用：

1. 促进消费市场活跃，提升社会消费品零售总额作用显著

线下与线上全渠道营销、新媒体数字化营销等，在企业与消费者之间建立了

更加多元、透明、通畅的网络联系渠道，网络直播、短视频等带给消费者全新的购物体验，激发其消费热情，对“80后”“90后”年轻消费者群体影响更甚。

从宏观数据看，2019年全年国内生产总值比上年增长6.1%，全年社会消费品零售总额比上年增长8.0%，高于国内生产总值的增速1.9个百分点。进一步分析显示，2019年实物商品网上零售额增长率更为抢眼，全年实物商品网上零售额达到85239亿元，按可比口径计算，比上年增长19.5%，占社会消费品零售总额的比重为20.7%，比2018年提高2.3个百分点。

2020年以来，生鲜电商、门店到家等在线零售业态迅速壮大，网络购物保持快速增长。1—7月份，全国实物商品网上零售额同比增长15.7%；实物商品网上零售额占社会消费品零售总额比重上升为25.0%，比上年同期提高5.6个百分点。其中，通过互联网销售的吃类和用类商品同比分别增长38.2%和18.6%，均保持快速增长。

2. 从企业的角度来看，市场营销的效能大大提高，实现了快速的用户规模化

网络直播经常出现引爆流量，李佳琦某场直播带货百万，5分钟卖出15000支口红；著名企业家董明珠第四次直播累计销售额达65亿元。新的营销渠道下，使品牌传播出现加速度。

新营销颠覆了传统营销的“二八定律”。在传统营销模式下，统计分析认为，公司80%的利润来自20%的头部客户，营销的重点是努力与20%的头部客户扩展业务与合作。创造20%利润的80%的客户被认为是长尾客户，扩展业务的成本过高，不应作为重点关注的对象。移动互联网时代，出现了“长尾理论”。长尾理论指出，只要产品的存储和流通的渠道足够大，需求不旺或销量不佳的产品共同占据的市场份额可以和那些少数热销产品所占据的市场份额相匹敌甚至更大，即众多小市场汇聚可与主流相匹敌的市场能量。也就是说，企业的销售量不在于传统需求曲线上那个代表“畅销商品”的头部，而是那条代表“冷门商品”经常为人遗忘的长尾。新的营销模式下，可以用非常低的成本，把长尾客户纳入营销网，创造出更大的价值。营销的效能获得大幅度提高。

3. 为消费者带来更多的便利与实惠

在新的营销模式下，消费者购物与社交性、娱乐性相结合，有更多元的购物渠道，获得更多的自主选择权。消费者和经销商的互动性更强，消费体验也更为丰富。用户通过直播，将过去无法“眼见为实”的网购行为变得更为具象，也能够通过直播间的互动、评论以及主播的介绍更好地作出消费决策。

二、新营销模式流量抢夺背后的隐忧

营销模式创新在促进消费的同时，也存在诸多问题，给培育和强大国内消费市场带来负面效应。

（一）短期行为导向，缺乏持续发展的动能

伴随着中国互联网人口爆炸式增长，新营销模式的重点是收割流量红利。整个新媒体的营销历史，就是争夺流量的历史。新媒体营销的世界里永远是“流量为王”。如何快速打造网红爆款，引爆流量是新营销关注的焦点，品牌营销的长期性、系统性得不到应有的重视。人人都在追逐流量、追求“短平快”效应。不断有网红品牌涌现，也有网红品牌的快速死亡。网红效应本身会产生巨大的反噬，媒体流量带火了网红品牌，而媒体舆论同样可以摧毁整个品牌。消费者可以轻易地爱上一个产品，也可以因为舆论轻易地嫌弃一个品牌。

瑞幸咖啡神话的“雪崩”事件，是以收割流量为主导的品牌营销的一个重大失败案例。从2018年1月开始京沪试营运、3轮融资、超2000家门店、1254万用户……到2019年5月17日登陆纳斯达克，瑞幸创下了全球最快上市公司的闪电纪录。在咖啡市场，瑞幸以便宜、便利为卖点，并通过疯狂开店及爆炸式营销来吸引消费者及扩大规模。2019年1月14日，瑞幸咖啡在官方公众号上宣布售出杯量达1亿。2020年4月2日晚，随着业绩造假，22亿元事件败露，让这个18个月登陆纳斯达克、头顶光环无数的年轻创业公司光彩尽失。6月29日，瑞幸咖啡在纳斯达克正式停牌，进入退市备案。瑞幸的快速崛起与闪崩正是其违背品牌成长规律、一味追求快速扩张的结果。

（二）偏重营销渠道、营销手段，产品端创新不足，产品价值创造落后于营销投入

市场营销是一个系统工程，包括产品、渠道、推广等一系列因素。产品自身的竞争力是营销的根基。在现阶段营销模式创新中，企业更为关注新的营销手段与方法，而对产品端的创新投入严重不足。电商卖家数量大爆炸，产品同质化严重。消费者随便搜索一款产品，有的会出现上千款同类产品，全国性的优质龙头品牌供应严重不足。“品牌质量不够，网红来凑。”企业之间的流量竞争，主要还是传统的价格战，同时依仗网红明星的影响力，营销活动的根基不够牢固。根据品牌培育和成长的规律，企业单纯依靠流量红利和营销投放轰出来的爆款产品本身并不具备很强的竞争力，只有从卖货思维转变为品牌思维，建立起强大的研发能力，坚守产品品质，不断创新，才能获得长久的竞争力。

（三）促进消费结构的升级作用有限，对中高收入人群的消费吸引力不足

做大做强国内市场，一个重要内容就是要推动消费结构升级，挖掘中高收入人群的消费潜力。新营销模式的价格竞争、优惠促销对中低收入消费者更具吸引力，各网络平台推销的商品绝大多数是快消品，餐饮、食品、服装、饰品、美妆、日用百货等是网上购物的重要品类。另一方面，中高收入人群的消费升级，对高精尖产品的需求得不到满足。由此带来的一个后果就是中国消费力向境外转移。2019年11月28日，携程和银联国际联合发布《新旅游、新消费、新中产：2019年中国人出境旅游消费报告》，数据显示，2019年中国人出境旅游消费依然世界第一。购物一直是境内居民出境游的主要消费形式。消费力大量地向外转移，严重削弱了消费端对供给侧改革的推动作用。

（四）市场混乱，假冒伪劣商品充斥市场，消费者权益受损的案例日益增多

“生于流量，败给信任。”层出不穷的网红产品质量问题使得消费者对网红品牌的信任度大大下降。网红带货被指存在三大比较严重的问题：虚假宣传，质量堪忧；刷数据，制造火爆假象；售后问题无人解决。2019年7月央视财经频道《经济半小时》栏目曝光了抖音网红带货猫腻。网红卖货，不仅刷单，还售卖三无产品。很多网红卖货神话是靠刷单生造出来的，更恶劣的是用假流量卖“假”货。一些直播平台甚至存在严重违法行为，国家明令禁止销售、贩卖的针孔摄像头、迷你摄像机、微型摄像机等，用于偷窥、偷拍、偷录的违禁品，也可以在网购平台上轻松购买到。

2019年11月，中国消费者协会协通过互联网舆情监测系统，对11月1日至15日期间“双11”相关消费维权情况进行了网络大数据舆情分析，并形成分析报告。报告指出，“双11”日均收负面信息超4万条。直播带货销售方式野蛮生长是引发“双11”网络消费维权舆情的重点。

约束与监管力量的缺失是市场失序的制度因素。市场秩序混乱，企业恶性竞争，会产生“劣币驱逐良币”效应。消费市场同种类产品的质量存在差异，优质品牌制作成本高，销售价格也相应提高。市场上优质产品往往被无数外形相似的低端产品所包围。由于信息不对称的存在，低端产品或假冒伪劣产品的低价策略蚕食大量的市场份额，甚至把高质量的厂商与品牌挤垮。

三、加快市场规制建设，促进规范与强大的消费市场的形成

培育强大的国内消费市场，应该是多维度的，市场规模的扩大是数量指标，

市场结构、市场秩序是质量指标。一个成熟强大的消费市场不是简单追求数量的增长，质量方面的指标尤为重要。目前我国消费市场的制度建设远远滞后于技术进步，新的营销模式、营销手段缺乏相应的规章制度，缺乏约束与监管，造成野蛮生长，成为制约市场发展的负面因素。

消费市场制度建设，公共消费环境的治理具有迫切性，需要多方力量的共同努力。

（一）促进重要的市场主体——企业组织的发育与成长

在市场经济条件下，一个成熟的真正有市场竞争力的企业，不仅关注企业的短期收益，更注重企业的长期发展，关注自身的信誉资本的积累。要把企业培育成"百年老店"，守法经营、诚信经营是根本。一个关注长期发展的企业，必定会认清企业与消费者之间是相互依存、互为条件的利益共生关系，没有消费者，企业的生产就难以为继。企业的市场营销，既要重视技术手段，又要实现营销理念的真正转变，营销的目的不是利润导向，而是客户价值导向，通过为客户创造价值来获得市场份额和自身的发展壮大，以品质创新驱动消费为根本。

目前我国电子商务领域三大头部平台企业阿里巴巴、京东、拼多多发展势头迅猛，这些平台企业的经营理念、管理水平对维持市场秩序发挥着重要作用。平台对商家的行为和产品质量的把关，有效的惩罚措施的实施，都与平台企业自身的管理紧密关联。打造具有国际竞争力的电商平台，本身也会带来更加规范化的经营管理。

（二）促进第三方组织的成长，加强社会征信制度建设

行业协会、消费者协会等相关社会组织，是促进行业发展与维护市场运行秩序的重要力量。我国各类社会组织所发挥的作用正在逐步提升。2020年7月1日，中国广告协会发布的《网络直播营销活动行为规范》正式实施。这是国内首个关于网络直播营销活动的专门自律规范，重点规范了直播带货行业刷单、虚假宣传等情况，促进网络直播营销业态健康发展。另据了解，由中国商业联合会牵头制定的《视频直播购物运营和服务基本规范》和《网络购物诚信服务体系评价指南》也发布执行，将对净化行业环境，规范行业的发展起到积极作用。

在发达的市场经济国家，社会征信制度建设为形成规范的市场秩序发挥了重要作用。所谓征信，简单地说就是对他人的资信状况进行系统调查和评估，市场中介组织在其中扮演重要角色。发达国家经过多年的积累，已经建立了非常完善的征信制度，也产生了一批权威性的、有社会影响力的征信服务中介组织。征信

业成为社会信用体系建设的重要组成部分。

我国新媒体营销诚信评价机制的建立极为必要。应该将粉丝评价、举报、监管部门的调查处罚信息等记入评价系统，将违法情节严重、污点信息较多的网红拉入黑名单，取消直播带货资格，通过诚信惩戒手段规范直播带货行为，保障消费者的相关合法权益。

（三）完善法律法规，加强政府监管部门的执法力度

目前，营销变革中的新模式、新业态，很多处于法律的模糊地带，规制滞后、监管缺失是市场秩序混乱的根本原因。应该尽快完善监管电子商务及各类新媒体营销的法律体系，同时进一步加强市场监管力度。只有在法律框架下合法合规，电商行业各类新的营销模式才能健康发展，才能为做大做强国内消费市场发挥正能量。

（四）消费者主动参与平台治理和社会监督

消费者是除企业之外的另一市场主体，是治理公共消费环境、整治市场秩序的利害相关者。美国著名管理学教授波特的国家和产业竞争优势理论，最核心的内容是“四因素”理论，即“钻石模型”。波特提出，特定国家特定产业竞争成功具有关键作用的四项因素，即生产要素，需求因素，相关和支持产业，企业组织、战略和竞争状态。关于需求因素，波特提出，老练的、挑剔的消费者的存在，是推动产业竞争力提升的不可或缺的因素。

消费者要珍惜自身的监督权利，养成良好的维权意识和维权习惯，主动参与对电商网络经营行为的社会监督，自觉抵制、及时揭露和举报相关违规违法行为。消费者自身也要培养理性消费的意识，为消费市场的健康规范发展发挥作用。

（五）充分发挥新闻媒体的舆论监督作用

新闻媒体舆论监督对解决市场交易中的信息不对称的问题起到重要作用。新闻媒体的监督与报道，把信息的充分度、准确度尽量地提升到足够高的水平，让广泛的市场主体尽可能地有这个信息基础去区分好和坏，从而做到把“劣币驱赶良币的市场”变为一个“良币驱赶劣币的市场”。例如中央电视台为维护消费者权益，每年举办“3·15”晚会。它就像一场企业的年度“黑榜”，把各种涉及侵害消费者权益的大小事件曝光，对违规违法经营的企业产生较大的震慑作用。

（作者：俞梅珍，华南师范大学经济与管理学院教授）

中观篇

防疫常态化下广东文化旅游消费发展研究

何丹华

摘要：2020年初新冠肺炎疫情暴发，对经济造成严重冲击，旅游、餐饮、酒店等服务行业首当其冲。随着疫情趋缓，二季度起广东旅游业开始回暖。在各类消费刺激措施组合作用下，乡村旅游消费逐渐恢复。防疫常态化下，要进一步释放文化旅游消费能量，促进广东文化旅游消费发展；树立绿色发展观，推进文旅服务供给侧改革；以发展理念创新为抓手，以保障游客安全出行为前提；统筹城乡发展，扩展乡村旅游区域，拓展文旅消费空间；提升服务层次，严把旅客出行安全关，满足旅客安心度假需求。

关键词：防疫常态化；广东；文化旅游消费；乡村旅游区域；发展对策

2020年初，突发而后席卷全球的新冠肺炎疫情，对世界各国经济造成沉重打击，旅游、餐饮、酒店等服务行业首当其冲。中国旅游研究院2020年2月20日发布的《中国旅游经济蓝皮书（No.12）》测算，预计2020年一季度及全年，国内旅游人次分别负增长56%和15.5%，全年同比减少9.32亿人次；国内旅游收入分别负增长69%和20.6%，全年减收1.18万亿元。而中国互联网络信息中心2020年4月28日发布的第45次《中国互联网络发展状况统计报告》显示：截至2020年3月，我国在线旅行预订用户规模较2018年底减少3705万。广东旅游业也困难重重。据广东省统计局统计，2020年1—3月全省接待过夜游客人次分别比上年同月负增长41.92%、78.66%、76.3%；其中入境游客负增长57.8%、71.54%、86.91%，境内游客负增长40.74%、79.11%、75.48%。

一、广东文化旅游业积极应对新冠疫情挑战

为助力旅游业应对挑战，2020年3月12日，广东省文化和旅游厅印发《广东

省文化和旅游行业复工复产工作指引》，要求全面落实疫情防控责任，在科学精准做好疫情防控的前提下稳步推进文化旅游行业复工复产。2020年3月20日，广东省委宣传部、省文化和旅游厅与省体育局印发《关于积极应对新冠肺炎疫情影响促进文化旅游体育业平稳健康发展扩大市场消费的若干政策措施》，12项措施包括统筹安排4亿元省级财政资金专项用于支持文旅企业应对疫情、缓解生产经营困难，推动文旅体业健康发展。各级政府也主动与旅游企业共渡难关。2020年3月17日，广州市出台《广州市关于积极应对疫情影响促进文化旅游产业健康发展的若干措施》，统筹安排3亿元财政资金用于促进文旅产业复苏。广州从化区要求金融机构对需要融资贷款的旅游企业予以优先保障，同时认真部署该区春夏秋季全域旅游宣传活动，支持旅游市场营销推广。汕头市积极应对新冠肺炎疫情给农业和旅游业带来的影响，加大农产品和旅游礼品的互联网营销力度，2020年该市的荔枝文化节实现“线上+线下”一体化营销，带动农业增收和旅游升温。

金融机构积极发挥支持作用。中国银行广东省分行针对文化旅游等行业企业复工复产需求，通过调整授信方案、释放已批未用额度、优化中长期贷款比例、增加信用贷款、提供优惠利率、延长计息周期等方式，帮助企业恢复“元气”。广东南粤银行采取多项服务措施，以信贷关怀全面支持旅游娱乐、住宿餐饮等小微企业复工复产。中国银联广东分公司和广发银行在广州市场开展了重振引擎助商计划，消费者领券可以享受满100减50的优惠。广东省旅游协会成立投融资专委会、开设“文旅大咖说”系列线上公益免费直播课程，主办2020广东文旅投融资“云”对接会，为业界提供疫后复苏指引，助力广东文旅产业投融资体系建设。一些景区利用关停时间“苦练内功”，加大投入，全面推动旅游项目提质升级。清远古龙峡景区在关停的3个多月时间里，新建并改造奇幻峡谷、水上花海、河岸休憩空间三大项目；金鸡岩名胜风景区经过升级改造，以全新姿态迎接游客，其中景区新建重点项目“侗情谷民族表演”是响应政府“沉浸式消费”倡导而投资打造的粤北首个夜间演艺活动景区。东莞高埗镇5月中旬至5月底举办2020年商贸旅游文化节，30多个商家以实际行动助力消费市场复苏。本次商贸旅游文化节以政府搭台、商家唱戏相结合方式，通过“政府补贴+商家优惠+活动带动”形式让惠于消费者，全力打造高埗镇安全、健康、有影响力的消费目的地城市新形象，实现“寓学于游”“寓乐于游”“寓健于游”“寓购于游”。广州市人民政府2020年7月至2021年2月期间举办的“广州欢迎您”系列活动，重点围绕吃、住、行、游、购、娱等六大消费要素举办启动仪式、欢乐周、幸福年等三个层次的活动。在欢乐周和幸福年活动期间，陆续开展50余项大型活动，范围涉及商贸、文化、旅游、体育等领域。

随着疫情趋缓和各类消费刺激措施生效，2020年第二季度起广东旅游业开始回暖，几个小长假均取得不错成绩。2020年的第一个小长假“五一”，全省累计接待游客1861.5万人次，旅游总收入103.6亿元；纳入监测的百家重点景区累计接待游客315.7万人次；纳入监测的14段古驿道重点区域累计接待游客104.3万人次；纳入监测的13家红色旅游经典景区累计接待游客33.5万人次；全省426家A级旅游景区开放309家，占A级景区总量的72.5%；广州民宿订单量明显回升，精品乡村民宿入住率较高。端午小长假，文化旅游业继续升温。据专业研究机构中经文化产业发布的端午小长假全国部分省市旅游统计排行，端午期间广东累计接待游客1069.6万人次，位列全国首位；旅游收入52.6亿元，排行第2，仅次于上海；旅游景区开放恢复率达88%；城市目的地排行，广州第4，居上海、三亚、成都之后。马蜂窝大数据显示，端午期间广州旅游订单量较5月同期上涨1678%。而据携程端午节期间的机票数据，三亚、上海、成都、广州是出发地和目的地最高频的4个城市。火车票的预订数据也显示，上海、广州、深圳、成都是排名前列的出发地兼目的地。

二、乡村旅游消费在应对新冠肺炎疫情中的重生与新机遇

2020年全国两会政府工作报告中，在消费回升方面，强调要支持餐饮、商场、文化、旅游、家政等生活服务业恢复发展，推动线上线下融合。2020年7月28日，广东省政府在惠州市召开全省全域旅游工作现场会，按照省委、省政府关于“以乡村旅游为重点发展全域旅游”的要求，对全面推进全域旅游发展及示范区创建工作进行动员和部署。

乡村旅游消费在新冠肺炎疫情挑战中迎来新机遇。防疫常态化下，游人相对少的地方，更符合“安心游”的需求。马蜂窝大数据显示，2020年暑期游客更希望寻找人少景美的小众目的地，乡村旅游成为热门选择，7月份平台“乡村游”关键词搜索热度环比上涨184%。分析可知，广东乡村的自然风光、农林耕作、中医康养体验等项目对城市游客更具吸引力。疫情前，乡村自驾游、亲子游已成居民常态化休闲方式，消费潜力高于旅游平均值。2019年全省各地以“生态农林渔业+旅游观光”“休闲养生+旅游观光”“赛事展会+旅游观光”等文体休闲旅游项目吸引游客，还以创新点燃文化旅游消费，推进文商旅深度融合，打造民宿品牌，开展研学旅游、虚拟旅游等。疫情稍缓之后，各地在注重出行安全的基础上，抓住旅游消费回暖的时机，开发周边生态游，鼓励自驾游、高铁游，推广定

制游、研学游、云旅游，提升民宿业服务层次，满足旅客安心过夜需求。

自驾游活动缘于特殊时期出门安全考虑。春节过后，清远的“花经济”复苏带来自驾游“升温”。2020年清远野生禾雀花节未至，多个景区就积极行动，寄望繁花美景和自驾游群体拉动人气，一些景区还针对自驾游群体推出了“1元抢购门票”活动。2020年“五一”期间，梅州的游客出行也显现出以自驾游、探亲游、家庭游、乡村游等市内游为主，兼有少部分省内短线自驾旅游的格局。自驾游已成游客出游的第一选择和主流趋势，为旅游市场的主力军。2020年6月初开始，广之旅等旅行社陆续上架了多款围绕生态休闲、乡村田园主题的“房车初体验”旅游产品，既有自驾到营地，尝试“房车生活轻体验”的房车体验家庭套餐；也有从出发地开始驾驶房车，全程体验房车旅游的房车自驾旅游精品小团。旅行社旅游产品，除涉及房车用车外，还包括线路安排和服务保障，满足游客周末房车体验的出游需求。

高铁旅游覆盖了省内大部分城市，其对乡村经济的拉动效果十分明显。据广铁的公开数据，江湛铁路开通运营1年即累计发送旅客1425万人次；台山温泉、阳江海陵岛、开平碉楼等旅游品牌的推出，促进了江门、茂名、阳江、湛江四市旅游经济发展。“高铁游”引发了“一程多站”“多地联游”“旅游专列”等旅游方式的逐渐流行，催热了不少沿线的小众目的地。如从广州出发搭乘高铁前往周边城市参加“农场采摘”等周末休闲活动，带动了农场、农家乐、民宿等一众乡村游的产业链；湛江的“雷州古城”“广州湾”“雷公祠”“孔圣庙”等小众目的地也被带火。2020年5月20日，广之旅组织的51名游客从广州南站出发乘坐广湛高铁，开启为期3天的“湛江雷州半岛历史文化、畅玩金沙滩海滨文化之旅”。这是高铁团队旅游迎来的因疫情停摆后省内高铁游的恢复首发团。从广之旅收客数据可见市民出游的热情，高铁游首团从上架到报满只用了半天时间，尤其受到追求交通舒适、行程丰富、性价比高的长者的喜爱。

云旅游是特殊时期互联网为旅游业插上的翅膀。通过直播平台引流、带货，依托大数据技术实现景点“云”游，传统旅游拓展线上体验和消费渠道，更多优质客户资源得以导入，旅游目的地加速转型升级。2020年4月28日，“2020云游韶关”系列活动正式启动。韶关市市长、副市长亲自充当“超级推销员”，在主会场丹霞山风景区直播推介韶关旅游。直播现场共派出1万张酒店折扣优惠券和6万张“1元景区门票”。至直播结束，各平台直播观看量455万人次。2020年韶关整合全市文旅体资源开展的“云游韶关”系列活动，打造“云旅游”“云推介”“云购物”“云带货”“云研学”精品。其中“云购物”整合“一卡游韶关”“美食特产”等项目，会同媒体搭建韶关文旅产品购物平台；“云带货”则在兰花、银杏等优质特色产品上市之际，组织县长、镇长、村主任和种养大户在预订、预售和现场等环节“直播带货”，将“韶关好货”卖向全国。

三、防疫常态化下广东文化旅游消费发展对策

（一）以绿色发展拓展文旅消费空间

防疫常态化下广东文旅产业发展，要坚持绿色发展理念，拓展文旅消费，发挥消费的拉动作用。生态优先，让绿色发展理念落实到促进文旅消费提质增效实际工作中。促进文化公益性和旅游经济性的有机融合，进一步拓展文旅消费空间。注重环境资源保护和文化旅游资源保护、传承、创新，开展对生态旅游区投资效益、旅游景区开发建设综合效益等的系统客观评价，为产业可持续发展提供科学依据。各地财政要创新投入机制，改变单一的以补助为主的扶持方式，加大以奖代补的扶持力度，形成更加多元合理的旅游专项资金扶持体系。落实绿色发展理念，统筹城乡发展，扩展乡村旅游区域。粤东西北城镇化要在保护生态基础上形成“城田相融”格局，促进现代服务业与现代农业协调发展。结合生态扶贫搬迁和新农村建设，推动生态发展区农业与旅游业生态化转型。大力发展生态农林业、特色农林业，提供绿色生态优质农林产品和旅游礼品，全面提升农林旅产业综合效益。因地制宜建设森林小镇，依托森林小镇和乡村美化绿化示范点，建设精品旅游线路，打造特色旅游产品，延长游客停留时间，着力提高旅游消费力和消费效率。

（二）深化文旅供给侧改革，推进文旅消费

深化文旅供给侧改革，从粗放复制向优质提升迈进。通过优化旅游供给结构，提升旅游供给品质，增强产品的持久吸引力和区域竞争力，以提高旅游消费满意度。正视产业发展硬件配套不完备、消费维权制度不完善、产业融合发展程度不够等现实问题，进一步优化城市公共环境，完善城市公共服务，提升城市品质，拓展城市消费体验。严格文旅市场监管，提升城市文化旅游消费综合环境与旅游企业诚信规范经营等方面的消费综合满意度。完善农村信息基础设施，加快农业农村数字平台建设，推进“四好农村路”建设，进一步消除制约乡村振兴的交通瓶颈，打通便民惠民“最后一公里”，提高乡村信息消费水平。对“欠账”较多的粤东西北地区，要加快交通运输建设，提高旅游交通能力。以完善“河长制”为抓手，深入推进旅游景区河道水环境综合治理，依托水环境改善助力乡村

休闲旅游。帮助旅游企业适应市场需求，加速数字化转型，提高旅游消费市场活力。

（三）创新旅游发展方式，多方共促旅游消费

创新旅游发展方式，打造乡村康养品牌。突出旅游业的休闲减负与健康恢复功能，利用广东温泉大省、中医药大省、森林城市群等优势，加快康养小镇建设，满足大众度假与养生、养老与健康配套服务需求，引领康养文旅。坚持融合发展观念，打造农旅特色品牌：集农业观光、果蔬采摘、拓展研学等功能于一体的新型生态田园综合体；集生态保护、健康养生、游憩休闲等功能于一体的生态创意田园综合体；集农业研学、田园康养、医疗康养等功能于一体的“三高”农业示范点；等等。举办农旅特产展销会，搭建供需洽谈平台，带动名优特农产品向旅游商品转化，兴旺农旅市场，推动乡村旅游业集群式发展。借鉴兄弟省市经验，推动跨行业合作，共同促进旅游消费。整合金融、石油、汽车、交通运输等行业资源，组织大型系列性自驾游活动，开展特色乡村自驾体验游、特色农产品直播带货自驾游、特色民宿自驾打卡游等。加强与腾讯等互联网大企业合作，拓展防疫常态化下乡村文旅新思路，推介乡村文旅品牌，提升乡村文旅热度。整合地方特色旅游资源，组建跨地市康养旅游联盟、古驿道旅游联盟、研学旅游联盟，科学合理开发自由行、家庭游等旅游产品和满足个性需求的精品线路，为游客出行提供精准指南和周到服务。

（四）重视素质人才培育，提升文旅服务质量

落实防疫措施，做好防疫物资储备，满足旅游点开放的各项防控要求。严把旅客出行安全关，及时发现疫情防控薄弱环节，完善防疫突发事件应急机制。不断提升景区服务的智慧化程度，高效进行疫情防控，保证游客的游览体验。防疫常态化下，要持续加大惠企力度。组织专门队伍深入调研，在掌握第一手材料的基础上，制定精准设计帮扶政策，把帮助边远地区文旅企业解决现金流短缺、客流不旺等难题作为工作重点，以使文旅企业提供更多优质文旅品种供消费者享用。对贫困地区，出台新规激励各旅行社助力旅游扶贫工程，输送游客到精品线路上的特色村镇，推动贫困地区群众通过发展旅游带动其他行业实现脱贫致富。鼓励各地优化工作安排，引导职工周末外出休闲度假，在旅游沿线开办爱心扶贫集市等。

重视素质人才培育，提升旅游服务水平。广州市消费者委员会对广州地区民宿行业服务现状体验调查发现，部分民宿经营者安全意识相对不足，没有很好履

行安全生产与消防责任。美团大学美酒学院等发布的《中国贫困地区乡村旅游发展报告（2020）》指出，民宿、农家乐的经营者文化程度普遍不高。普遍的低学历现状决定了整体民宿、农家乐的经营水平不高。我省在大力开展高素质农民培育的同时，要重视旅游职业经理人、文旅营销人才、民宿经营管理人才、人力资源管理人才的培育，提高乡村民宿、健康养老、民俗展览等行业的管理水平和发展能力。

参考文献：

[1] 朱宝琛. 个人游暂成主力 业界认为旅游业真正恢复仍需时日[N]. 证券日报，2020-08-04（A03）.

[2] 赫鹏翀. 清远："花经济"复苏 自驾游"升温"[N]. 南方日报，2020-03-31（PC02）.

[3] 许琨. "后疫情时代"加速周边短途游多样发展，省内房车自驾游火爆[N]. 南方都市报，2020-06-16.

[4] 肖阳. 高铁10年，广东文旅提速[N]. 南方都市报，2020-01-09（LB03）.

[5] 黄俊. 市长带领455万网友线上游丹霞胜景[N]. 韶关日报，2020-04-29（A1）.

（作者：何丹华，广东省社会科学院副研究员）

我国跨境旅游消费的发展

——兼谈疫情防控常态化下的对策建议

姚晓垠

摘要： 随着经济全球化与旅游业发展，我国跨境旅游人数激增，由旅游服务贸易发展而带来的跨境消费在我国经济增长中扮演重要角色。由于人口与经济等方面的优势，我国已在旅游服务贸易方面确立了旅游大国的地位。2020年，全球新冠肺炎疫情暴发，给跨境出行带来了前所未有的困难与挑战。本文从旅游服务贸易的发展出发，讨论由此带来的跨境消费的发展以及问题，实证分析了出境游人口、GDP与人民币汇率之间关系，得出结论。最后，结合疫情防控的大背景提出相应的对策建议。

关键词： 跨境消费；旅游；服务贸易；新冠疫情

一、旅游服务贸易的相关理论

（一）旅游服务贸易

旅游服务贸易作为国际服务贸易的一种，为国内外的旅行者提供旅游服务。世界贸易组织（WTO）认为旅游服务贸易是指一国（地区）旅游从业人员运用可控制的资源向其他国家（地区）的旅游服务消费者提供旅游服务并获得报酬的活动。旅游服务贸易包括外国旅游者的入境游，也包括本国旅游者的出境游。本文中我国旅游服务贸易带来的跨境消费，主要指的是我国旅游者的出境游，即国际支出游。

（二）要素禀赋理论

瑞典经济学家俄林在瑞典经济学家赫克歇尔的研究基础上形成的“赫克歇尔—俄林理论”，即要素禀赋理论。根据该理论，一国应出口本国相对充裕的生产要素所生产的产品，而进口本国密集使用该国相对稀缺的生产要素所生产的产品，这是国际贸易产生的根源。由于我国属于劳动力充裕度较高的国家，出口产品多为劳动密集型产品或者初级产品，本文在此理论基础上讨论了服务贸易的发展与趋势。

二、我国跨境旅游消费的特征

（一）出境游市场出现急速增长的趋势

我国出境游的规模自2001年起一直呈现出急速增长的状态，出境游的快速发展直接体现在我国出境游总人次的增加上。随着国民经济的快速发展，人民生活水平提高，人均收入也逐年递增，人们开始更多地关注生活的品质。由此而来，第三产业发展迅猛，例如旅游业的发展也逐渐成熟，与此同时我国的出境游也连续刷新最高纪录。

根据数据显示（见图1），2001—2019年我国出境游人次逐年递增，2011年中国出境游达到7025万人次，我国成为世界第一大客源国；2014年出境游人次首次破亿，同时增速逐步放缓。直至2019年中国出境游高达15463万人次。在跨境旅游规模的扩大过程中也显示出我国市场不仅份额大，而且增速也超出想象。出境游总人数从2001年的1213.44万人次上升至2019年的15463万人次，增加了11.75

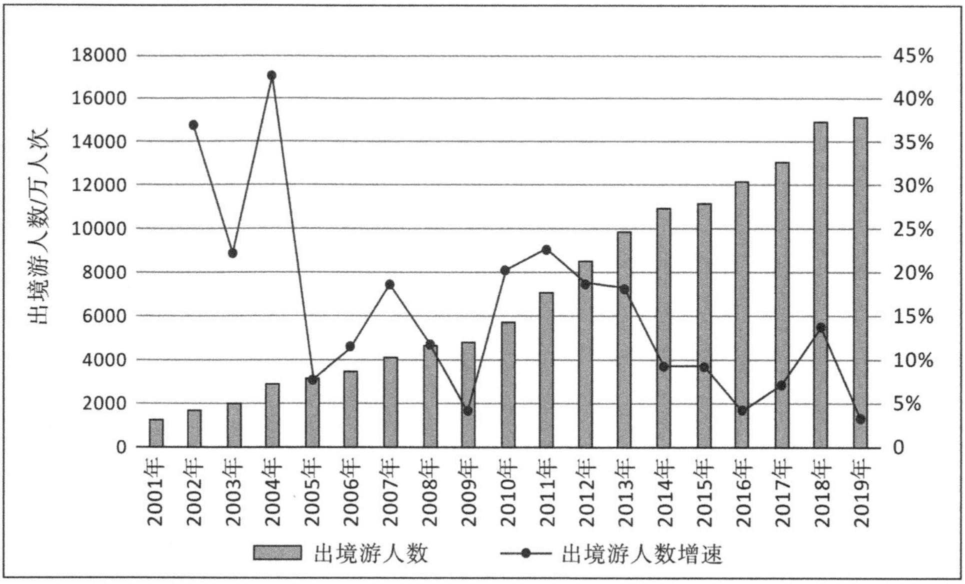

图1　2001—2019年中国居民出境游人数

倍。2010年至2013年平均每年增幅约20%。如此大规模的出境游，出游地区却十分集中，例如距离较近的日本、韩国等，签证较方便的东南亚国家，语言以英语为主的英美国家，等等。

越来越多的中国游客将出境游作为一种休闲娱乐方式，由此产生的消费能力也令人震惊。《中国公民出境（城市）旅游消费市场调查报告（2017—2018）》显示，2012年中国游客境外消费总额突破1000亿美元，2015年突破2000亿美元；至2017年，总额已高达2580亿美元，同比增长5%，不仅消费额较高，且增速也较高。

（二）以高消费行为为主

1. 消费以购物为主

传统的出境游可以大致分为因公出境与因私出境。近年来由于移动支付的迅猛发展，中国游客境外消费的场景也日益多元化，除了传统的餐饮、住宿、景点、交通等，还有购物、玩乐、自驾、演出等场景。其中购物一直是我国境内居民出境游的主要消费方式。

如图2所示，以2015年为例，我国在境外旅游消费的主要构成中，购物占所有支出的比重为56%，比其他用途的总和还要高。造成这种现象的原因很多，诸如我国经济高速增长而带来的消费水平提高，在满足温饱的同时，人们开始更多地追求生活品质；由于汇率、关税以及产品定价策略等原因，导致国内外产品价格差异较大，进而使消费者认为海外购买的产品更加划算；受传统观念的影响，有一部分消费者对国内产品的安全问题有一定的担忧，他们通常更加信赖海外购买的产品。诸如此类，这些原因不仅导致旅游时的购物消费现象逐渐增多，并且还带来了“海外代购”“海淘”等特殊消费。

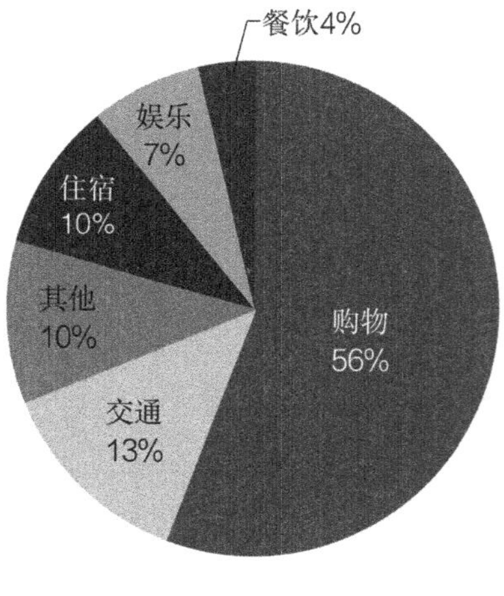

图2 2015年中国出境游消费构成

2. 消费层次高

在跨境旅游消费中消费者的主要支出为购物，这一特征不仅体现在出境游的消费总额上，也体现在消费者出境游购物的产品层次上，即消费层次较高。例如香水、名牌包、化妆品、数码产品等，都属于跨境旅游消费者偏爱的产品。由于人民币汇率、关税等原因，在境外旅游时购买产品一方面将会节省部分资金，另一方面可以作为人情往来，在旅行结束后回国赠送给亲朋好友。无论出于哪种原因考虑，消费者都更倾向于购买较高档次的产品，由此带来的高层次消费在出境游人均消费中得到体现。我国出境游人均消费水平2001—2019年都处于上升阶段，尤其2012年出现大幅度的上升，增速超过25%。

（三）出境游目的地较为集中

相对于国内游来说，出境游有诸多不便之处，影响较大的便是沟通不便。从语言沟通问题的角度出发，我国消费者更倾向于选择讲英语的国家，例如加拿大、美国、英国等。因为我国自义务教育阶段起，大部分青少年接受的外语教学均以英语为主，到讲英语的国家旅游，沟通的障碍相对较小。因此在中国前十大出境游目的地中，美国、澳大利亚、英国、加拿大常年位列其中。

除了沟通问题之外，长距离的交通也会带来旅行的不便。尤其是家庭出游，特别是带老人与小孩的游客，如果航行时间太长，会影响整体的旅行体验。因此更多的消费者倾向于选择距离较近的国家。从图3，2019年我国出境游的前十大出游国家总体来看，中国邻近国家中，日本、韩国、泰国和新加坡等国美丽的自然风景、独特的文化和历史景观、主题公园和休闲胜地等对游客具有较大的吸引力。

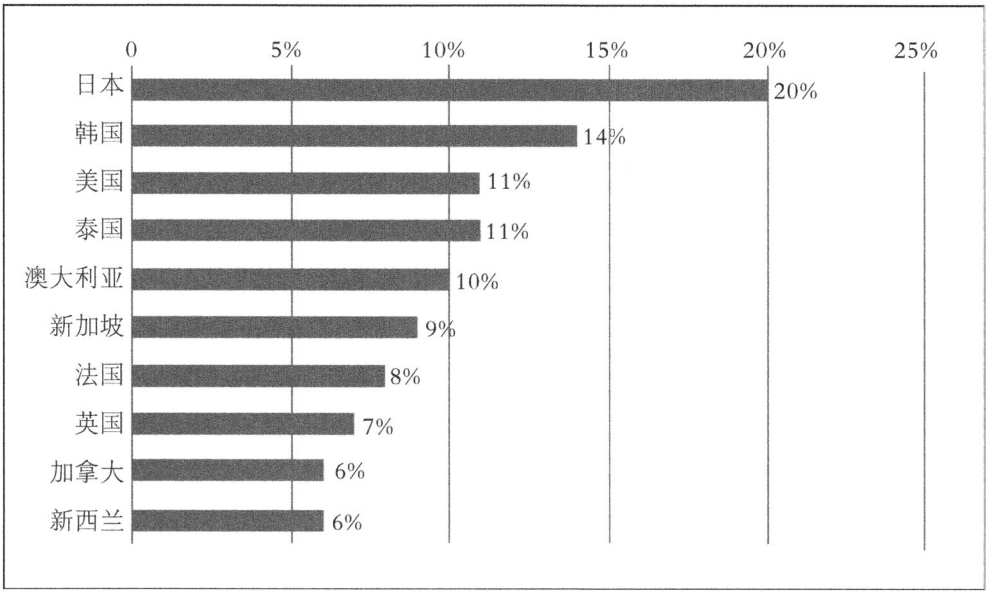

图3　2019年中国前十大出境游目的国人数占比

我国消费者出境游的目的一部分是游览观光，也有一部分是购物消费，因此风景名胜、社会文化、物价水平等因素也会影响消费者的出游决策。

三、跨境旅游消费高速增长原因分析

（一）消费者消费水平的上升

一方面，国内生产总值的快速上涨，人均可支配收入上涨，消费水平快速上升，由此带来国民支出能力的增强，对出境人均支出水平的提升会产生刺激作用。另一方面，我国跨境旅游主要分为因公出境需求与因私出境需求，国民经济的增长会催生大量的出境需求，并且随着经济发展阶段的变化，因私出境所占比例逐渐增大。虽然因私出境的整体消费水平较低，但是逐渐进入更高发展阶段后，因私出境的消费者所释放的支出能力出现了显著提升。图4中2001—2019年中国国内生产总值与居民出境游人次的变化趋势显示，二者之间呈现出正向的相关性。因此随着我国国内生产总值的上升，居民出境旅游将持续呈现上涨趋势。

相对应地，旅游服务贸易的发展、境外旅游消费的增加可以直接导致国内对旅游业投资的增加，而且投资的增加会加速资本规模的壮大。从总需求的角度来看，境外旅游消费也可以刺激国内对相关产业的投资与消费，从而带动国内经济的迅速发展。

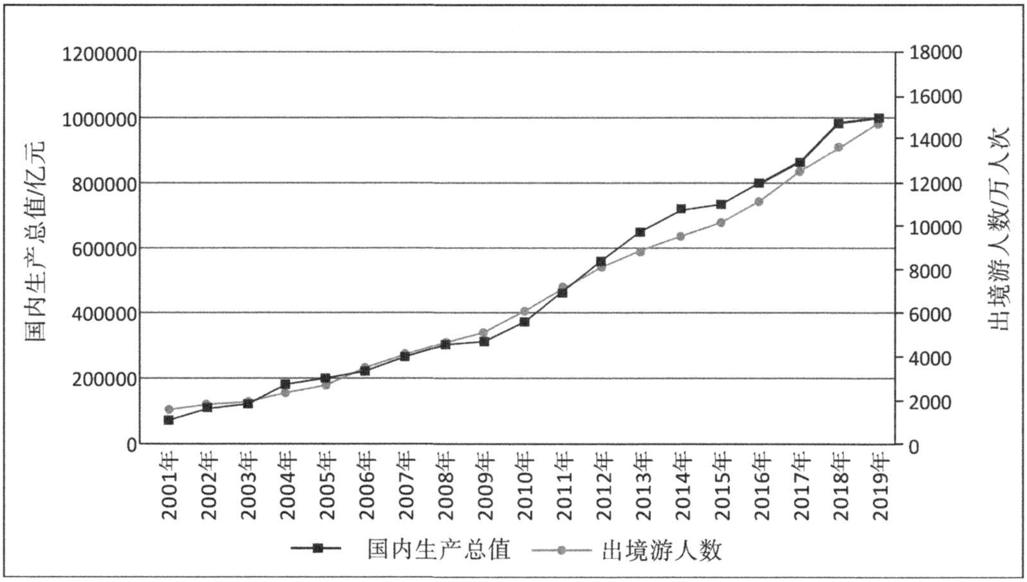

图4　2001—2019年中国国内生产总值与居民出境游人次的变化

（二）境外多元文化产品的吸引

我国是个多元文化的国家，受多种文化因素的影响，消费者在跨境旅游消费中更容易受国外产品的吸引，最明显的是国内的消费习惯与产品市场。长期以来我国始终处于发展中国家的角色，受市场类型的影响，国内消费品市场上国际知名品牌仍相对较少，消费者对高端品牌的认知较多来自国外产品，而消费者通过出境旅游的机会可以直接购买国外的产品，并且有更多的选择空间。

其次，媒体中频繁出现国内产品安全事故报道使消费者对自身产品市场产生不信任的情绪，并更多地希望在境外旅游消费中降低消费风险。以我国的乳制品行业为例，国内安全事故频频发生，导致消费者在面临选择时，更倾向于选择进口产品，并希望以此规避风险。

除此之外，消费品市场中还经常出现补偿性消费，在跨境旅游消费过程中显现得尤为明显。由于我国改革开放初期人民生活水平较低，消费者的消费需求未能得到满足。后来受到改革开放的影响，我国经济高速发展后，国民收入与个人收入同步增长，更多的消费者希望通过购买进口产品、高消费产品来得到地位的彰显或者心理的补偿。

（三）人民币汇率的影响

人民币汇率的波动会对国际贸易产生较大的影响，如果人民币贬值，相对来说国内产品将会更加有价格优势，出口产品将会增加，引起贸易顺差，反之进口产品将会增加。同理也会影响到我国出境游消费，以2016年英国为例，英国 决定脱欧导致英镑和欧元对人民币汇率双双大幅下跌。英镑和欧元贬值意味着人民币购买力增强，在目的地消费产生一定的价格优势，对赴欧旅游产生利好。

2015年10月1日人民币加入SDR（特别提款权）。从长期看，此后我国消费者将可以直接用人民币在境外旅游、购物、投资，降低汇兑成本并避免汇率风险。人民币汇率在较长时间内保持稳定的发展趋势，无疑对跨境旅游消费来说是有利的。

四、跨境旅游消费影响因素的实证分析

（一）数据选取

本文以Eviews9.0为分析工具，对影响跨境消费的诸多因素进行分析，选用2001—2019年我国的GDP、人民币兑美元中间价汇率、出境游总人数三个指标。为了消除异方差性，所有数据都取用自然对数，分别用LNGDP、LNER、LNY来

表示。数据来源为《中国统计年鉴》。

（二）计算与分析

1. 单位根检验

根据计量经济学的相关理论，为了防止出现伪回归现象，首先要进行单位根检验。单位根检验是检验时间序列平稳性的一种方法，本文采用最常用的ADF检验方法。经过分析计算，检验结果见表1：

表1 ADF单位根检验结果

变量	检验形式（C，T，K）	ADF统计量	统计量临界值（5%显著水平）	结论
LNY	（C，T，1）	2.050315	3.052169	平稳
LNGDP	（C，T，1）	2.636985	3.052169	平稳
LNER	（C，N，1）	0.754418	1.962813	平稳

由以上检验结果可以表明：我国跨境旅游人数、GDP、人民币汇率的原序列在经过了一阶差分之后，三个序列都通过了5%的显著性水平检验，即不存在单位根，其一阶差分水平是平稳的。由此我们可以看出三者之间可能存在长期的稳定关系。

下面用协整检验对数据之间的关系进行分析。

2. 协整检验

前一部分的单位根检验说明数据是平稳的，所以在此基础上进行协整关系的检验，检验这些变量之间是否存在长期稳定的均衡关系，根据上述变量的趋势可以看出，2001—2019年，经过对数处理的出境游人口、GDP和人民币汇率之间可能会存在协整关系。本文采取Johansen检验方法，经过计算分析，结果见表2：

表2 Johansen协整检验结果

假设	特征值	跟踪统计	5%的关键值	概率
0个	0.767359	39.03689	24.27596	0.0004
最多1个	0.429080	14.24648	12.32090	0.0235
最多2个	0.242341	4.717871	4.129906	0.0354

假设	特征值	最大特征值统计量	5%的关键值	概率
0个	0.767359	24.79041	17.79730	0.0038
最多1个	0.429080	9.528611	11.22480	0.0979
最多2个	0.242341	4.717871	4.129906	0.0354

从以上结果可以看出，似然比统计量的值大于5%显著水平的关键值24.27596，最大特征值统计量24.79041大于5%显著性水平的关键值，拒绝了没有

协整方程的假设，因此可以得到结论：三者之间存在协整关系。

3. 格兰杰检验

上述协整分析表明上述变量之间存在长期的均衡关系，为了证明各变量之间存在必定的因果关系，还需要作进一步的验证。本文采用格兰杰因果关系检验，结果见表3：

表3　格兰杰因果检验结果

原假设	变量个数	F检验统计量	概率
LNGDP不能影响LNER	16	3.08801	0.0826
LNER不能影响LNGDP	16	0.36996	0.7767
LNY不能影响LNER	16	0.85603	0.4980
LNER不能影响LNY	16	1.88972	0.2018
LNY不能影响LNGDP	16	6.69055	0.0114
LNGDP不能影响LNY	16	8.60864	0.0052

以上检验结果表明：GDP的增长对我国出境旅游规模影响较明显，并且从长期来看，我国经济增长与出境游人口增多的现象互为因果关系，或者说互相推动，共同增长；而从模型检验结果显示，汇率对出境游规模的影响并不是很显著。

（三）模型小结

模型结论中分为两部分，其一是GDP增长与我国出境游消费的关系，结果显示二者之间因果关系明显，长期中会存在互相推动作用，这一结论与本文前面的推论结果符合。GDP增长表示国民经济的发展扩张，由此消费者的可支配收入将会增加，对消费的需求将不再局限于基本生活需求，而是将会扩展到更多的服务行业，尤其是旅游业。因此跨境旅游消费规模势必会增长。

第二部分结论显示人民币汇率与我国出境游消费的关系，并不如文章前部分推论所示。对比结论作以下分析：由于数据可得性，文章选取跨境游人口规模代替了跨境游消费。我国跨境游主要分为因公与因私跨境两种，二者引起的跨境消费程度也会有所差异，以上可能会造成结论出现偏差。

五、未来跨境旅游消费的发展趋势展望

（一）国内跨境旅游消费渠道增多

我国目前的跨境旅游市场发展还处于低级阶段，出境旅游的方式主要包括跟团游与散客个人游。对于一部分倾向于个人游的消费者，出于语言或者行程安排

等因素而不得不选择跟团游，时间不够充足或者行程安排的不自由也会影响到旅游消费。

随着互联网的发展，我国跨境旅游消费市场逐渐完善，居民获取信息的途径越来越丰富，其中互联网逐渐成为居民获取出境游信息的主要途径。旅游的平台也逐渐增多，例如去哪儿网、途牛网、携程网、马蜂窝等旅游网站的功能日趋完善，个人游的相关问题也能及时通过平台得到较好的解决，从平台与渠道方面对消费者跨境旅游消费产生了保障与推进作用。

（二）各国对我国居民出境游政策逐步放宽

近年来，多国放宽对华旅游签证限制，便利中国游客，同时抢占中国出境游市场。2015年以来，美国、加拿大、新加坡、澳大利亚、韩国等国先后对华推出10年多次往返签证。2015年国家主席习近平访问越南和新加坡之后，包括越南、泰国、马来西亚在内的东南亚各国纷纷对中国游客推出签证利好政策。以泰国为例，在此之前已经实现落地签政策。签证的便利是东南亚出境游持续火爆的重要因素之一。

在国家对旅游产业的重视和推动下，同地区国家签证政策趋同制衡等因素作用下，各国对华签证政策的逐步放宽是大势所趋。除此之外，国际上其他国家，尤其是东南亚国家对我国跨境游的政策日益多样化。以泰国为例，为了让中国游客更多地了解泰国，选择去泰国旅游，泰国旅游业利用中国的网络、电视等各种媒体渠道传递泰国的经济、社会、自然、景区、文化等方面信息，以鼓励中国游客选择其作为出游消费地。

（三）出境游短期内将受到新冠肺炎疫情及其他因素影响

从短期来看，出境游消费市场要迅速发展扩大将会受到许多因素的制约，例如国际关系、经济形势、自然灾害等，整体环境也将会日益复杂。中国公民旅游消费需求的转变，科学技术对旅游业发展带来的刺激，都将深刻影响着中国出境旅游市场。

2020年，受新冠肺炎疫情影响，一些国家相继采取入境管制措施，如菲律宾、斯里兰卡暂停中国游客落地签政策，马来西亚暂停中国湖北省公民各项签证和入境便利措施，中国公民出境游受限。对于国内出境游消费者来说，无论是社会稳定角度，还是从健康安全的角度，都会减少出境游消费的需求。

从2020年1—6月情况来看，此次疫情将对国外接待中国游客地区的旅游业造成重大冲击。

对疫情扩散的担忧不仅会抑制消费需求，更严重的是将会影响到中国香港、澳门地区，以及泰国、日本、越南和新加坡等近年来中国游客出境热门地区的旅游业、交通、贸易和服务业。

（四）中长期跨境旅游消费市场继续增长

从国内生产总值的变化趋势来看，我国经济在较长一段时期内仍将保持稳定的增长态势。由此带来的国民支出能力与购买能力也会随之继续增长，国民经济的发展是跨境旅游消费增长的根本动力，因此市场的持续增长趋势也将会继续维持。

随着经济发展，我国的科技水平也随之得到日新月异的发展，网络服务、交易平台、法律制度、仲裁机构等都将日益完善。例如国内移动支付的迅猛发展，已经影响到部分国家，许多旅游地区已经接受境外移动支付，由此给出境游消费者带来了巨大的便利，更进一步推动着出境游的发展。

总之，我国目前正处于产业结构优化升级的重要阶段，服务业作为第三产业对国民收入的影响作用将会加大，而境外旅游消费的增加，也展现出了旅游者的消费需求和市场旅游服务业发展的趋势。服务业作为一个适应性强的行业，为了适应市场的需求与产业结构，市场主体将积极发挥改善和调节国际经济结构的作用。

六、疫情防控常态化下发展跨境旅游的对策建议

（一）疫情防控与旅游消费逐步恢复

全民抗击新冠肺炎疫情成为目前生活的新常态。在2020年的第一季度，我国各省市区以及各单位都积极响应国家号召，从多方面配合抗击疫情。民众主动居家隔离，停工待产，学校停课或改为远程教学，医护人员前往抗疫一线努力奋战，取得了一定程度的胜利。

后疫情阶段里直面病毒虽然不再是主要问题，但巩固好已有的成绩，并保持疫情不再反复也成为新的工作重点。2021年，我国推广全民免费接种新型冠状病毒疫苗，将会更加有效地巩固现状。综上，全民积极配合，早日解除疫情的约束与限制，是促进各行业恢复生产与发展，尤其是跨境旅游消费恢复常态的最有效方法。

（二）多种旅游消费方式相结合

受疫情蔓延的影响，各国之间的社交距离成为制约跨境旅游的首要问题，也

给新冠肺炎疫情防控常态化下跨境旅游提出了新的开发方向。推进国内游和跨境游、线上游与实地游等相结合，开发更为多样的跨境游方式，以及推广更为丰富的旅游地选择，都将成为新冠疫情防控常态化下跨境旅游发展的新方向。

参考文献：

[1] 戴斌，蒋依依，杨丽琼，等. 中国出境旅游发展的阶段特征与政策选择[J]. 旅游学刊，2013，28（01）：39-45.

[2] 张铭晋. 浅议国内居民出境旅游奢侈品消费的动因[J]. 商业经济，2010（16）：111-112.

[3] 郭振江，李锋. 中国公民出境旅游人均消费支出变化趋势研究[J]. 旅游论坛，2013，6（05）：26-32+61.

[4] 白凯.出境旅游的消费异化：现象、原因与解决途径[J]. 旅游学刊，2011，26（08）：5-6.

[5] 袁路妍，王占宏. 基于ARIMA的入境旅游月度过夜人次预测[J]. 微型电脑应用，2020，36（04）：7-9.

[6] 王冠孝，李永霞. 供给侧改革背景下旅游产业结构的合理性研究——基于山西省的实证检验[J]. 运城学院学报，2019，37（06）：17-21.

（作者：姚晓垠，广东外语外贸大学南国商学院经济系教师）

广东旅游业发展及其对区域经济带动效应研究

张　林　　陈珍涛

摘要：旅游消费对促进我省产业结构升级和推动国民经济增长起着重要作用。旅游的发展及其影响存在区域差异，与地区人口结构、收入水平、消费结构及产业结构等因素相关。本文利用旅游业产业地位指数等五项指数系统评价2000—2018年珠三角及粤东西北地区旅游业的发展情况、拉动地区经济增长力度及推动区域产业升级的效果，结果表明珠三角地区旅游业发展相对成熟，对区域经济的影响相对有限；而粤东西北地区旅游业成长迅速，在拉动地区经济增长、促进产业升级上表现突出。最后建议：因地制宜推出特色旅游产品，不断满足游客多样化需求；加强技术创新，提高旅游服务智能化；加强区域旅游合作，共享优势旅游资源。

关键词：旅游消费；特色旅游产品；旅游合作；带动效应；区域协调发展

一、引言

随着经济社会的发展，旅游业已成长为世界经济中发展势头最强劲和规模最大的产业之一。数据显示，2019年我国国内游客60.1亿人次，同比增长8.4%；国内旅游收入57251亿元，增长11.7%；旅游业对GDP的综合贡献为10.94万亿元，占GDP总量的11.05%；旅游直接和间接就业7987万人，占全国就业总人口的10.31%。旅游消费具有较强的空间流动性，这种特性可以打破区域限制，引导消费向欠发达地区流动，有效解决欠发达地区内需不够的问题，对促进地区产业结构升级和推动国民经济增长的作用明显。但是，受不同地区人口结构、消费结构及产业结构等因素的影响，旅游消费在推动区域产业升级的效果上会有差异，一些地方因旅游业发达造成其他产业发展相对滞后，进而逐渐演化为“荷兰病”型旅游地。在当前国内消费升级、消费外流趋势受新冠肺炎疫情影响逐渐减弱的背景下，全面理解旅游消费与产业升级、经济增长之间的区域差异，充分发挥旅游消费对经济增长的推动作用，对制定合理的政策并促进地区发展具有重要意义。

20世纪90年代对旅游的研究中，旅游产业地位及其与经济增长的关系受到重点关注。宏观角度的研究中，一些学者认为我国旅游产业发展与经济增长之间存在着长期稳定的协整关系，旅游产业对国民经济拉动作用明显。但也有一部分学者持不同意见，如杨勇（2006）认为我国旅游业与经济增长之间并不存在稳定的因果关系，蒋满元（2008）研究认为旅游外汇收入与经济增长之间不能确定相互间因果关系次序。微观角度的研究中，吴中才（2007）运用协整和格兰杰检验发现中国入境旅游对中国的经济增长具有拉动作用，并且两者之间存在着长期的均衡关系。查芳（2011）运用宏观经济学理论和索洛经济增长模型探讨中国旅游经济与经济增长之间的关系，研究结果表明旅游经济和经济增长之间存在长期的协整关系，经济增长对旅游经济具有明显的正向相关的作用。赵磊等（2014）运用空间计量模型，在考虑空间效应下研究中国旅游发展与经济增长之间的联系时发现，认为中国旅游发展与经济增长存在空间依赖性，旅游发展对经济增长具有正向的促进作用。

目前，国内外关于旅游消费对经济影响的文献和著作颇丰，但系统性比较旅游消费对发达地区与欠发达地区影响的研究相对不足。当前我国大力发展旅游产业，尤其是一些欠发达地区将旅游产业作为支柱产业的背景下，如何更好利用旅游业推动产业升级并拉动经济增长迫切需要理论指导。本文根据现有研究成果，以广东省为例，系统分析比较珠三角、粤东、粤西和粤北四个区域旅游消费对第三产业发展及经济增长的影响，从而为地区旅游产业政策的制定提供参考和借鉴。

二、广东旅游资源分布与旅游业发展的区域特点

改革开放以来，广东作为我国重要的旅游接待中心和旅游创汇中心，旅游经济一直走在全国前列。2018年全省旅游总收入1.36万亿元，约占全国的1/5；旅游外汇收入205.12亿美元，约占全国的1/6。2018年8月，我省印发《广东省促进全域旅游发展实施方案》（下称《方案》），着力打造珠三角都市旅游核、滨海旅游产业带、北部生态旅游区及粤港澳世界级旅游休闲湾区的全域旅游格局，推动区域旅游平衡发展。但由于区域经济发展水平、基础设施建设、旅游资源分布等不平衡，我省旅游业的发展仍然呈现出发展不平衡的特点。

首先表现在A级景区分布的不平衡。截至2019年年底，全省共有A级旅游景区426家，其中5A级14家、4A级183家、3A级景区212家、2A级景区17家。本文重点统计5A级和4A级景区的分布情况，具体如表1所示。由表1可知，珠三角地区的5A、4A景区数量均占全省总数的半数以上，远远超过其他地区。5A景区中，珠三角地区拥有的5A景区是粤东西北地区总和的2倍以上，粤东没有一家5A景区。

表1　广东省5A、4A景区分布情况（单位：个）

	珠三角地区	粤东	粤西	粤北	合计
5A景区数量	10	0	1	3	14
4A景区数量	98	22	14	49	183
合计	108	22	15	52	197

其次，区域旅游收入差距巨大。旅游总收入是衡量区域旅游业发展的一项重要指标。2000年，珠三角地区的旅游总收入相当于粤东西北地区总和的7倍左右。2018年，粤东西北三地的旅游总收入共计4484.20亿元，相当于珠三角地区的一半，具体如图1所示。虽然相对差距在缩小，但珠三角地区的旅游收入仍遥遥领先粤东西北地区。与此同时，第三产业产值占地区生产总值的比重也存在明

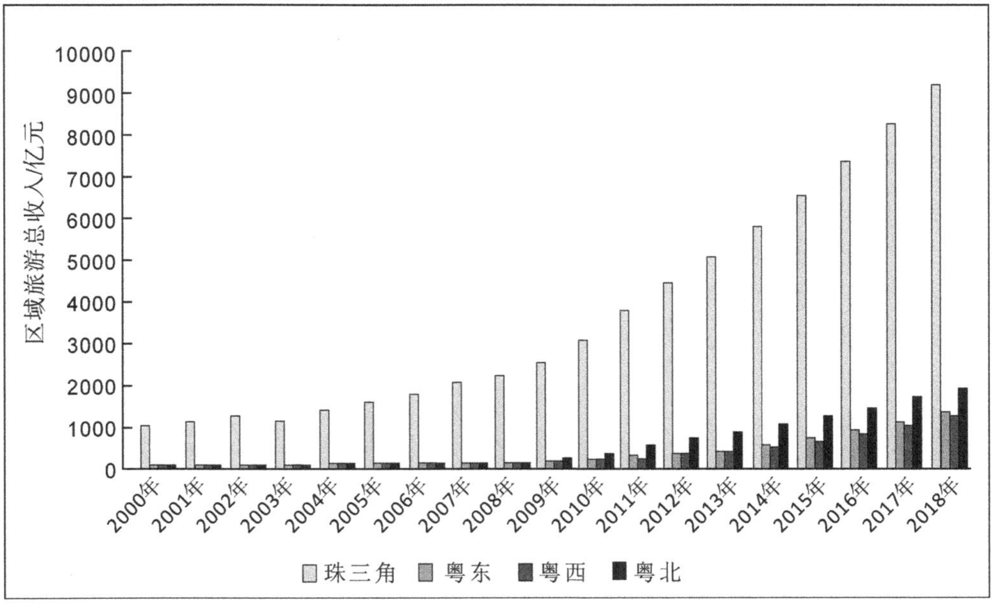

图1　广东省区域旅游总收入变动情况（2000—2018年）

显差异，早在2009年珠三角地区第三产业产值占比就达到50%，而粤北地区直到2017年才实现这一目标，粤东和粤西地区目前仍然低于50%。

三、广东旅游发展与地区经济效应分析

为深入了解我省旅游业发展的区域特点，本文在现有研究的基础上，从整个国民经济发展及产业结构优化升级的角度出发，分析旅游业的经济带动效应，并利用旅游业产业地位指数、增长弹性系数、经济增长贡献率、经济增长拉动率及产业结构升级系数5个项目，系统分析2000—2018年间我省旅游业收入与区域第三产业增长、经济发展演变的关系。

（一）指标选取与数据来源

1. 指标选取

在具体研究的实施过程中，本文以旅游业产业地位指数衡量其在国民经济发展中的地位；以旅游业增长弹性系数、经济增长贡献率及经济增长拉动率三项衡量旅游业对经济增长的推动作用；以产业结构升级系数衡量旅游业对促进产业结构优化，主要是在提高第三产业占比上发挥的作用。各指数的计算公式及说明如表2所示。

表2　旅游业主要代表指数的计算公式及说明

代表指数	计算公式	公式说明
旅游业产业地位指数	$A_n=\frac{T_n}{G_n}\times 100\%$	A_n代表旅游业在GDP中的地位；T_n为本年旅游总收入值；G_n为当年GDP。
旅游业增长弹性系数	$B_n=\frac{(T_n-T_{n-1})/T_{n-1}}{(G_n-G_{n-1})/G_{n-1}}$	B_n表示旅游业的增长弹性，当$B_n>1$时，说明旅游业对经济增长起正向拉动作用；$B_n\equiv 1$时，旅游业与经济增长同步；$B_n<1$时，说明旅游业发展对经济增长起反向拉动作用。
旅游业经济增长贡献率	$C_n=\frac{T_n-T_{n-1}}{G_n-G_{n-1}}\times 100\%$	C_n为旅游对经济增长贡献率，用某时期旅游收入增量与当期GDP的增量之比表示，反映经济增长中旅游业的贡献。
旅游业经济增长拉动率	$D_n=\frac{G_n-G_{n-1}}{G_n}\times C_n\times 100\%$	D_n表示旅游业对GDP的拉动，用某年的GDP增长率与当年旅游业贡献率的乘积来计算。
旅游业产业结构升级系数	$E_n=\frac{T_n/Y_n}{Y_n/G_n}\times 100\%$	E_n为旅游产业结构升级系数，用旅游总收入占第三产业产值（Y_n）比重与第三产业产值占GDP比重之比来表示。

2. 数据来源及处理

本文选择珠三角、粤东、粤西和粤北四地1999—2018年共20年的年度序列数据作为研究对象。计量分析中涉及的名义GDP、名义第三产业总值、旅游总收入、GDP价格指数、CPI等指标原始数据主要来源于历年《中国城市统计年鉴》《广东省统计年鉴》《广东旅游年鉴》及广东各市国民经济和社会发展统计公报。为使数据具有可比性，本文将国内生产总值、第三产业产值和旅游总收入的名义值，剔除价格水平变动影响后得到实际值。其中，实际国内生产总值和实际第三产业产值以1999年为基期的不变价格进行折算，实际旅游总收入通过引入历年居民消费价格指数对旅游总收入的名义值进行折算得来。

（二）广东旅游业在区域经济发展中的地位分析

产业发展在区域经济中的地位的变化主要表现在产业地位指数上，即该产业在整个地区国民经济中的占比情况的变化。产业地位指数可以作为评价产业在地区经济发展中扮演的角色的重要指标，占比过低的一般产业属于地区发展相对滞后的产业，而占比较高的则属于支柱产业、核心产业甚至垄断性产业，这类产业不但会带动其他产业发展，甚至可能影响地区产业格局。具体分级可以参考麻学锋（2010）的分级标准，本文在此基础上进行了适当修订，具体如表3所示。

表3　旅游业与国民经济关系等级划分

地位指数	<5%	5%~10%	11%~20%	21%~35%	>35%
产业地位	一般产业	重要产业	支柱产业	核心产业	垄断产业
弹性系数	<1	=1	1~2	2~5	>5
拉动效应	滞后产业	同步产业	低拉动产业	中强拉动产业	高拉动产业

我省各区域旅游业产业地位指数变动情况如图2所示。由图2可知各区域旅游业产业地位指数整体呈上升趋势，具体来看：①珠三角地区旅游业地位指数呈“U”型。2006年以前，旅游业地位指数持续下降但仍高于其他地区；2008年触底反弹，但上升速度略低于其他地区。目前该指数略高于2000年的水平，仍处于地区支柱性行业，拉动效应一般，与粤东西北地区有较大差距。②粤东西北地区旅游业地位指数连年上升，产业地位从一般产业跃升至核心产业，成为地区中强拉动产业。其中粤北地区表现尤其突出，2000年该地区旅游产业地位指数不到5%，排名末尾，2018年该指数上涨至近50%，远超其他地区。当前，旅游业已成为粤北地区持续带动区域经济发展的高拉动产业。

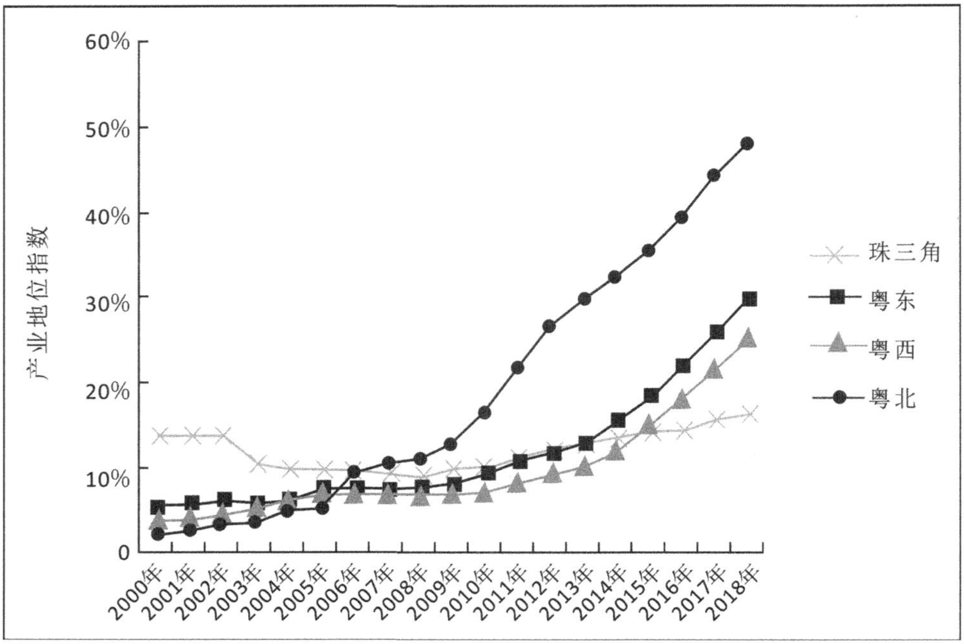

图2　珠三角及粤东西北地区旅游业产业地位指数值（2000—2018年）

（三）旅游业在区域经济发展中的带动作用分析

随着地区劳动力、资本、技术等产业要素的聚集，产业间的关联性会产生带动效应，即行业投资会相互促进，从而形成更加复杂紧密的产业链，并带来区域产业结构优化及经济增长。由图3—图5可知，我省各区域旅游业发展及对地区经济的拉动作用具有明显的阶段性和波动性，旅游业增长弹性系数及对经济增长的贡献率、拉动率的变化整体走势表现出周期性，其中粤东西北地区的三项指数变动周期性最为明显，且呈现出趋同性。

1. 增长弹性系数整体波动较大

由图3可知，2001—2018年间，珠三角和粤东西北地区的旅游业都呈现出明显的波动性，其中2002—2003年的“非典”明显拉低了四地旅游业的增长弹性值，粤东西北地区的数值在党的十八大之后上升明显。具体而言：

（1）珠三角地区整体波动较小，除受“非典”影响的2003年外，其余年份值都大于1，2017年达到2.25的最高值，地区旅游业拉动着地区经济增长效果明显且受外部环境影响相对有限。

（2）粤东、粤北地区的波动最大，总体上呈现出“W”形。2004年、2005年粤北和粤东两地先后弹性系数最大值与最小值的差均超过10，地区旅游业收入受外部影响显著。

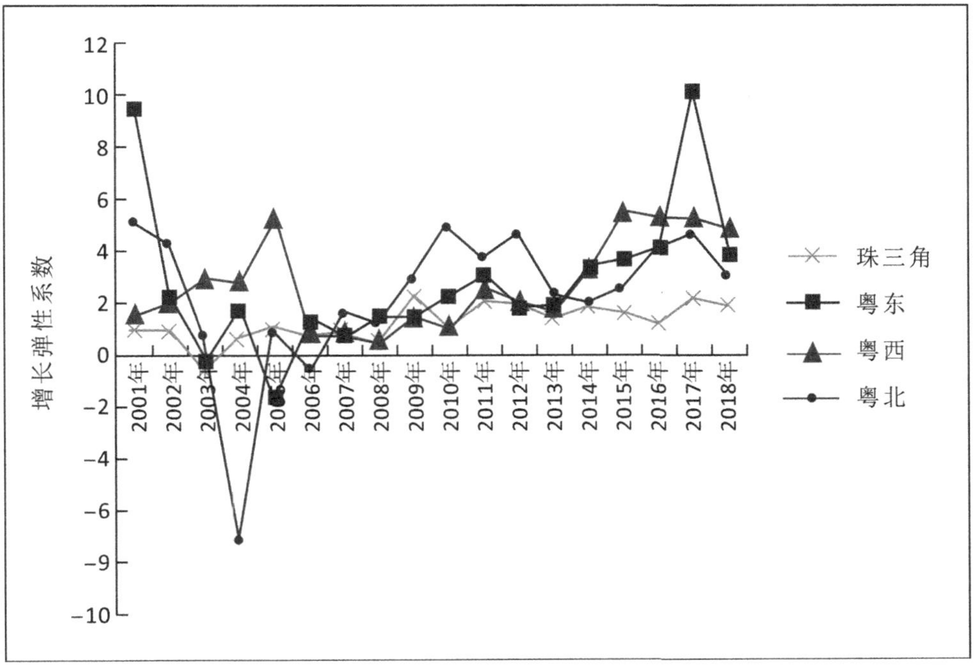

图3　珠三角及粤东西北地区旅游业增长弹性系数值（2001—2018年）

（3）粤西地区的波动次之，考察期内弹性系数一直是正数。2008年最小值为0.66，随后弹性系数稳步攀升，2015年达到峰值5.62，地区旅游业具有一定的抗风险能力。

2. 经济增长贡献率及拉动率总体上升

总体来看，四区域旅游业两项指数在考察期内总体呈现上升趋势。珠三角地区的旅游业对经济增长的贡献率波动较小，而拉动率波动较大。粤东西北地区旅游业的经济增长贡献率及拉动率在2003年之后持续攀升，其中粤东和粤西地区的两项指数在2013年之后出现快速上升。旅游业对经济增长贡献率方面的表现如图4所示，具体如下：

（1）珠三角地区的贡献率变动不大，最低的2003年为-8.52%，最高的2017年为32.89%，由此可知珠三角地区的旅游业对区域经济增长的贡献有限。

（2）粤东和粤西两地旅游业对经济增长的贡献表现类似。2001—2006年，贡献率波动不大，整体呈下降趋势；2006—2013年贡献率缓慢上升，波动幅度变化不大，2013年两地的贡献率只有20%左右；2013年开始，贡献率开始大幅上涨，近三年均超过70%，表明两地旅游业对区域经济增长的贡献越来越突出。

（3）粤北地区贡献率变动阶段性明显。2001—2004年期间贡献率连续下

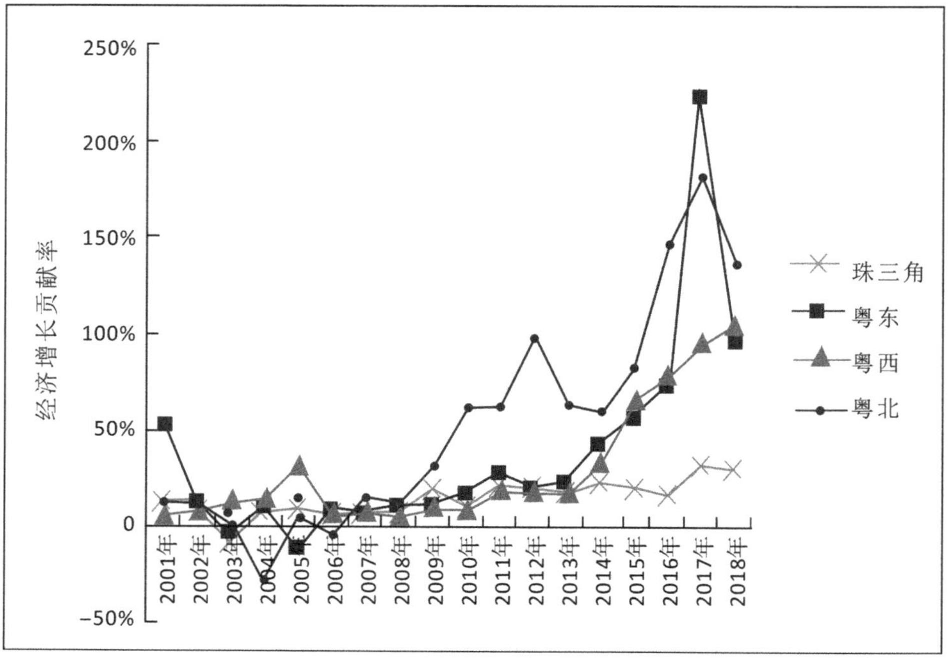

图4 珠三角及粤东西北地区旅游业经济增长贡献率数值（2001—2018年）

降，受“非典”影响，指数剧烈下滑至极低值-26.77%，拖累经济增长；2004—2012年，贡献率从最低点开始持续上升，2012年达到阶段峰值99.56%；2012—2014年为调整期，贡献率略微下降；2014年开始新一轮上涨，2017年达到183.03%的最高值，对地区经济的促进作用突出。

与贡献率相比，旅游业对经济增长的拉动率数值的总体变化趋势是在小幅波动中趋于上升，且对区域经济增长拉动作用呈扩大趋势，其中粤东西北的表现最为突出。由图5可知：

（1）珠三角地区拉动率较容易受外界环境影响，但近5年来趋于稳定。2003年拉动率最低，为-1.52%，远低于同一时期的其他地区；2008年次低值为0.51%，与粤西接近，但低于粤东和粤北地区。2008年之后拉动率开始反弹，到2012年达到最高值2.28%，之后波动较小，并略有下降。

（2）粤东和粤西的拉动率变动规律比较接近，2008年、2013年均是两地拉动率开始大幅上升的拐点。此外，粤东地区受外部影响较大，如2003年拉动率最低，仅有-0.15%；而粤西地区相对更有韧性，拉动率一直大于0。

（3）粤北地区拉动率变动周期性特征明显，2001—2011年，指数每隔三四年就会出现较大幅度上升，如2004年、2007年及2011年均是指数的阶段峰值。2011年开始，指数增长乏力，可见旅游业的拉动作用开始趋缓。

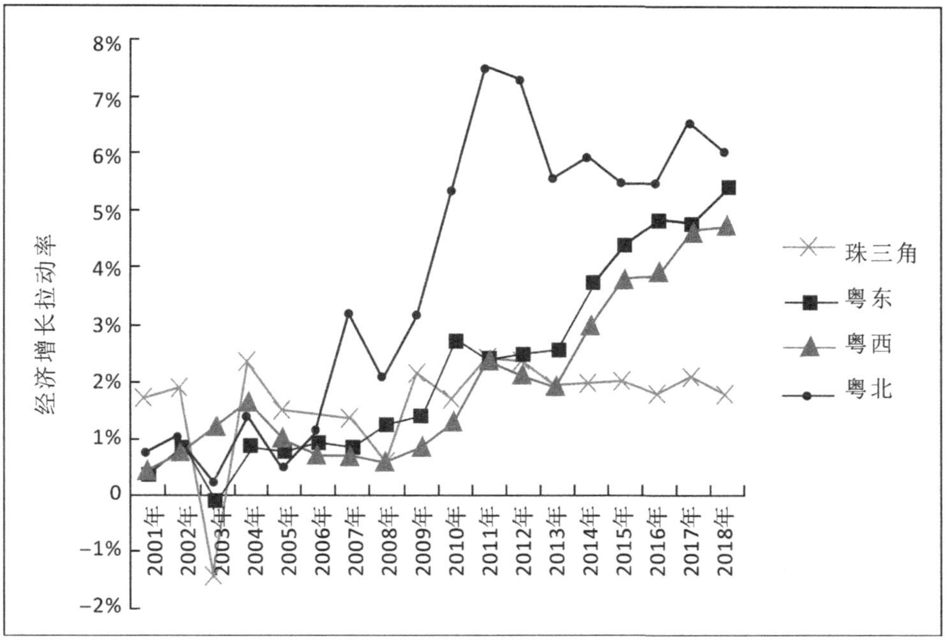

图5　珠三角及粤东西北地区旅游业经济增长拉动率数值（2001—2018年）

总体而言，四区域旅游业的弹性系数、贡献率和拉动率有一定的周期性，且三项指数波动趋势大致相同。由此可以看出，旅游业在地区经济增长上扮演着重要的角色，带动了地区相关行业的发展，并促进产业结构优化升级。这一点在粤东、粤西地区体现得最为明显。

（四）旅游业促进产业结构升级的情况分析

根据配第—克拉克定理，随着地区经济的发展，产业发展重心由第一产业向第二产业，进而向第三产业转移。旅游业作为复合性消费型服务业，能够通过关联效应，对相关产业的发展产生拉动作用，进而推动第三产业占比提升，促进区域产业结构优化升级。从2000年到2018年，珠三角、粤东西北的第三产业产值（Y）占GDP（G）的比重分别上涨了12.62%、6.28%、13.04%和19.36%。同一时期，旅游业总收入（T）与第三产业产值（Y）的比值中，除珠三角地区略有下降外，粤东、粤西和粤北分别猛增了31.90%、25.10%和56.70%，呈现出以旅游业为主体的第三产业发展格局。具体如图6所示。

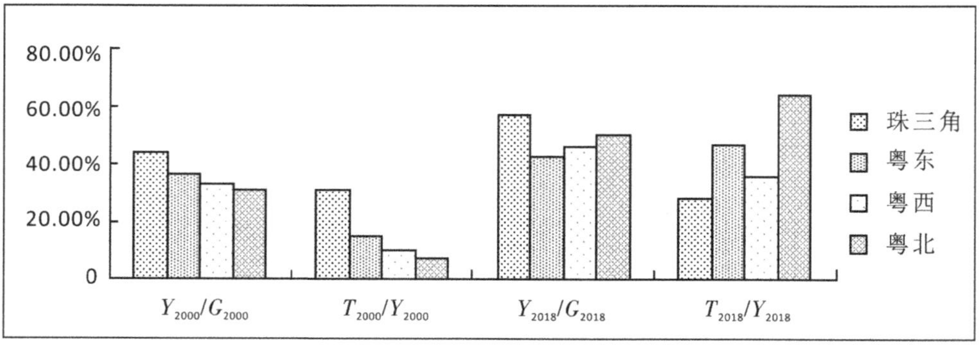

图6　珠三角及粤东西北地区2000年、2018年旅游业结构升级指数值

旅游业对地区产业的带动在旅游业结构升级指数上体现得尤为明显，具体如图7所示。2001—2009年，四地指数变动不一，其中珠三角地区呈下降趋势，粤东地区波动不大，粤西地区呈倒“U”形，粤北地区则呈上升趋势。2009年开始，四地的指数均呈持续上升态势，其中2015年粤北地区达到最高值为91.10%，2018年粤东、珠三角和粤西地区达到最大值，分别为73.35%、51.39%和50.28%。说明2008年金融危机后，四地旅游在拉动地区第三产业增长的地位越发突出。此外，2018年四地的第三产业占比均超过40%，珠三角和粤北地区甚至超过50%，相比2000年均有大幅上升。由此可见，旅游业的快速发展，已经影响了地区其他产业的增长路径，并带动了相关产业的同步成长。可以说四地，尤其是粤东西北地区旅游业的快速增长对经济增长起着重要的支撑和拉动作用，推动了产业结构的优化升级，符合配第—克拉克定理。

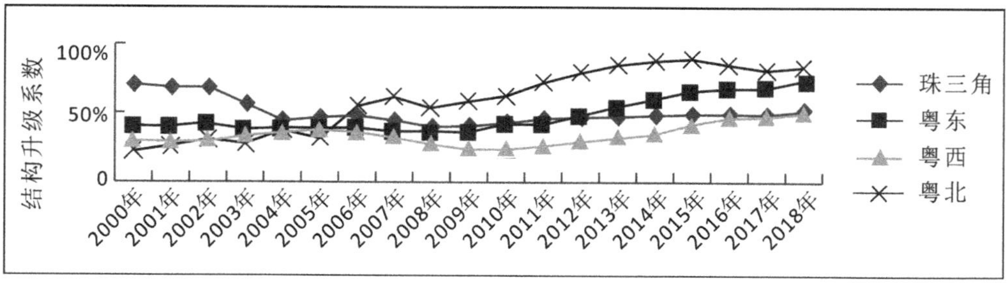

图7　珠三角及粤东西北地区旅游业产业结构升级系数值（2000—2018年）

四、结论与讨论

（一）粤东西北地区旅游业地位上升显著、经济拉动作用突出，珠三角地区旅游业发展则相对成熟

从各地区旅游业增长弹性系数、贡献率和拉动率的变动情况看，我省各区域旅游业发展速度整体上快于第三产业和GDP增长速度，且旅游业在GDP的占比不断增大，增长贡献率、拉动率也在不断提高。分区域来看，首先，珠三角地区旅游业起步早，产业投资、配套设施、服务水平也相对成熟。因此，旅游业的增长空间有限，对其他产业的拉动效果也相对平稳。其次，受交通条件改善、居民收入水平提高等因素的影响，粤东西北欠发达地区旅游业一直保持着高速增长，旅游业产业地位不断攀升。其中，粤北地区旅游业产业地位及对其他产业的拉动效果整体上高于粤东、粤西，但近年来受承载能力限制，旅游发展开始进入瓶颈期；粤东与粤西的发展情况类似，从2013年开始旅游行业对地区经济的影响力开始大幅上升，目前仍未见饱和。由此可见，党的十八大以来，随着生态文明制度体系建设的全面推进，“绿水青山就是金山银山”理念的全面贯彻以及我省大力推进粤东西北地区振兴发展，粤东西北地区的旅游业迎来了难得的历史机遇，旅游业在区域经济中的价值和地位越来越重要。

（二）旅游业发展及其带动效应整体呈同步性和周期性，珠三角和粤西地区抗周期性较强，粤东与粤北地区对外部环境反应较敏感

受公共卫生事件、金融危机及政策效应等因素影响，旅游收入、第三产业产值、GDP及旅游业的地位指数、弹性系数、贡献率、拉动率和产业结构升级指数在发展过程中基本同步呈现“W”形起伏波动周期。“非典”时期，珠三角地区旅游业急速走低，粤东西北地区反应相对滞后。2008年金融危机时期，四地旅游增长及带动情况几乎同时降至最低，2009年又开始迅速反弹上升，并出现了“井喷”式增长，粤北地区甚至在金融危机还未消除的背景下，相关指数就创下新高，表明粤东西北地区旅游业的发展应对环境变化的能力逐渐赶超珠三角地区。此外，珠三角地区成熟的旅游业及粤西地区以阳江海陵岛为代表的海岛旅游在拉动地区经济增长上具有较强的抗周期性。

（三）珠三角地区旅游业助推产业结构优化升级作用前期领先后期落后，粤东西北地区旅游业推动作用愈发突出

从四地旅游业产业结构升级指数的变动情况来看，旅游业的关联性、聚集性

直接拉动第三产业实现快速发展，进而影响和提高了第三产业的内部结构，推动产业结构的优化升级。2006年以前，珠三角地区旅游业助推产业结构升级的力度一直强于其他地区，但随着旅游产业趋于成熟，增长空间有限，逐渐被粤东西北地区超越。对目前旅游产业仍处于成长期的粤东西北地区来说，应提前谋划、立足长远，抓住关键窗口期，最大限度发挥旅游业带动区域经济增长和产业结构优化升级的作用。

五、政策建议

作为经济社会发展的重要支撑，旅游产业对促进地区经济增长具有重要意义。旅游业具有很强的经济功能，对促进国民经济的发展、带动相关产业的发展、扩大就业领域都具有十分重要的作用，这一点对工业基础薄弱的粤东西北地区来说尤为重要。当前，要充分发挥旅游业的综合优势和带动效应，通过市场拉动和产业带动的共同作用，推动区域协调发展，实现地区经济的高质量发展。

1. 因地制宜推出特色旅游产品，不断满足游客多样化需求

我省目前的旅游产品体系，涵盖了观光、休闲、生态、文化、红色、乡村、都市等多样旅游产品，基本能满足各类游客的需求。但随着旅游需求的日益多元化、个性化、体验化，传统旅游产业相对饱和、市场增长放缓。目前应在立足传统观光旅游的基础上，因地制宜地开发特色旅游产品，不断丰富旅游产品供给，力求满足多样化的旅游市场需求，提升旅游产业的经济地位和社会地位。在具体实施过程中要结合区域的不同特点，有针对性地融合当地的优势产业。如粤东西北地区在乡村旅游、生态旅游等方面具有极强的优势，应充分利用自身的旅游资源，构建良好自然生态环境、人文社会环境和放心旅游消费环境，做旺乡村旅游，助推乡村振兴。

2. 加强技术创新，提高旅游服务智能化

面对不断扩张的旅游产业规模，不断变化的旅游消费需求，旅游产业的信息化、智能化管理已迫在眉睫。智慧旅游是以互联网为基础，以新技术为手段，为满足游客的个性化需求而提供的高品质、高满意度服务。从我省目前旅游产业管理现状来看，粤东西北地区的智能化水平还不够高，与珠三角地区还有很大的差距。因此要充分认识到智能化管理对旅游产业的引领作用，转变经营理念、管理方式，以顾客需求为导向，大力推进服务智能化，推动免费Wi-Fi、通信信号、视频监控全覆盖，实现旅游区智能导游、电子讲解、旅游评价等智能服务系统全覆盖，为游客提供更加高效和便捷的服务。全面推行旅游志愿服务，提升导游服务质

量，促进游客体验的全面提升。

3. 加强区域旅游合作，共享优势旅游资源

从前文的分析可以发现，广东旅游产业的区域不平衡问题非常突出。在当前国家大力推行乡村振兴战略、全域旅游时代即将来临的背景下，广东旅游产业的发展离不开珠三角与粤东西北地区的合作。首先，珠三角地区在旅游产品开发、景区管理、游客服务等方面积累了丰富的经验，而这些正是粤东西北地区缺少的。如珠三角地区的5A、4A景区内部的标语及介绍有汉语、英语、韩语、日语等多种语言，而粤东西北地区的景区有外语介绍的较少，这可能会在一定程度上降低外国游客前往粤东西北旅游的意愿。其次，珠三角地区的人文景观和粤东西北地区的自然景观可以形成较强互补，为广大游客提供更加丰富的旅游体验。因此，珠三角地区可以跟周边地区研究制定推动全域旅游发展的方案，共同参与旅游产品的开发和设计，既可以满足游客的多样化需求，也能实现珠三角地区对粤东西北地区的带动，实现全省旅游产业的均衡发展。

参考文献：

[1] 郭伟，高颖，张鑫，等. 全域旅游的系统动力学模型构建[J]. 统计与决策，2018，34（21）：50-53.

[2] 倪向丽. 我国省际旅游产业竞争力因子聚类评估[J]. 统计与决策，2018，34（21）：54-56.

[3] 张倩，王立平，王文博. 旅游业发展与经济增长的动态关系研究——以陕西省为例[J]. 管理学刊，2018，31（05）：34-45.

[4] 魏哲. 城市旅游经济产业相关性研究——基于灰色系统下北京、广州两市的产业数据[J]. 当代经济，2018（21）：68-72.

[5] 朱东国，蒋晓煌. 全域旅游视角下井冈山红色旅游产业融合策略[J]. 赣南师范大学学报，2018，39（06）：108-111.

[6] 张钰瑜. 供给侧视域下乡村生态旅游创新模式探析——以广东佛山为例[J]. 云南民族大学学报（哲学社会科学版），2018，35（02）：110-115.

[7] 杨勇. 旅游业与我国经济增长关系的实证分析[J]. 旅游科学，2006（02）：40-46.

[8] 蒋满元. 旅游外汇收入对国民经济增长的贡献分析[J]. 旅游学刊，2008（08）：30-33.

[9] 查芳. 旅游产业与经济增长的相关性：基于1994~2009年的经验数据[J]. 统计与决策，2011（11）：115-117.

[10] 方忠权，王章郡. 广东省旅游收入时空差异变动分析[J]. 经济地理，2010，30（10）：1746-1751.
[11] 张海燕，王忠云. 旅游产业与文化产业融合发展研究[J]. 资源开发与市场，2010，26（04）：322-326.
[12] 徐虹，范清. 我国旅游产业融合的障碍因素及其竞争力提升策略研究[J]. 旅游科学，2008（04）：1-5.
[13] 麻学锋. 张家界旅游业发展、区域经济增长及产业结构升级[J]. 旅游学刊，2010，25（11）：20-25.
[14] 魏小安，厉新建. 旅游产业地位的统计视角思考[J]. 北京第二外国语学院学报，2000（05）：1-6.

（作者：张林，中共清远市委党校讲师）
（作者：陈珍涛，清远职业技术学院教师）

老龄化趋势下广州市老年旅游消费的调查分析

夏海霞　　陈微微

摘要： 人口老龄化趋势下，国民消费中老年人消费特征日显突出。老年旅游市场是个庞大的市场。本文针对广州市人口变化实际，采取问卷调查的方法，调查和了解了广州地区的老人旅游消费情况。调查发现，广州市“空巢老人”数量多，老人注重旅游体验和家人陪伴，旅游消费更加追求安全和实用性，老人出游时间更加喜欢选择非节假日。为此，提议：企业要重视老年消费群体旅游心理；有针对性地开发亲老游产品；完善医疗体系、确保旅游安全；引导老人错峰出行，冲破旅游淡季瓶颈。

关键词： 老龄化；广州老人；旅游消费；“空巢老人”

一、广州市人口老龄化发展现状

广州市人口老龄化演变可从如下几方面看出。

（一）人口老龄化进程加快，老城区率先进入老龄化社会

广州市的人口老龄化程度在老城区表现尤其突出。截至2018年年底，越秀、海珠区的老年人口已超过25万人（见图1）。另一方面，老年人口多意味着老年人口消费市场广阔。我国的人口老龄化趋势势不可挡，未来针对老年人的消费市场也应该多种多样。

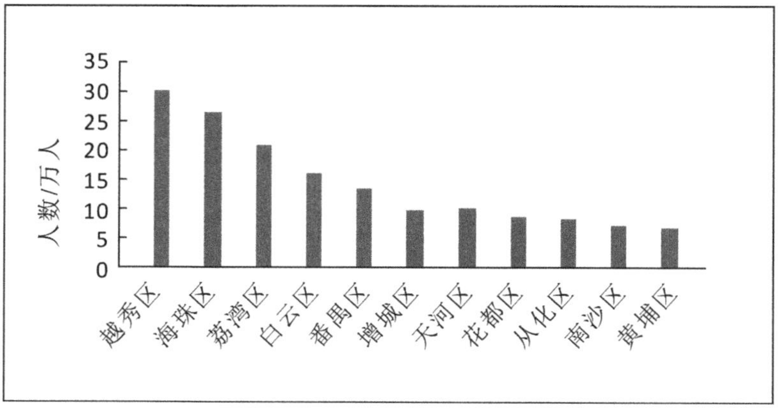

图1 2018年广州市各区老龄化数据①

（二）"纯老家庭"的数量不断上升

"纯老家庭"已经成为一个很大的社会问题。以海珠区为例，2018年海珠区户籍老年人口数将近30万人，而其中的"纯老家庭"就高达2.6万人（见图2）。政府在面对"纯老家庭"的社会问题时理应给予高度的重视，并加快各类惠民政策的出台。其中老年人口问题较为严重的地区，例如荔湾区、越秀区等地区，其孤寡老人的人口数量和比重也是相当高的。

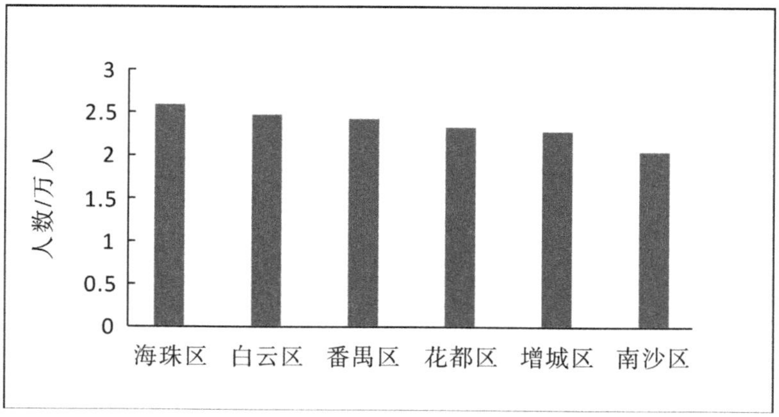

图2 2018年广州市"纯老家庭"数量②

老龄化社会既是挑战也是机遇，当前我国老年市场迎来了前所未有的高速发

---

① 广州日报：《2018年广州老龄事业发展报告和老年人口数据手册》发布[R/OL].（2019-10-18）.http://www.gz.gov.cn/zwfw/zxfw/content/post_3100022.html。

② 同上。

展机遇。据国家社科基金《养老消费与养老产业发展研究》课题组测算，到2050年中国老年市场规模将达48.52万亿元，预计老年市场将以9.74%的年增长率高速发展。其中“银发游”已成为旅游市场开发的潜在热点，老年人是极具潜力的旅游消费目标人群。文章主要通过问卷调查的方式，调查和了解了广州地区的老人旅游消费情况。

二、广州市老年人旅游消费状况调查

（一）调查目的

随着人口结构和消费经济结构性变革，老年旅游消费迅速成长。越来越多的企业开始注重消费者的多样化，比如老年人活动中心、老年大学等机构都在不断丰富老年人的精神世界。与此同时，旅游业有可能迎来“夕阳红”高峰。本文希望通过问卷调查，以广州市老人为研究对象，了解老年人消费市场的具体问题和困难，并提出相关建议，希望能更好地促进老年旅游市场健康发展。

（二）调查方法

该调查主要以在线问卷和纸质问卷的形式进行，调查对象为广州市有旅游消费经历的老年人。一共分发200份问卷，收回200份有效问卷，问卷有效率100%，调查时间2个月。其中通过问卷星，回收在线问卷130份。纸质问卷主要通过广州市的学生，向学生所住小区的老年人进行面对面调查。发放问卷70份，回收问卷70份。

（三）调查内容

问卷主要由三大部分构成。第一部分为老年旅游消费者基本特征，第二部分为老年旅游消费情况，第三部分为老年消费者对旅游服务评价。问卷设计题型包括单项选择题、多项选择题和主观题。

三、调查发现与结果

（一）广州市老年旅游消费者基本特征

为调查广州市老年旅游消费者基本情况，我们设置了以下七个方面的问题：广州市老年人的工作性质、家庭组成、旅游决策主体、健康状况、了解旅游信息的渠道、经济来源、月平均收入水平。调查结果有总体百分比超过100%的情况，这与我们设置的调查问题有单选题、多选题有关。

从样本数据看，脑力劳动者的数量要稍多一点，占比55.5%。从家庭组成看，占比最高的是老年人独自生活，达35.5%（见图3），独居是广州市老年人最重要的家庭结构，说明广州空巢老人较多。和子女一起生活的占26%，与亲友同住的占20%，入住养老院的占18.5%，见图3。旅游决策主体方面，18%的老年人自己作出行决策，31%与伴侣讨论决策，19%与子女讨论决策，16.5%与亲友讨论决策，15.5%由他人决策。健康状况方面，29.55%的老年人健康状况良好，23.5%有点疾病但无大碍，24.5%的老年人处于亚健康状态，还有22.5%的老人出行需要人照顾。老年人了解旅游信息的渠道非常多，而且通常会多渠道了解旅游信息。老年人时间充裕，仍然有47%的老年人通过传统媒介如报纸、杂志和电视广告获得旅游信息。从互联网上获取过旅游信息的大概占36.5%，从社区老年活动中心获取信息的占36%，从亲戚朋友、前同事和旅行社获取信息的占30.5%。从数据看得出来，在信息时代，老年人也在拥抱互联网，互联网在老年人的生活中起着越来越重要的作用。

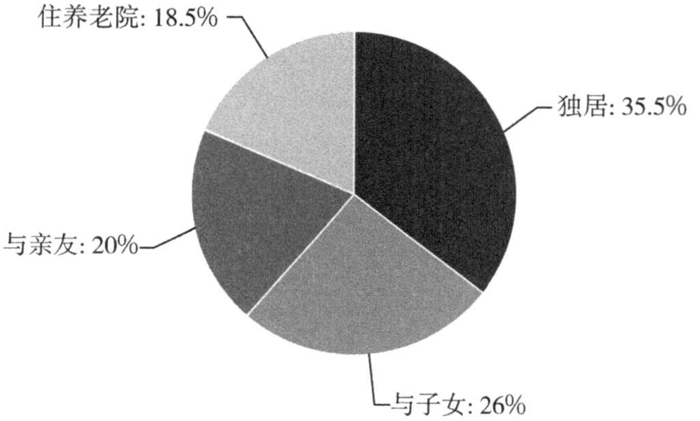

图3　调查对象的家庭组成情况

经济是基础，经济状况直接决定老年人的消费层次。老年人养老、消费的经济来源多样。从样本数据看，靠退休工资养老的占31%，靠社会保险的占40.5%，靠子女赡养的约占38%，靠其他收入养老的约占17%。老年人收入水平差异较大，月收入低于800元的老年人占样本数的21%，高于4000元的占19%（见图4）。

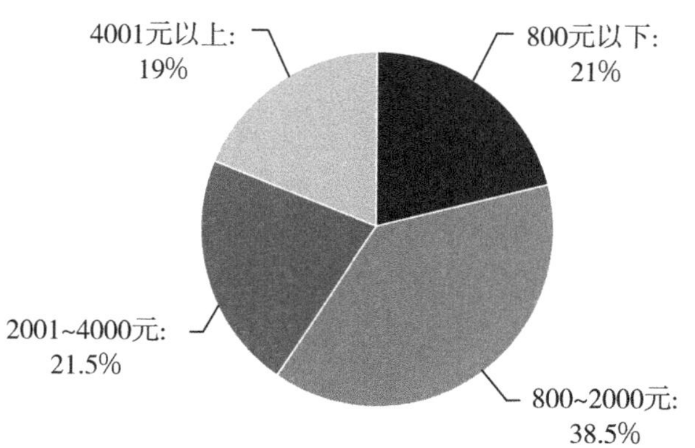

图4　老年人的月收入情况

（二）广州老年人旅游消费具体情况

1. 旅游目的地选择

旅游目的地选择上，具有老年人特色。76.5%的老年人喜欢充满历史文化和民俗风情的目的地，其次是气候宜人的自然生态景区（41.5%）和休闲度假区（38.5%）。大部分老年人有农村生活经历，很多非常怀念过去的农村生活，对乡村旅游兴趣浓厚，对休闲度假有较大偏好。总体看出，大部分老年人注重养生，在提供旅游资源的时候要注重老年人对旅游目的地的选择。

2. 旅游消费目的

本研究与其他学者的研究有一些共通之处，如老年人越来越注重精神享受，通过旅行去看世界、去结交新朋友。调查显示，许多老年人把观光和看世界放在第一位（51%）。大多数老年人也重视探亲访友，把它作为出行的主要动力。通过走亲访友，加强人际沟通，跨越日常生活界限，给双方带来更大的幸福感。许多老年游客将旅游视为与他人交流的机会，参加团体旅游，消除孤独感，丰富生活，改善身心健康。由上面基本信息调查知道，广州市的空巢老人比较多，许多老年人缺乏家人陪伴，内心通常是孤独的，更加需要通过参加团体旅游得到精神上的慰藉。另外，还有一个不容忽视的目的是，旅游是因为参加某些宗教活动，对宗教表现出极大的热情（37%）。

3. 旅游时间

对旅行时间及停留时长选择的调查显示，老年人更愿意在非节假日旅游（79.5%），一般不想在节假日旅游。老年人普遍喜欢安静的环境，不喜欢太仓促、太拥挤。选择非节假日出行，可以避免旅游高峰带来的各种不便利，而且住宿、餐饮等成本相对更加经济实惠。在停留时长方面，3~5天是最佳的停留时长。1~3天认可率占20.5%，3~5天占34%，5~7天占15.5%，7~10天占17%。大多数老年人比较恋家，3~5天的旅游时间既可以满足老年人游玩的需要，又可以满足老年人顾及家庭的需要。

4. 出行交通工具的选择

问卷数据显示，大部分老年人喜欢选择汽车出行，例如选择出租车和自驾游的，占49%。选择飞机的占18%，选择班车、班船的占17%，火车、高铁、动车出行的占16%。从数据看，安全性和舒适性是老年人选择交通工具的首要考虑因素。考虑到老年人的身体素质，他们会选择认为最安全，又最适合自己的舒适的交通工具。

5. 旅游消费支出

老年人外出旅游消费支出主要用在购物和购买服务上（24%）。调查数据显示，在消费支出这块，除了购物，食宿占22%，交通和门票占21%，休闲和娱乐占17.5%，其他占15.5%：旅游支出基本上用于行程中的吃、住、行、游、娱。消费金额方面，相对年轻旅游者来说，老年群体消费更加节俭和实际：每次消费低于1500元的比重最高，占36.5%；消费高于10000元的占13.5%（见图5）。基于数据，本文认为老年人在旅游中，消费观念相对保守，购物团不是大多数老年人的首选。

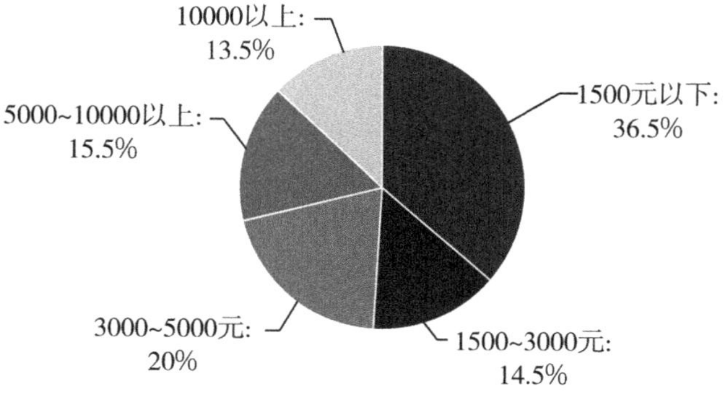

图5　老年人单次旅游消费支出金额情况

老人团消费相对节俭，但深入分析他们的具体消费明细，可获知他们的旅游购物偏好。从问卷结果看，广州老年人在旅游途中最喜欢购买的是旅游目的地的特产和特色物件，占比28.5%。购买旅游纪念品占27.5%，购买服饰占21.5%。很多老年人去当地旅游是因为喜爱当地的文化和习俗，想把当地的特色带回家留作纪念，还有部分老年人花费金钱给亲戚朋友买手信。

（三）老年消费者对旅游服务评价方面

关于旅游消费满意度，我们采用李克特量表（Likert scale）方法设置了相应的题目。从问卷结果发现，19%的人对以前的旅行经历非常满意，42.5%的人满意，16%的人基本满意，22.5%的人不满意或非常不满意。可见，老年人对以往出行经历总体满意度为中等偏上水平。

老年人在旅游时十分注重住宿条件（51.5%）。如果住宿条件不好，会影响饮食以及购物，也会影响在旅行过程中的心情。餐饮、景点安排、交通、购物、娱乐、旅游信息服务、导游等都是影响老年人对旅游服务满意度的重要因素。

（四）调查结果分析

1.“空巢老人”数量多

现在的老年人，过去经常和孩子在一起或忙于工作，一直处于被社会需要的环境当中。当他们退休，孩子因工作离开他们时，他们感到被社会和孩子遗弃，感到内心空虚，进而影响身体状况。“空巢老人”或留守老年人的心理健康问题，是一个日益严峻的社会问题。

2. 注重旅游体验和家人陪伴的老年人旅游心理

许多老年人都是比较恋家的，所以他们一般会选择3~5天的行程，并且更喜欢选择有自然景观的旅游景点。同时，在旅游过程中，老年人购物消费相对较少，购买的更多是土特产和纪念品。受返乡心理的影响，广州大部分老年人喜欢选择以陪伴家人为目的的出行。

3. 旅游消费更加追求安全和实用

大多数老年人身体状况相对不佳，他们在旅行时更加注意安全，包括交通安全、食品安全、文娱场所安全等。在团体旅行方面，老年人希望旅行社可以配备医务人员以及相关的医疗设备和药品。另外，老年人追求实惠，有勤俭节约的习惯，因此大多数老年人更加注重实用性，在旅游消费时相对节俭，在吃、住、行等方面追求物超所值。

4. 出游时间更加灵活

许多老年人都处于退休状态，所以并没有所谓的工作日，在出游时间选择上更加灵活。他们因为精力有限，不太愿意节假日出游，一般会选择更合适的非节假日时间出游，因为旅游价钱比较合适，旅游地条件也相对更好。

四、开发老年旅游消费市场的建议

广州市老年人旅游市场消费潜力巨大，但很多旅行社对老年人市场仍持谨慎态度，很多旅行社并没有增设专业的“老年旅游团”。开办老年旅游团不仅需要在旅游市场上作详细规划，还需要在旅途中承担更大的风险。而随着社会的发展和居民生活水平的提高，老年人的消费观念和行为发生了很大变化，因此，市场开发者需要根据消费者的性质，因人制宜开发适合不同消费者的不同消费产品，实现旅游企业的利益最大化，同时也提升老人的幸福感。

（一）做好目标市场调研，重视老年消费群体旅游心理

老年旅游市场正处在兴起和发展期，有关企业应该更加深入细致地了解老年旅游消费市场，因人制宜地制定旅游方案和开发相应的旅游产品。比如：广州市老年人比较在意舒适和旅游的安全性，所以可以开发一些以文化景观为主的旅游产品，通过传统的电视、报纸、广播等广告渠道宣传以及与老年活动中心合作，加大宣传力度，旅行社可以将养生保健与文化感受结合起来，开发满足老年人需求的产品。

企业在决定做某一领域产品时，应该制定产品发展规划。在进入老年旅游市场之前，必须充分了解这一领域，分析目标市场即老年人旅游市场的特点，预测未来的发展趋势。通过实地调研，了解他们的消费心理、消费行为、健康状况、出行时间、精神需求、经济水平等方面的差异，并进行分析，为市场开发、产品设计和营销策略提供有力依据。比如，对文化程度较高的老年旅游者，可以开发与书画等文化相关的旅游产品，甚至开展一些与文化有关的科研考察活动。

（二）遵循亲情化原则，开发亲老游

“空巢老人”最大的痛点就是内心的空虚。老年人的心理特征：喜欢以家庭形式旅行，结伴出行。根据世界旅游业协会的一项调查，对于老年旅客来说，家人陪伴是最重要的。大多数老年人因为退休或失业而处于空虚和孤独的状态，他们目前最需要的不是经济补偿，而是情感上的安慰。大多数老年人希望在旅游活动中表达自己的感受，消除空虚及孤独感。因此，亲情化原则是针对老年旅客的心理特点而设计的，因而在旅游产品设计的各个方面都应使用“爱”一字，包括住宿、餐饮、观光和接受旅游服务指南等，要切实为老年人着想。

同时，企业可以参考亲子游产品来开发亲老游产品。在老龄化程度日益严峻的今天，每个人都面临年老孤独的问题。在宣传方面，以关爱老年人、和谐家庭和社会为主题，开发合适的亲老游、生日礼包或父亲节礼物等短期旅游产品，适合儿女陪伴父母一起出游。

（三）完善医疗体系，确保旅游安全

旅游安全是影响旅游决策的关键因素之一。老年人格外重视安全问题，因而在老年旅游产品的设计过程中，尤其要突出产品的安全性，使老年人在旅游的全过程得到安全保证和顺利消费。随着年龄的增长，老年人的身体机能逐渐退化，适应能力、抵抗力和自理能力较弱，旅行社要充分考虑老年人的安全需求，确保老年人旅途安全，让老年人安心出行。旅游企业要严格遵守《旅行社老年旅游服

务规范》，为老年人创造一个愉快舒适的环境。

（四）引导老年人错峰出行，冲破旅游淡季瓶颈

旅游服务企业应根据不同群体特点，有意识地引导错峰出行，冲破旅游淡季瓶颈。节假日期间，企业主推的旅游产品和服务可以更多地针对年轻人和小孩。非节假日，企业应该大力宣传适合老年人的旅游产品和服务，在价格上更加亲民，吸引更多的老年人消费旅游产品。同时，政府部门应支持景区的淡季政策。如支持景区门票政策，在旅游淡季，景区可以设置老年人优惠门票，吸引更多老年游客，并且针对老年人的特点提供多样化的景区服务类型以及特殊的娱乐设施。

参考文献：

[1] 刘佳，韩欢乐. 我国老年旅游开发与产业结构调整路径[J]. 广西大学学报（哲学社会科学版），2015，37（02）：45-50+56.

[2] 李晓慧. 老年旅游发展现状及开发对策[J]. 旅游纵览（下半月），2018（02）：32-34.

[3] 郭东超，岳翠信，丁楷. 老年旅游市场开发问题及对策研究[J]. 中国市场，2017（11）：161-162.

[4] 杨娟. 中国人口老龄化对国内旅游发展的影响研究[D]. 长沙：湖南大学，2016.

[5] 冉莉君，朱胜. 我国人口老龄化与国内旅游消费实证分析[J]. 合作经济与科技，2017（24）：18-20.

[6] 徐晓娜. 城镇人口老龄化与国内旅游消费——基于VAR模型的实证分析[J]. 商业研究，2017（01）：165-169.

[7] 冉思燕. 影响老年旅游者消费水平的因素研究：以重庆市主城区为例[D]. 重庆：西南大学，2010.

[8] 梁滔滔. 老年旅游市场分析与开发策略——以广州老年旅游客源地为例[D]. 广州：暨南大学，2011.

[9] 胡君. 中国老年家庭旅游消费决策行为分析[D]. 大连：东北财经大学，2017.

（作者：夏海霞，广东外语外贸大学南国商学院讲师）

（作者：陈微微，深圳市赛维网络科技有限公司）

后疫情时代我国促进绿色健康节约消费的挑战与机遇

殷宇冰

摘要：新冠肺炎疫情对我国和世界经济造成了巨大的冲击，其严重后果也促使人们对过往消费方式进行反思与变革。后疫情时代，党和政府高度重视消费经济。我国促进绿色健康节约消费既面临国内消费疲软、经济全球化倒退趋势、国民根深蒂固的消费不良习惯等挑战；也存在疫情防控培育新消费方式以及人们消费理念转变等机遇。文章提出要加强顶层设计和政策引导激励；全方位推动居民消费方式深刻变革、加强宣传教育、借鉴国外经验等具体对策，多级联动协同促进绿色健康节约消费。

关键词：新冠肺炎疫情；绿色健康节约；消费方式

一、问题的提出

2020年初暴发的新冠肺炎疫情将成为历史上影响深远的公共卫生事件之一，是对全人类的一次重大挑战。这场人与病毒的大战，其波及范围之广，任何国家都不能置身事外。截至2020年8月10日，全球确诊人数就已超过2000万，死亡人数超过70万，更严重的是其增长势头尚未得到有效遏制，有专家预估疫情还将持续1~2年之久。

此次疫情发生在世界百年未有大变局之际。从宏观上来说，国际国内形势错综复杂，“黑天鹅”与“灰犀牛”事件相互交织，世界政治格局、经济发展秩序出现严重动荡和不确定性。从微观来看，无论是疫情防控要求人们的自我保护措施、减少流动、主动或被动的隔离，还是人们自身对疫情成因的反思都会在一定程度上促进今后人类生活方式的改变。

人类总是在总结经验教训中得以进步的。列宁说："我们必须力求赶上事态的发展，作出总结，作出结论，从今天的事件中吸取教训，以便应用于明天。"这次疫情给我们的警示是——我国长期以来形成的一些消费陋习已经到了非改不可的时候。自疫情暴发后，习近平总书记多次强调坚持开展爱国卫生运动，坚决杜绝食用野生动物的陋习，提倡文明健康、绿色环保、勤俭节约的消费方式。疫情之后，我国仍须大力促进绿色健康节约消费，但由于受经济形势、文化习俗、社会环境等诸多因素的影响，转型之路注定是挑战与机遇并存。

二、当前我国促进消费方式转型面临的主要挑战与机遇

（一）主要挑战

1. 国内经济短期遭受严重冲击，消费疲软

新冠肺炎疫情不仅给我国社会治理能力带来巨大考验，同时也让我国经济面临着严重压力。我国经济正处于转型期，下行压力本就较大。因此，突如其来的严重疫情，除对经济增速造成影响外，还有极大的可能引发金融、就业、投资等方面的危机，甚至造成系统性风险。

中国经济在近十多年内开始了产业转型和结构调整，消费和第三产业对经济增长的贡献已经超过投资和第二产业，2019年其贡献率已经达到近60%，成为带动中国经济发展的第一引擎。第三产业又是一个具有高度流动性的产业，以旅游业为例，2000年国内游客不到10亿人次，2019年则突破了60亿人次。由于疫情防控，需要对社交距离采取限制措施，时间上又恰逢春节这个一年一度最热门的消费节点，因此其对我国服务性行业冲击之严重可想而知。有文章认为，2020年春节期间，我国旅游业损失估计达到5500亿元；上半年餐饮业损失甚至可能接近1万亿元。此外，流动性产业的就业对时间有极强的敏感性。正如马克思在分析运输业时指出的，服务业的价值生产和价值实现是同时的。即在某一时刻失去的流动性就业机会，就和时间的流逝一样，不可挽回。物质生产可以在时间上调整，可以把合同的履行延期，也可以通过加班加点弥补以前的损失，但服务业是即刻性的，很难过期补偿。同理，许多消费也具有时效性，比如餐饮、旅游等，极少会有人将疫情管控严格时期减少的外出就餐机会在日后进行额外的补偿性消费。

2020年5月28日，李克强总理在记者会上谈到："我国人均年收入是3万元人民币，但是有6亿人每个月的收入也就1000元。"这些数据也在一定程度上反映出我国人民整体购买力不强，再考虑到我国经济发展被迫按下暂停键后，居民收

入随之下降，加之负债比例较高、经济形势不稳定、客观消费实现条件受限等都促使居民降低消费意愿，遑论选择通常成本更高的绿色健康产品和生活方式。

2. 经济全球化呈现倒退趋势

从历史上看，虽然经济全球化总趋势是不断深化的，但也并非一帆风顺。如2008年的金融危机就导致一定程度上的逆全球化。全球出口总额与全球GDP之比从2008年的25.9%下降到了2018年的22.9%；全球对外直接投资总额与全球GDP之比从2007年的3.8%下降到了2018年的1.2%。这两组数据都反映出商品和资本的跨国流动程度有所降低。2016年之后，英国“脱欧”和美国特朗普政府奉行“美国优先”政策，又给全球化蒙上了一层阴影。

中国经济的高速发展，很大程度上得益于全球化；未来的发展，也离不开全球化。2001年以来，西方跨国公司按照追求利润的导向在全球进行产业大转移，从而形成了当今产业布局，即发达国家的实体产业主要转移到发展中国家（尤其以工业门类最齐全的中国为代表），这造成了以发展中国家为主的生产过剩和以西方发达国家为主的生产不足。但由于该种转移背后的动因是逐利，因此必然造成产业链的分散。受产业链的生产环节和在成本最低处布局的影响，某地适合在哪一个环节生产某种部件，就会将该环节吸引过来。在这种情况下，产业链的供给通畅高度依赖全球物流体系的有效运转。而受新冠肺炎疫情影响，全球物流出现严重梗阻，产业链、供应链因此中断。这种情况下，无论是生产不足的一方还是生产过剩的一方，都无法进行战略互补。因此许多国家，特别是美国，都会从维持本国产业结构相对完整的角度出发，吸引甚至是强令部分实体产业回归国内，经济全球化将呈现更大强度的逆转。

中国经济受到新冠肺炎疫情冲击会影响到全球经济，同样全球经济的下行也会对中国产生“反作用”。亚洲开发银行发布的《2020年亚洲发展展望报告》称，新冠肺炎疫情的主要经济损失预计将达2万亿至4.1万亿美元，相当于全球GDP的2.3%~4.8%。美国商务部公布的首次预估数据显示，2020年第二季度美国GDP按年率计算下滑32.9%。在新冠肺炎疫情处理上严重失策的美国特朗普政府，为转移国内矛盾对我国频频出手，在政治上围攻、在经济上限制、在核心利益上挑衅。中美关系的进一步恶化，外交形势的严峻，也大大增加了我国的经济发展的不确定性。

3. 国人不健康的消费习惯

一般来说，人都有路径依赖，消费、生活、工作方式一旦形成习惯就难以很快改变，特别是某些传统则更具有顽固性。中国部分地区不文明、不健康、不节约的消费问题十分突出。以餐饮消费为例，较少使用公筷，聚餐吃饭时滔滔不绝。同时，中国人喜欢热闹，经常集体聚餐、扎堆消费。在中国的饮食文化中，常将野味比作山珍。受这种饮食文化的影响，中国食用野生动物的不良习惯不仅没有随着社会的进步而改变，甚至形成了规模化的“野味产业”。据科学研究发现，超过70%的新发传染病来源于动物，近些年来世界各地出现的新发传染病，也多与野生动物有关。

此外，消费习惯不好，夜间消费的现象多。自国家和各地区政府出台文件鼓励夜间消费后，夜间经济已经成为刺激消费的新增长点。但是，过度夜间消费也在一定程度上造成了当代年轻人“黑白颠倒”“熬最晚的夜，缺最多的觉”等不健康问题。近年来不少新闻报道年轻人由于熬夜而猝死。过度消费酒类的问题同样较为严重。有关数据显示，我国有5亿人饮酒，每年仅白酒就要消耗300亿公斤。而世界卫生组织很早之前就把酒精列为一级致癌物，全球5.5%的癌症发生由酒精引起，每18个癌症里就有一个与喝酒有关，其中口腔癌、喉癌、食管癌与之关系最密切。

餐桌上的浪费也是个顽疾，至今仍未得到有效控制。此外，某些地方还举办诸如喝酒、“大胃王”等比赛，网络上也有许多“吃播”为博取眼球而胡吃海喝，这种行为不仅浪费粮食，同时也伤及人们身体，影响健康，并对社会风气造成恶劣影响。

（二）主要机遇

1. 党和政府高度重视绿色健康节约消费

自新冠肺炎疫情发生以来，党中央高度重视社会上关于禁止食用野生动物的呼吁。2020年2月3日，习近平总书记在中央政治局常委会议上明确指出：“食用野生动物风险很大，但‘野味产业’依然规模庞大，对公共卫生安全构成了重大隐患。再也不能无动于衷了！”并就完善相关立法，坚决取缔和严厉打击非法野生动物市场和贸易、革除食用野生动物的不良习惯等任务要求作出重要部署。对此，我国立法机关立即响应，迅速行动，于同年2月24日通过了《全国人民代表大会常务委员会关于全面禁止非法野生动物交易、革除食用野生动物不良习惯、切实保障人民群众生命健康安全的决定》，确立了全面禁止食用野生动物的制度，从而为保障人民群众生命健康安全，推动全社会形成科学健康、绿色环保的生活方式和文明风尚提供重要的法律依据。

2020年2月10日，针对疫情对我国经济产生的影响，习近平总书记在北京调研时指出，我国经济长期向好的基本面没有变，新冠肺炎疫情的冲击只是短期的，要加强经济运行调度，尽可能降低疫情对经济的影响，努力完成今年经济社会发展各项目标任务。他在讲话中特别强调："要稳定居民消费，发展网络消费，扩大健康类消费。"对此，有关部委积极贯彻落实习近平总书记的重要讲话精神。同年3月13日，国家发改委等二十三部门联合印发《关于促进消费扩容提质加快形成强大国内市场的实施意见》（简称《意见》），旨在进一步改善我国消费环境，发挥消费基础性作用，助力形成强大国内市场。《意见》提出，要加快构建"智能+"消费生态体系，鼓励使用绿色智能产品，创建绿色商场，推动绿色消费。

针对我国社会严重的浪费现象，习近平总书记在过去长期重视粮食问题和节约问题的基础上，又就制止餐饮浪费行为作出重要指示。他强调，要通过加强立法、强化监管、采取有效措施，建立长效机制，坚决制止餐饮浪费行为，切实培养节约习惯，在全社会营造浪费可耻、节约为荣的氛围。习近平总书记的重要讲话、党和政府的相关决策部署为我国促进绿色健康节约的消费提供了思想上的引领、行动上的指导，更是带来了政策上的直接激励，从而助力我国绿色健康节约消费格局的构建。

2. 疫情防控中培育出绿色健康节约消费新模式

疫情期间，中央已经出台百余项纾困政策，数万亿元帮扶资金落到实处，全力确保中国经济巨轮行稳致远。2020年7月16日国家统计局发布的数据显示，2020年上半年，我国国内生产总值同比下降1.6%。其中，一季度GDP同比下降6.8%，二季度GDP同比增长3.2%。消费是最终需求，也是经济增长的持久动力。我国经济的回暖得益于此前一部分受抑制的消费的逐步释放。疫情严重冲击了我国原有经济格局，同时也催生出基于现代科技的"云购物""云旅游""云教育""云医疗"等新型消费模式。"网红带货""直播购物"成为新的消费潮流，这种线上"非接触式"消费模式，不仅安全、便捷，同时也更为低碳、绿色。数据显示，2020年1—2月，与线下零售额下滑26%相比，线上零售额仅下降了3%，成为阻碍经济增长继续大幅下滑的重要支撑。

"宅生活"推动"宅经济"的形成，这种经济形态通过互联网技术，减少了买卖双方之间的信息不对称，从而使得交易成本降低，消费者的选择空间也得以扩大，并且还可以通过公开的售后评价对服务供给方带来提升质量的压力，符合供给侧结构性改革的方向。新冠肺炎疫情以特别的方式打破了人们惯有的工作和生活模式，但也为创新探索提供了一个突破点，推动消费方式进一步线上化。它加速线上线下的深度融合，而且使红外测温、远端办公、视频会议、线上教育、非接触经济等迅速从新鲜事物变为生活常态。这一趋势性变化不仅为经济发展节约更多的成本，也将为大大提高相关部门劳动生产率、为我国人民绿色健康节约消费方式的转变创造更多的机遇和发展空间。

3. 对疫情的反思推动人们消费理念变革

面对疫情的冲击与影响，人们的消费意识与消费选择同时产生了主动或被动的转变。疫情发生前，我们习以为常地接纳了一些由高碳排放带来的生活便利，如出行主要选择开车或打车，较多使用一次性塑料物品。但新冠肺炎疫情的严重性让人们意识到，地球生态的脆弱已经到了十分令人担忧的境况，保护地球家园与每个人的生活息息相关，任何人都无法逃避，通过绿色、健康、节约的消费方式助力生态文明建设正逐步成为一种新风尚。

中国民间环保组织“自然之友”在2020年4月对1.1万名公众做了一项问卷调查，并发布了《后疫情时代，美好生活的绿色可能性调查报告》。该报告显示，有超七成受访者目前选择在家做饭，近四成受访者选择打包时自带餐具。这些消费习惯无疑更健康、更绿色，减少了食物浪费和外卖带来的白色污染。在出行上，对于职场人士和大学生群体来说，步行或骑自行车比例也有所增加。据新华社报道，2020年7月至2021年5月，上海市旅游住宿企业消耗客房一次性日用品数量呈显著下降，部分酒店消耗量同比下降超过65%。2020年7月14日，生态环境部环境与经济政策研究中心发布《公民生态环境行为调查报告（2020年）》。调查结果显示，与新冠肺炎疫情前相比，公众现在更为关注生态环境保护、节约能源资源，更为关注绿色消费、低碳出行。与2019年调查结果相比，公众选择绿色生活方式的比例总体有所提升。

此外，疫情也给人们上了一场生动的卫生健康教育课，人们更直观地看到了生命的脆弱，从而更关注全生命周期的健康；促使人们纠正不良的生活习惯，慢慢养成健康的生活方式。人们的健康理念和消费观念发生了重大改变。新冠肺炎疫情之下，人们的防护意识明显增强，倡导文明健康的生活方式，更加关爱自己的身心健康、关注健康消费。

三、后疫情时代促进绿色健康节约消费的具体对策

（一）加强顶层设计和政策引导激励

一是要制定绿色产业发展战略和发展规划，列出目标清单和任务台账，明确政府各部门的职能权限。如在“十四五”规划中的推动绿色发展促进人与自然和

谐共生等。二是要构建绿色消费政策体系，利用税收等经济手段，建立绿色产品生产、消费的激励机制，培育和引导绿色生产和绿色消费，扩大绿色产品的社会基础和市场基础。三是要完善和推进绿色消费产业标准体系、监管体系建设，提高绿色产品质量，维护市场稳定，抑制短期行为和投机行为，防止市场失灵。四是要完善配套公共服务体系，降低绿色产业发展的社会成本，为绿色市场的壮大创造良好的公共服务条件。五是要发放绿色消费券。为应对新冠肺炎疫情冲击，重振居民消费，可发放针对绿色产品和服务的专用消费券，激发消费者的绿色消费意愿和行为，倡导推广绿色健康生活方式。

（二）全方位推动居民消费方式深刻变革

一是鼓励消费者移风易俗，树立追求绿色健康节约的消费理念。促进消费者积极行动，从衣食住行用游全方位推进，做绿色健康节约消费的倡导者和先行者，将以往单纯消费方式升华成一种生活理念。二是推动绿色饮食，开展从田头—仓储—运输—零售—餐桌全链条的反食物浪费行动，全面推行绿色餐饮外卖，采用可降解、再生资源生产的餐具，鼓励食客自带餐具。三是开展绿色出行活动，鼓励步行、自行车和公共交通等低碳出行方式，加大新能源汽车推广力度，政府、公益性事业单位采购要向清洁能源汽车倾斜。四是推动绿色家居，鼓励消费者选用节能家电、高效照明灯具、节水器具、绿色建材等产品；鼓励企业提供并允许消费者购买可重复使用、耐用和可维修的产品；推进快递包装的绿色化、减量化和可循环使用。五是推动绿色穿衣，开展旧衣“零抛弃”活动和“衣物重生”活动，倡导消费者拒绝使用野生动物皮毛制品，购买不含破坏环境物质的绿色衣物。六是推动绿色旅游，制定发布绿色旅游消费公约和消费指南，鼓励旅游饭店、景区等推出绿色旅游消费奖励措施，推动将生物多样性保护纳入旅游相关标准。

（三）加强绿色健康节约消费的宣传教育

一是要在全社会积极开展绿色健康节约消费的宣传教育，把健康消费纳入健康教育之中。全社会倡导健康的消费生活方式，让人们在追求生活舒适的同时，改变不利于身心健康和生态平衡的饮食消费习惯，充分考虑资源环境承受能力，注重节约资源和保护环境，实现可持续消费。二是要大力开展绿色健康节约消费的公益宣传，加强倡导科学消费等相关政策解读，传播绿色发展理念，倡导绿色生活方式和生产方式。有关部门可制作“文明健康消费，防止病从口入”“勤俭节约，反对浪费”“保护环境，敬畏生命”等公益性标语，在公共场所尤其是消费场所张贴和循环播放，使每个公民都成为健康饮食、珍爱生命、保护环境的宣传者、实践者和推动者。三是引导绿色健康节约消费成为社会新时尚。通过将绿色消费理念融入各类教育培训和主题宣传教育活动；根据不同年龄阶段学生的特点，编写不同内容或形式的教材；积极开展"绿色健康节约消费专题讲座"等活动使青少年从小懂得浪费的危害，从而节约资源，保护环境，注重健康，养成良好的消费生活习惯。

（四）多级联动协同促进绿色健康节约消费

一是建立中央统筹、地方配合的多级联动机制，由中央建立专门的工作机构，统一制定工作制度，整体上统筹关于改变消费陋习的一切工作。再由各级政府根据中央的要求，强化组织领导，确定各级单位的相关责任，同时充分发挥党、政、团、妇、消费经济协会、饮食行业协会等各类团体的积极作用，协同促进文明健康消费。二是加强和完善区域间和部门间的交流互通机制，及时互通信息，做到信息共享、问题共治、经验共用。同时，可突破行政区域界限，按照自然区域范围建立地方性的、种族性的绿色健康节约消费乡规民约，促进理性消费。三是充分发挥城市社区党组织和农村党组织在居民自治中的战斗堡垒作用。各级基层党组织成员要带头勤俭节约、带头移风易俗，惩治以盈利为目的的请客送礼、餐饮消费等过剩消费。四是构建绿色健康节约消费统计制度，推动有关消费数据的监测、收集和评估，建立信息平台，发布绿色产品和服务信息，提高绿色产品生产和消费的透明度。在政府支持下搭建具有全国性影响力和全国通用标准的数字化绿色低碳生活方式平台，用以支撑个体和团体的绿色低碳消费行为。

（五）借鉴国外先进消费经验

一是要借鉴国外相关的法律法规和政策。一方面要借鉴国外食品安全的相关法律法规，弥补我国食品安全法的不足之处；另一方面可借鉴国外关于餐饮行业的相关先进管理办法，进一步完善、规范我国餐饮行业的经营生产。二是借鉴联合国《2030年可持续发展议程》和德国、瑞典等国的经验，建立并完善我国的绿色健康节约消费指标体系。同时，国外的消费者权益保护制度、消费者信用制度、消费者义务制度等也有许多值得参考和借鉴。

参考文献：

［1］列宁. 列宁全集（第八卷）[M]. 北京：人民出版社，1959.

［2］赵建. 疫情冲击下的中国经济走向——理论框架、动态比较与应对之策[J]. 探索与争鸣，2020（04）：52-66+287-288.

［3］项飙. “流动性聚集”和“陀螺式经济”假说：通过“非典”和新冠肺炎疫情看中国社会的变化[J]. 开放时代，2020（03）：53-60+6.

［4］姚枝仲. 新冠疫情与经济全球化[J]. 当代世界，2020（07）：11-16.

［5］习近平. 在中央政治局常委会会议研究应对新型冠状病毒肺炎疫情工作时的讲话[J]. 求是，2020（04）：4-12.

［6］习近平在北京市调研指导新型冠状病毒肺炎疫情防控工作时强调 以更坚定的信心更顽强的意志更果断的措施坚决打赢疫情防控的人民战争总体战阻击战[N]. 人民日报，2020-02-11（01）.

（作者：殷宇冰，中共广东省委党校2018级硕士研究生）

教育消费：校外培训机构信用约束机制探析

孙宝强

摘要：教育消费的一个重要内容是校外培训。中小学校外培训存在虚假宣传、质量低下等侵犯消费者权益的乱象。乱象产生的重要原因之一是信用约束机制缺失。建立中小学校外培训机构的信用制度刻不容缓。校外培训机构信用制度建设需要由国家发展和改革委员会牵头，建立覆盖经营团队、培训教师、辅助人员、关联机构的征信机制，根据其作用设置不同的征信重点，并且在培训机构显著位置进行信用公示。将信用记录用于用人单位选择经营管理团队、培训教师，执法部门处理案件等方面。建立全国统一的培训机构信用信息网，与全国信用信息共享平台实现互联互通。

关键词：教育消费；校外培训机构；消费者权益；信用约束机制

中小学校外培训消费是城镇居民消费的重要组成部分①。中国教育学会发布的《中国辅导教育行业及辅导机构教师现状调查报告》显示，2016年我国现有中小学生1.8亿，中小学课外辅导学生超过1.37亿人次，市场规模超过8000亿。校外培训机构的迅猛发展，一定程度上满足了部分中小学生对学习的补充性需求，但也正如新闻媒体报道的一样，存在良莠不齐、鱼龙混杂等问题。培训机构“跑路”、中间更换教师等负面行为时有发生，增加家长和学生的精神焦虑、经济负

① 2018年7月10日，由北京大学中国教育财政科学研究所、社会科学文献出版社共同发布的《中国教育新业态发展报告（2017）——基础教育》指出，农村学生的平均校外培训支出为419元/年，城市学生平均校外培训支出达3710元/年。不同类型的城镇之间也存在较大的差异。一线城市学生的平均校外培训支出达7781元/年；二线城市为4863元/年；其他县市仅为2395元/年，不到一线城市的1/3。

担和维权成本。笔者结合亲身调研①，试从建立校外培训机构的信用约束机制方面进行一些探讨。

一、中小学校外培训机构失信乱象扫描

关于中小学校外培训机构存在的问题，已有不少文献资料进行了描述。由于缺乏有力的约束机制，校外培训增加了整个社会的交易成本。概括起来，主要集中在以下六个方面。

1. 投诉数量猛增

自2011年起，中国消费者协会在年度全国消协组织受理投诉情况分析中列出了教育培训（2011年为教育或培训）投诉总量和投诉内容，投诉内容包括质量、安全、价格、计量、合同等。对比2011—2019年数据（见表1）可以发现，教育质量投诉逐年增多：2011年为3416件，占全部投诉比重的0.6%；2017年达到10338件，首次突破1万件；2019年接近4万，占比比2016年提高3.79个百分点；2020年上半年为26868件，占比4.8%。分析2019年全年投诉数据，可以看出居民对教育培训投诉的变化之一是教育培训服务第一次进入服务类投诉前五位，且居第四位。与培训有关的关键词是“跑路”，2019年，“预付式消费”已经从健身、美容美发、洗车、餐饮进入教育培训等领域，成为维权“老大难”。

表1　2011—2019年全国消协组织受理教育培训投诉数量及比例

	2011	2012	2013	2014	2015	2016	2017	2018	2019
投诉数量（件）	3416	3698	6358	6423	5811	6646	10338	20521	39486
占全部投诉比重（%）	0.6	0.7	0.91	1.04	0.91	1.02	1.42	2.69	4.81

2. 收取学费后“跑路”

近几年来，预付费教育培训机构卷款“跑路”、一夜间人去楼空事件频发，其中还包括一些规模较大的机构。近年因老板“跑路”而倒闭的教育培训机构已比比皆是。老板卷款“跑路”之后，一些学员还需偿还通过培训机构与贷款平台

① 笔者从2012年夏季开始接触此类机构，多次试听课程并参加了它们组织的亲子活动，多次以中小学生家长身份到10多家机构进行调研。

办理的贷款，造成不少纠纷。[①]为了预防此类问题，2020年1月教育部办公厅印发《关于加强寒假期间校外培训机构管理工作的通知》，强调要严防培训机构卷钱“跑路”问题。可见问题的严重性、普遍性。

3. 解除合同退费艰难

家长和学生普遍认为，退学费是最为头疼的问题。因培训机构变更地点、更换老师、变更教程等培训机构责任，消费者要求解除合同的，培训机构拒绝退款、拖延退款或要求消费者承担高额违约金。一些机构以“今天报名85折”“申请团购”“多买多送”“过几天就会涨价”等噱头诱导学生马上报名缴费[②]，但是终止合同退费却很难。据《南方周末》报道，英语培训学校韦博英语的《学生入学注册合同》中注明，30天内的退款手续费6800元。30天后的退款，“按照韦博中心公示的收费标准协商处理”。英孚《退费管理办法及退费流程》上同样写明，协议生效30天内才可申请退款。30天之后怎么退课，却未在合同上写明。行业默认的规则是，超过合同期限退费，需要缴纳违约金。英孚英语的“不满意无条件退款”也是“需要理由的”。

4. 培训质量有待提高

2018年初，新浪数据中心联合“一起作业网”发布的《2017全国中小学生课外培训调查报告》显示，24%的中小学生表示对学习效果不满。2017年3月23日，国家工商总局等部委与社会机构在北京联合举办的社会教育培训行业与消费者权益保护论坛上公布的数据显示：消费者对英语教育培训行业的满意度仅为68.61%。相对于其前端的销售人员投入，多数机构在师资方面投入不足，招聘教师时从低成本来考虑，没有要求求职者具备从业资格，有些英语教师发音不准，有的没有教师资格证，有的兼职教师（含在校大学生）跨业授课，也有一批“南郭先生”，这些都导致了教育质量低下的问题。还有的培训机构请来的外籍教师有不良过往史，这对青少年成长造成威胁。

---

① 培训贷是近几年流行起来的一种消费信贷模式——由培训机构委托第三方贷款公司向学员放贷，学员以分期还款的形式支付学费。由于放贷及时，且可采用分期还款的模式，往往受到借贷者的欢迎。随后，大量教育培训机构将此模式引入，针对成人群体的职业教育培训贷由此火爆兴起。然而，由此引发的借贷纠纷也层出不穷。当培训机构违约或欺诈时，学员在投诉培训机构之余，对培训机构与贷款公司之间的利益关系产生了质疑。

② 孙山（2018）调查发现，培训机构最常见的宣传噱头是短时间内迅速提升成绩（64.4%），名师授课（57.2%），传授特殊技能或学习方法（50.8%），考试包过、不过退钱（44.9%），能押中考题（31.0%），以往学员学习效果显著（23.4%），等等。

5. 格式合同霸王条款多

一些培训机构不给家长或学生合同，只有一张收据，也不能提供发票。稍微规范的一些培训机构有格式合同，但这种格式合同有利于培训机构。等遇到问题时家长才幡然醒悟，但为时已晚。尽管法院会认定这种合同无效，但由于诉讼成本高等原因，现实中鲜见到法院诉讼的。

6. 普遍存在虚假宣传

2018年初，中国青年报社社会调查中心联合问卷网，对2017名受访者进行的一项调查显示，58.7%的受访者称身边有人被培训机构忽悠过，74.0%的受访者希望严厉打击虚假宣传的培训机构。相对于有教学场所的线下教育，互联网教育更是糟糕，几乎99%的互联网教育机构都没有相关资质。虚假宣传表现在以下几方面。一是夸大效果。一些机构宣称多少课程后，就能达到何种水平，如钢琴考试通过率98%等。二是假借名师之名。一些机构以名师、外教吸引学生，其实真正在培训机构就职的少之又少。有的培训机构是先有学生，然后再去请老师。一些机构看出学生和家长对于名师、外教的青睐，在试听课程时临时聘请招牌教师，学生交费上几次课之后，培训机构宣称该教师生病不能上课，由另一位“资深”教师代课，但是学生怎么也等不到那位“生病”的教师。三是虚假包装教师。培训机构虚假包装教师已成为校外培训行业一个公开的秘密，他们不透露教师身份，也不提供档案资料，只说是“经验丰富”“效果很好”。不仅是普通的培训机构如此，就连赫赫有名的新东方也不例外。2017年8月11日，《法制晚报》报道新东方泡泡英语学校让毫无经验的新教师在其“名师卡”中写上“教学经验丰富”。笔者调研时发现，一家书院的宣传材料称其教师为全国书法考级特聘评委，参加编写教材8部，自编教材6本，但没有具体书名①。笔者在网上查询，没有在中国书法考级评委中找到该教师的名字。

二、中小学校外培训机构失信原因分析

中小学校外培训机构失信原因是多方面的，归结起来说主要有以下七个方面。

1. 信用体系建设滞后

由于认识不足、机构不健全②、法规滞后等原因，我国社会信用体系还处于起步阶段。据央行征信中心介绍，截至2019年底，征信系统收录10.2亿自然人、

① 但是没有说公开出版还是内部使用，也没有其担任评委的证明。

② 我国各级政府没有专责的社会信用体系建设部门，多数职能部门没有信用管理人员。

2834.1万户企业和其他组织的信息。目前还没有中小学校外培训机构的信用信息可查，多数地方的教育、人社部门也没有主动公示已经审批的学校和培训机构名单。

2. 预付款模式问题多

笔者调查发现，预付费在教育培训行业中普遍存在，不少培训机构的预付经费高昂，少则三五千，多则几十万，部分培训机构为促销课程，还推出了各式预付费算法，纷繁复杂。2015年全国消协组织受理投诉情况分析显示：预付卡消费欺诈已成顽疾。2017年全国消协组织受理投诉情况显示：预付式消费成维权重灾区，经营者卷款“跑路”等违法行为有蔓延之势。2018年的情况是：预付式消费与金融信贷捆绑，消费者权益受到严重损害。预付式消费模式已经从最初的美容美发行业，向健身、餐饮、装饰装修、洗涤洗染、教育培训等多行业、多领域发展，成为横跨商品和服务的一种常见消费模式。2019年的情况是：预付式消费问题愈演愈烈，部分商家卷款“跑路”涉嫌诈骗。

3. 法规政策有待改进

我国法规政策上存在漏洞，下面仅分析预付卡管理和退还学费两个方面的问题。一是预付卡管理存在盲区。商务部2012年颁布《单用途商业预付卡管理办法（试行）》，要求发卡企业在开展单用途业务之日起30日内备案，但此规定只针对大型企业和大型商务企业，对个体工商户并无有效的约束，而这些未备案个体工商户成了预付式消费陷阱的密布区域，部分教育培训机构就利用了这一点牟利。二是退费没有明确规定。2005年国家发改委印发的《民办教育收费管理暂行办法》中，对退费办法仅以寥寥数语带过：“民办学校学生退（转）学，学校应当根据实际情况退还学生一定费用。具体办法由省级教育行政部门、劳动和社会保障行政部门制定。”各省市虽然已发布了相应的退费管理办法，但管理办法不统一，消费者能够索回的费用也不尽相同。[①]

4. 执法监管不到位

教育、人社部门是这一行业的主管部门，但是重视审批、轻视管理的现象随处可见，处罚不到位现象明显。按照2017年9月1日施行的《民办教育促进法》，工商部门被明确授权针对已经在工商部门取得营业执照、但未从地方教育部门或人力资源部门获得办学许可证的经营性民办学校和培训机构开展专项整治行动。

---

① 北京市教委在《北京市民办学校退费指导意见》中规定，上课未过半，培训机构应向消费者退还余下课程费用。宁波市发改委下发的《宁波市培训机构收费退费管理暂行办法》则规定，自行退学的学员，学时未满三分之一才可申请退费，且只能退原课程费用的50%。广东省教育厅则把退课划分成了五个阶段——超过五分之三的课时，不予退费。

然而，存量的无证教育培训机构依然面临着身份不明、监管界限不清的尴尬局面。[①]

5. 教学人员素质低下

诸多现象都可以追溯到人的素质上去，当今社会一些人见利忘义、不择手段的问题突出，这是人员素质低下的重要表现。2017年，上海某培训机构一名外籍教师在上课时用双面胶封住4岁孩子嘴巴，被家长发现并报警，事后涉事外教被开除，涉事分校被要求暂停教学。

6. 家长缺乏警惕心理

多数家长没有警惕心理，轻信一些口头承诺，导致上当之后无可靠论据从而得不到法律保护。家长普遍存在着搭便车心理，认为如果机构出事了，会有很多人努力挽回损失，作为个体不用担心。很多人并不知道在2018年8月国务院办公厅发文规范的《关于规范校外培训机构发展的意见》明确不得一次性收取时间跨度超过3个月的费用的规定。

7. 法律意识比较淡薄

现在部分家长契约意识、法律意识比较淡薄，往往不看合同内容，甚至更相信口头的“君子协定”。

三、如何建立有力的信用约束机制

信用约束机制是一种事先预防机制，能够遏制从业人员失信的不良动机，进而起到规范秩序的作用，能够降低管理成本、防范和化解风险。欧美日社会信用体系建设的历程说明，建设全面覆盖、广泛运用、约束有力的信用体系是校外培训机构健康发展的基础。笔者有如下六项建议：

1. 明确覆盖对象

中小学校外培训教育机构绝大多数是营利性组织，需要建立覆盖经营管理团队、从业人员、教学辅助人员、贷款公司、物业出租单位等关联机构的信用机制。教育培训机构临时聘用或者委托的广告投放人员也需要监督，只是目前来看难度很大。

① 2018年，教育部在全国范围内开展了校外培训专项整治工作。佘颖（2018）表明，截至当年12月12日，全国共摸排40万所校外培训机构，发现存在问题机构27.3万所，现已整改24.8万所，整改完成率达到90%。

2. 明确信用记录纳入内容

从社会反映的情况看，学员投诉最多的是培训质量差和退费难等问题，因此需要建立五方面记录。一是培训机构的信用信息，记录该单位经营过程中有无因欺诈、虚假宣传、违规收费或不按规定退费行为而遭到投诉或者被执法机关处罚等。二是经营管理团队职业信用，记录团队成员职业经历、被投诉、被上级或执法机构处罚的信息，在本机构有无主持制定霸王条款合同、推行虚假宣传、拖延不退费等行为。三是培训教师职业信用，记录其职业经历、被家长或学生投诉、被培训机构或执法机构处罚、从业资格情况等信息。四是培训机构的教学辅助人员主要信用记录内容，包括从事虚假宣传、欺骗消费者等行为。五是关联机构的信息，包括贷款机构有无核查培训机构真实情况，物业出租方有无进行检查，发现问题有无及时举报等信息。同时，要严厉查处那些在课堂上有所保留，将更多精力放在校外培训班的公立学校教师。

3. 发挥信用记录作用

首先是在中小学校外培训场所显著位置进行公示，供家长和学生参考。其次是在校外培训管理中运用。信用记录用在用人单位选择经营管理团队、培训教师，执法部门处理案件等方面。比如，一个新的培训机构或其他机构招聘培训部主管，就可以查询到求职者的职业信用记录，以此作为招录的重要参考。政府可以要求强制查询制度，也就是机构在人员入职审核时，对有虚假宣传、欺骗消费者记录人员慎用，让不诚信者求职难，求职成本高。

4. 加强组织实施

在没有专门机构的情况下，由国家发展与改革委员会牵头，联合教育部门等相关机构加强组织实施是合适的。将来还是需要一个“火车头”，如成立国家社会信用建设局等。

5. 建立统一数据库

信息分散不能发挥功能，要做到“一处失信，寸步难行”就必须有全国联网的信息网，可以说全面覆盖的征信体系是信用时代的基础设施。实行培训机构在工商部门注册制度，在“多证合一”的基础上，建立全国统一的校外培训机构信用信息系统，建立全国统一的数据库和查询系统，真正实现信息互通。在起步阶段，可以在首批社会信用体系建设示范城市开展中小学校外培训机构信用网，逐步扩展到所有培训机构，再进一步实现全国一网通。①

6. 做好各类系统衔接

过去几年，我国在社会信用体系方面取得了积极进展，包括出台了规划文件，配备了力量——2017年9月中央编办批复设立国家公共信用信息中心，包括“一库、一平台、两网站、四系统”在内的全国信用信息共享平台先导工程于2015年10月底启动搭建完成。中小学教育培训机构信用建设不必另起炉灶，可利用已有的基础，做好衔接，即可实现信息共享、互联互通。培训机构中年轻人占主体，培训机构信用建设尤其要与落实《青年信用体系建设规划（2016—2020年）》结合起来。

参考文献：

[1] 新华社. 将建立校外培训机构“黑白名单”[N]. 深圳特区报，2018-2-27（A08）。

[2] 张鹏. 培训机构“裸奔”，学生权益难保[N]. 文汇报，2017-1-20（07）.

[3] 孙吉正. 新东方“假名师”丑闻背后“过度包装”为行业潜规则 民办教育监管缺失[N]. 中国经营报，2017-8-21（D1）.

（作者：孙宝强，深圳市龙岗区重点区域署副署长、高级经济师）

① 《成都入选国家首批社会信用体系建设示范城市》显示，2017年末，《国家发展改革委办公厅、人民银行办公厅关于印发首批社会信用体系建设示范城市名单的通知》（发改办财金〔2017〕2158号），明确杭州市、南京市、厦门市、成都市、苏州市、宿迁市、惠州市、温州市、威海市、潍坊市、义乌市、荣成市等12个城市为首批社会信用体系建设示范城市。

疫情防控常态化下广州线上消费发展与电商支持系统研究

郑英隆

摘要： 新冠肺炎疫情防控常态化下，广州线上消费得到快速增长，线上消费的增长成为广州防控疫情蔓延、恢复经济、提升经济复原能力的重要力量。疫情期间，广州线上消费的特点有：夜间线下消费与线上消费融合；消费券成为线上消费发展的重要推手；与跨境电商平台推进相关的线上消费品种多样化；网络基础设施为赋予线上消费新动能提供信息基础保障；线上消费生态营造。支持疫情期间广州线上消费快速增长的电商支持系统的要点是：线上商务与线下商务的兼容发展；电商平台与大数据产业联动；线上商务平台与文化信息服务业互渗融合；以平台集聚经济性推动线上消费升级；拓展与港澳地区线上商务平台协作，促进广州线上跨境消费发展。

关键词： 新冠肺炎疫情；线上消费；电商支持系统

2020年新冠肺炎疫情作为突发的重大公共卫生事件，它的大暴发成为世界性的最大不确定性的外部环境变量。中国公共卫生风险特别大的一个基本国情是：人口规模大，有14亿人，约占世界总人口的1/5，人均公共卫生费用低；人口分布不均衡，全世界人口最多的50个大都市中超过10个在中国；人口社交距离短，城乡居民集中，居住紧临宰杀活禽活畜的屠宰场和市场，大量人口与大量动物在有限空间内的密切接触，为病毒跨越物种界限提供了“适宜的土壤”。新冠肺炎疫情改变人们的社交距离这一中介引发供应链的重大变革。供应链事关中国乃至世界的生产及其产业上下游相关的一系列活动，影响人们的日常生活。面对疫情的挑战，各界人士作出积极的应对，一手抗疫，一手解决基本的生活问题和维护社会的基础秩序。面对因疫情而来的供应链中断风险等问题，政府、企业和民众联合行动，解决人们当前最突出的消费供给问题，其中一个重要方法是借助互联网技术，以虚拟空间部分替代实体物理空间，克服社交距离的限制，通过网上购物，部分解决生活必需品不足的问题，满足人们的消费需求。本文以广州为例，重点讨论疫情防控常态化下线上消费发展特点与发展动因。

一、疫情期间广州线上消费发展特点

疫情期间，广州线上消费快速发展。新冠肺炎病毒传播性强导致疫情快速蔓延，人们的社交距离受到极大的限制，居民作为消费者难以选择较为熟悉的面对面消费方式。广州地区消费者考虑到超越时空限制的电子商务平台可以降低患病风险，更多地利用在线购物方式的便利性，开展多样式的线上消费，做到防疫和消费双兼顾、两不误。2020年，广州线上消费保持活跃，全市线上实物商品网上零售额、线上住宿餐饮企业网上餐费收入同比分别增长25.2%和38.6%。[①]从消费者结构上看，年轻消费者成为线上消费的主力。调查表明，疫情期间，广州居民比以往任何时候都更愿意保持社交距离，同时选择线上购物消费。而线上消费群体在年龄结构上又以年轻消费者为主。顾客购物与消费行为方式的变化将给今后数年的零售和商业态势带来整体的改变，在线消费的趋势为新兴数字企业家创造了理想的市场条件和提供了巨大的动力。

疫情期间广州线上消费主要有如下几个特点：

1. 夜间线下消费与线上消费融合

广州地区的气候状况成就了广州特有的夜间消费特点，改革开放以来，广州的夜间消费一直比较繁荣。2020年6月，在政府有关部门的协调支持下，广州的夜间消费更多了一层线上消费的特色。借助2020“Young城Yeah市 点靓生活”夜间消费节，[②]广州市30多个商圈组成夜间消费联盟，同时利用数字技术进一步细化2019年8月推出的《广州夜间消费地图》，标明广州重点商圈、夜间示范消费区，并与手机地图、外卖平台相连接，使消费者通过手机APP就能实现精准便捷的夜间消费。

2. 消费券成为线上消费发展的重要推手

疫情使世界各地各行业经济遭受极大的冲击，为应对冲击，政府采取了诸多

① 何小敏，穗统宣.广州消费市场加速回暖 线上消费保持活跃[N].信息时报，2021-03-23。

② 广东出实招点燃消费引擎：发展在线经济，拓展内销渠道，活跃夜间商业[N].经济日报，2020-06-07（01）。

措施提高经济复原能力，特别是在消费领域力保居民基本生活消费力和消费稳定。其中之一是发行消费券。2020年3月以来，全国各地开始密集发放消费券。同年4月24日，微信发布的数据显示，广东省发放消费券的城市最多，消费券发放总额破10亿元大关，达10.56亿元。“五一”前夕，广州市商务局以“花城盛惠·快乐广购”为题正式开启系列促消费活动，发放各大优惠减免消费券，点热全城消费。据不完全统计，广州有超5000家商户参与促消费活动，仅汽车消费惠民活动，叠加广州市财政对车企的补贴，投入额总计在10亿元以上[①]。疫情期间受社交距离限制的影响，消费券主要通过线上消费方式使用。从这个意义上说，消费券成为疫情期间线上消费快速上升的重要推动力。消费券涉及的汽车、家电、餐饮、购物中心等几大促销板块，也成为线上消费较热的领域。消费券对线上消费意义重大：它成为政府与市场相结合刺激疫情期间消费的重要方式之一；促使广州整个商业向多渠道方向转变；大大提高了广州经济的复原力；对弱势群体作用尤其明显。

3. 跨境电商平台助推消费

与疫情期间跨境电商平台的推进相关，线上消费呈跨地域的品种多样化特点。线上消费增长与线上商务平台发展存在正相关关系。新冠肺炎疫情暴发前，广州的跨境电商已有一定的发展：发展中突出了广州元素、中国特色；成功创建电子商务示范城市；同时通过跨境电商试点城市验收，并获国务院批准成为第二批跨境电商综合试验区。疫情期间的国际社交距离限制，从另一个角度看是迫使人们开拓非物理空间的线上跨境商品产地和供给渠道。广州地区的企业，利用跨境电商平台合理避开社交距离限制，从境外的工商营销网络中找到连接广州消费者的切实对接点，线上远程打通境外商品市场与流通渠道，让消费者足不出户也可更多样地选择到优质的或心仪的境外产品，大大满足了消费者的多样化需求。疫情期间广州跨境电商平台的推进，使线上跨境选购交易和线上线下消费相结合，促进广州地区线上消费的快速增长，也增进了消费的跨地域品种多样性，使消费者享受品种多样且高性价比的产品。

4. 网络基础设施为赋予线上消费新动能提供信息基础保障

广州是中国历史上海上丝绸之路的重要源头之一，马可·波罗时代的“海上丝绸之路”通过南中国海和印度洋将中国同非洲与欧洲连接起来，是全球经济互

① 赵方圆，倪明. 广州消费燃起来 一元消费券带动3.5元新增消费[N].广州日报，2020-05-03（A3）。

惠互利共同体的重要通道。沿路的诸多城市、居民群落及其他地区都是联通的重要节点。疫情期间的社交隔离更是因线上“一带一路”网络互通而赋予广州市场主体与消费者新的空间与动能。“一带一路”行动方案在互联互通原则下，通过政策沟通、设施联通、贸易畅通、资金融通和民心相通等“五通”，把沿线沿带国家和地区的产业、经贸、要素信息、文化等连成一个利益共同体。广州消费者也借助跨境电商平台，参与到共造“一带一路”框架下跨境消费生态体系中。

5. 营造线上消费良好生态

不平凡的2020年，新冠肺炎疫情冲击着人们经济活动和消费生活的方方面面，在消费投诉上也出现新情况、新问题，监管部门要创新监管方式，以维护新消费情境下的消费者权益。根据《2020年度广东省消委会系统消费投诉分析报告》，按商品和服务分类，服务类投诉有248215件，占总投诉量的62.96%，居前五位的分别是互联网服务、生活社会服务、教育培训服务、电信服务与文化娱乐体育服务，其中互联网服务投诉量最大，为104997件，占服务类的42.30%（占总数的26.63%，同比增长13.78%）。近年网络消费问题投诉量一直居高不下，对网购和直播带货这种互动式营销模式带来的消费活动，消费者主要反映五类问题：部分商家不兑现承诺；推销员夸大产品功效；产品质量差，出现变质、破损、开裂；退货不落实，拖延退款；客服响应不及时，不履行售后义务。这些问题直接影响消费者的购物体验。还有部分网上消费的支付环节缺乏身份确认程序；部分家长未能妥善保管手机和支付密码，一些未成年人借机冒充成年人身份上网，不受“限玩、限充、宵禁”的约束，导致相关投诉增多①。针对“新兴业态”中消费问题突出、重复性举报投诉不断等的新问题，2020年广州市市场监管局创新监管方式、加大监管力度，努力破解消费维权难点痛点：发挥全市832家消费维权服务站、63家全国12315平台在线消费纠纷解决机制（ODR）企业等社会维权力量作用，共建新时代消费维权机制。据2020年数据，广州市消费维权服务站共受理消费投诉5.73万件，其中成功和解5.04万件，和解率达87.9%；ODR企业全年处理消费投诉1.55万件。针对因疫情影响存在的预付式消费监管难点，广州市市场监管部门深入开展预付式消费监管、营造“共建、共治、共享”的放心消费环境等方面调研和专题讨论，不断探索新的消费维权模式，形成消费维权新格局。为适应疫情防控常态，广州市12315消费者申诉举报指挥中心提供智能机

① 广东省消委会.2020年度广东省消委会系统消费投诉分析报告[R/OL].（2021-03-05）. http://www.gdcc315.cn/show-13-53554-1.html。

器人线上解答服务，让消费者足不出户就能咨询消费纠纷事项，推进了疫情防控期间线上维权；2020年5月中旬，与广州互联网法院签订消费纠纷多元化解合作协议，借助在线平台优势提升消费纠纷调处工作效能①。疫情期间，监管部门作为社会消费生态系统中的一个重要主体，在线上消费秩序的维护上主动作为，对促进线上消费的快速发展起重要作用。

如上是疫情防控常态化下广州线上消费的特点，下面着重讨论支持线上消费快速增长的原因及其适应性调节的依据。

二、支持广州线上消费快速增长的电商平台因素分析

新冠肺炎疫情从多方面影响经济活动。防疫的社交距离限制冲击世界供应链，也引发世界消费方式的重大变革。通过创新，将需求多元化和供应网点多样化、供应链安全有效统一起来，保障社会消费及其消费方式多样化，是化解危机的关键。对此，广州的应对之策是在“一带一路”框架下扩展广州线上经济与线下经济的跨空间融合。有效的电子商务平台成为防疫常态化下广州线上消费快速增长的一个重要因素。广州电商平台因素具体地说，就是基于互联网基础结构，借助境内外网络和信息互通，在“一带一路”行动框架上与沿线国家和地区的经济特点相结合，做纵横向拓展和适应性调节，促进线上线下经济的互动融合。

（一）“一带一路”行动框架上广州电商平台的境内外对接点分析

疫情防控常态化下，广州社交距离限制对传统的面对面线下商贸服务模式产生极大的冲击。幸运的是，广州这一千年商都也因其开放性和适应调节能力而迅速地将线下面对面商贸模式更多地转换为线上商务模式。电子商务的跨地理空间优势，成为新冠肺炎疫情的一个副产品并得到有效扩展。

《推动共建丝绸之路经济带和21世纪海上丝绸之路的愿景与行动》（2015年3月国家发展改革委、外交部、商务部联合发布）作为“一带一路”倡议转变为行动的一个标志，文中提到当今时代背景下，“共建‘一带一路’旨在促进经济要素有序自由流动、资源高效配置和市场深度融合，推动沿线各国实现经济政策协调，开展更大范围、更高水平、更深层次的区域合作，共同打造开放、包容、均衡、普惠的区域经济合作架构。架构以中国与沿线有关国家既有的双多边机制为基础，创新性升级改造既有的、行之有效的区域经济合作平台，打通沿线

① 广东省消委会.2020年度广东省消委会系统消费投诉分析报告[R/OL].（2021-03-05）. http://www.gdcc315.cn/show-13-53554-1.html。

路障互联互通包括政策沟通、贸易畅通、道路联通、货币流通和民心相通，促进国际贸易、信息、金融、产业、科学文化等领域的共同繁荣，共同打造政治互信、经济融合、文化包容的利益共同体和命运共同体。对此，本文简化为图1。

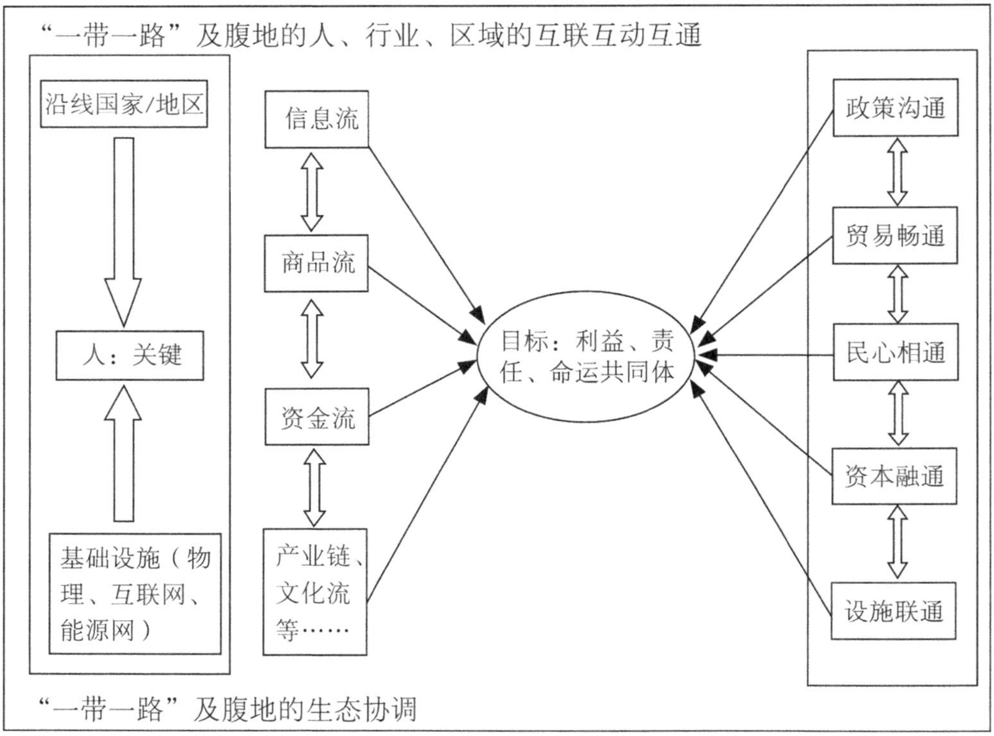

图1 "一带一路"倡议的行动总体框架图

"一带一路"行动框架的关键在人，行动靠人，成果最终为人所共享。广州一些电商平台在"一带一路"行动框架上从沿线地方经贸特点中可供互通的信息、商品、资金、产业等对接点出发，由点到面引入新的供需关系，接通境内外平台，使供需双方产生互动，共创虚拟性交易空间，形成跨境买卖交易和网购后的消费活动。广州电商平台在"一带一路"行动框架上导出境内外对接点，产生三大作用。其一是拓展供需关系与交易空间。纳入"一带一路"框架的国家已有70多个，线上电商平台的双边或多边市场属性使沿线国家或周边地区的经济主体既是商品的需方，也是商品的供者。而不论供还是需都因人因地而异。广州电商企业充分发挥平台优势，供需对接使企业与消费者、消费者与消费者、企业与企业形成直接互动，产生交易外延扩大和内涵扩大结合的效果。其二是基础设施联通。不同于其他多边主义协议，“一带一路”行动方案以基础设施项目建设为重头，具体包括物理意义上的海陆空交通基础设施、互联网联通的基础设施、能源网络建设等[①]。其三是以信息流导引商流、资金流和物流。创生于互联网与商业网交汇中的电子商务平台，通过商务信息流程改造，使信息、商品、资金和商贸、物流等元素按商业逻辑相互关联，再以信息流引导商流、资金流和物流，达到快速而有效地实现境内外商品交易的目的。

（二）疫情防控常态化下广州电子商务平台发展

就电子商务平台而言，其双边或多边的市场属性吸引着越来越多的行为主体进入商务体系，电子商务对交易方式、交易渠道以及市场经济结构的影响也变得越来越大，包括拓展销售渠道，创新产品营销模式；突破传统市场交易方式、交易时间与空间限制，使得交易活动可在任何时间任何地点进行[②]。电子商务正深入消费者的方方面面，从消费者在网店上浏览商品信息，选择与需求匹配的商品，下单、支付到物流提取等网络购物过程，以致最终进入消费使用环节，足不出户也可获取消费者剩余。而消费者从中获得的福利反过来又推动电子商务平台的变革与发展。

疫情防控常态化下支持广州线上消费快速增长的电子商务发展要点如下。

1. 线上与线下商务的兼容发展

首先，把握世界线上经济与线下经济融合的趋势与契机，综合考虑“一带一路”沿线国家或地区供需特点和广州地区居民消费等因素，按商业逻辑改进电商流程，开拓线上电商平台与线下实体店、线上产业与线下产业等融合发展的新领域。同时，通过开拓创新使更多传统的实体厂商与电商平台的融合中转型升级，传统而仍有效的业态与新业态融合生长，促进线上与线下经济的兼容发展。2020年6月6日至8日，广州市举行“首届直播节（中国·广州）”，这是全球第一个以城市为平台的直播节。其间，全国主要电商平台（栏目）、10万多个品类的商品参与线上线下同步直播，助力广州发展在线新经济和使内需市场升温[③]，推动线上消费快速增长。同时，广州人在海外有一个颇具优势的华人网络，在促进广州

---

① 能源基础设施投资是“一带一路”倡议的支柱，跨境的能源互连有利于确保投资、水资源供应和长期的地区稳定。

② 郑英隆，李菲.消费者剩余视角的电子商务发展内驱力研究[J].福建论坛（人文社会科学报），2017（03）：15-24。

③ 广东出实招点燃消费引擎：发展在线经济，拓展内销渠道，活跃夜间商业[N].经济日报，2020-06-07（01）。

线上电商平台与线下消费使用的互动兼容发展上有很大潜能。潜能一旦获得“引信”，就会激发新动能，推动线上经济与线下经济的规模性和结构性融合发展。

2. 电子商务平台与大数据产业的联动发展

电子商务平台与数据中心存在一种自然的联系。平台经营本身在不断创造数据，每个平台又都有自己专属的电商数据库，但仍与大数据产业存在差异。互联互补成为广州电商数据部门与广东大数据产业联动发展的主要依据。与数据产业的联动也为广州电商平台新发展开创新空间与新动能。提高电商服务规模和质量，驱使互联网、大数据、云计算与电商服务业融合发展，有利于提高现代服务业品牌价值，提升现代服务业占服务业的比重。[①]创新性发展着的电子商务平台是对线上消费的一个重要的渠道支持。

3. 线上商务平台与文化信息服务业的互渗融合

融合既是商务平台与文化信息交融的一种创新方式，也是广州电商平台的一种升级方式。在互联网经济时代，以互联网为基础的新经济区别于旧经济的标志之一是信息资源及知识的互通共享，共享是电商升级的重要方向。国际互联网框架中的国家和地区众多，它们各有各的国情区情，各有各的文化特质，广州线上商务平台与文化信息服务业的交互融合，需要在异地文化特质中找到共同点，在有同质性的结合点上推进电子商务与文化信息服务的交相融合。价值链上的融合是从生产源头到用户消费的过程，其中有价值链上游（含文化内容创造）、中游（数字内容产品制作）与下游（数字内容产品营销）三个核心环节，要把握好这三个核心环节以有效实现文化信息服务产品与电子商务渠道的价值共创。文化信息产品从制作到信息用户消费的过程有技术、产品、品牌、营销渠道等多重整合。互渗融合发展的动力在于电商平台与文化信息内容的相互渗透创新。文化信息内容的数字化和平台的数字化使得影视、音乐、文学、动漫以及游戏等文化内容以数字化手段转换成可以在数字平台上展现的表现形态。微博、微小说、微视频、微电影、微访谈和微吧这些完全不同于传统媒体形态的全新内容表现形态，就是文化信息内容制作环节与渠道融合所产生的新的信息产品，它既丰富了文化信息服务的内容，也改造和提升了电商信息服务，带给信息用户更多的消费体验。

4. 以集聚区为牵引，优化广州电商服务结构

以互联网应用创新为动力，推动广州线上电商集聚区与实体产业融合，以平

---

① 建设人工智能产业集聚区，打造珠三角工业设计走廊[N].南方都市报，2018-01-26（A05）。

台集聚经济性促进线上消费升级。广州作为国家电子商务示范城市，有从纵横上深化发展的要求。在广州现有的国家电子商务示范基地荔湾花地河、黄埔状元谷电子商务示范基地和琶洲电子商务产业集聚区的基础上，组建广州电子商务集聚区。通过集聚区，吸引相关电商企业入驻，具有不同优势的电商企业联系起来，形成电商分层，每一分层都有其特定的功能，并赋予其新功能和更强的竞争力，进而实现整体最优。广州电商集群可在规模基础上形成分层结构，促使电商平台细分与协作，使各层级获得正向协同效应；同时推动线上消费再上新台阶。

5. 把握疫情防控常态化下社交距离限制，拓展与港澳地区线上商务平台协作途径，促进广州线上跨境消费发展

粤港澳大湾区线上消费与线下经济融合，也是拓展穗港澳经济协作关系的需要。香港已加入“一带一路”行动框架中。2017年，香港地区与国家发改委签署《国家发展和改革委员会与香港特别行政区政府关于支持香港全面参与和助力“一带一路”建设的安排》（简称《安排》），《安排》聚焦金融与投资、基础设施与航运、经贸交流与合作、民心相通、推动粤港澳大湾区建设、加强对接合作与争议解决服务等，支持有关方面利用好香港平台，为“一带一路”建设提供多元化融资渠道①。澳门为“一带一路”行动框架上的一个支点。葡语国家包括巴西、葡萄牙、安哥拉、莫桑比克、佛得角、几内亚比绍、东帝汶等，分布在四大洲，总人口2.64亿②。澳门可通过各种论坛发挥联系中国内地与葡语国家的平台作用。故拓展与港澳地区线上商务平台协作途径，有利于广州线上跨境消费发展。

最后，需强调的是，政府要进一步加强线上消费与电商平台的法律政策支持。网购平台有其经营模式的特殊性，网购市场交易中假货比例在不断上升，还有涉及对消费者个人信息保护与安全问题，等等，而按照现有的法规很难判定其一些违法行为。为此，促进广州线上消费的健康发展，让电商平台更有力地支持线上消费，政府有关部门须根据新的发展趋势，研究出台相关法律法规，严厉整治发展中的不公平、不规范问题，使消费者个人信息得到安全保护，电子商务平台得以公平竞争和规范化发展。

（作者：郑英隆，广州工商学院教授）

① 内地香港签“一带一路”建设安排 港媒：提升香港经贸地位[N].参考消息，2017-12-15（15）。

② 港媒：内地中国沿海城市积极融入“海上丝路”[N].参考消息，2017-12-06（14）。

疫情下消费券的政策应用、效果及政策建议

王　英

摘要：突如其来的新冠肺炎疫情袭扰了正常的生产生活秩序，给作为我国经济增长主要动力的消费带来了巨大的打击。为应对疫情影响下居民消费行为的变化，全国各地政府纷纷采取措施，如向居民发放消费券，以提振消费、促进经济回暖。与直接发钱相比，发放消费券相当于是政府或企业向居民转移购买力，在特定期限内用于特定领域的消费，从而通过“杠杆效应”在短期内迅速提升居民的边际消费倾向。消费券刺激了相关领域消费的复苏，推动了各地消费经济回暖。但消费券发放过程中也存在虚假交易、违规套现等漏洞，以及发放对象未全覆盖、缺乏监管机制、单一发放平台涉嫌垄断等诸多问题。本文结合实际，从加强消费券设计、发放和监管的全流程管理，增强消费者信心等方面提出政策建议，以期为今后各地市在制定消费券政策和促进消费经济发展提供参考和借鉴。

关键词：新冠肺炎疫情；消费券；政策效果；杠杆效应

一、消费券的发放背景

1. 消费已成为经济增长的主要动力

作为拉动经济的“三驾马车”之一，消费已成为全国经济增长的主要动力。根据国家统计局数据，在过去的20年间，全国社会消费品零售额增速始终保持8%以上，增长态势长期较为稳定。2019年，全国社会消费品零售总额达41.16万亿元，比上年名义增长8.0%，对全国经济增长的贡献率达57%。其中，餐饮收入达4.67万亿元，同比增长9.4%；商品零售达36.49万亿元，同比增长7.9%；日用品类、化妆品类、饮料类和粮油、食品类商品同比增速均在10%以上。

2. 新冠肺炎疫情对消费造成了巨大冲击

为阻断新冠肺炎疫情蔓延，全国各地纷纷采取“封城”等措施，对经济体系造成了大规模冲击，从生产端到消费端、从实体经济到金融业、从制造业到服务业，都因为疫情而暂时停摆。2020年一季度，全国GDP增速下降6.8%，是近30年来首次出现单季度负增长，经济下滑严重。其中，社会消费品零售总额78580亿元，同比名义下降19.0%，受疫情冲击更为明显。从经营地来看，新冠肺炎疫情对城镇和乡村的消费均造成明显冲击，消费品零售额均明显下滑；从消费类型来看，全国餐饮收入同比下降44.3%，冲击程度最为突出。

3. 疫情影响下居民消费行为发生变化

新冠肺炎疫情不仅仅对消费市场造成了冲击，同时也使居民的消费心理和消费行为发生了变化。首先，在“封城”等防控措施，以及担心外出消费会增加感染新冠肺炎的风险等影响下，居民对可去可不去的消费场景更加小心谨慎，消费行为转向在线消费等无接触形式。其次，新冠肺炎疫情的突发性加上海外疫情蔓延，全球经济前景不确定性上升，国内消费者心理受到影响，居民将增加储蓄以防范类似不可预见的情况，消费意愿大幅下滑。数据显示，2020年一季度全国居民存款增加6.47万亿元，同比增加4000亿元。

4. 提振消费成为政府应对疫情不利影响、拉动经济的重要抓手

自2020年3月起，国内新冠肺炎疫情陆续得到了控制，为打破经济发展停摆的困局，各级政府纷纷在常态化疫情防控前提下，寻求恢复经济常态的措施。在国内经济受到“系统性打击”和全球供应链受创的情况下，国际需求和海外订单大减，提振消费成为政府快速推动经济恢复的首选。自此，全国多地陆续推出消费券作为政策工具，利用杠杆效应着力刺激居民消费，力图促进消费经济回暖和潜力释放。

二、消费券发放情况

（一）总体情况

2020年3月2日，济南开展惠民消费活动，发放2000万元消费券，投向景区、旅行社、影院、演艺场所、书店等，拉动文旅消费，开启了消费券发放的序幕。最“豪横”的当属浙江，仅杭州、温州两地就已经发放了超过34亿元的消费券。此外，南京、合肥、青岛、北京等地向公众发放的消费券也都超过亿元级别。2020年5月份商务部统计显示，全国累计有170多个地方政府发放190多亿元消费

券。

截至2020年5月5日，广东省共有11个城市发放消费券（广州、深圳、佛山、珠海、东莞、中山、江门、茂名、惠州、河源、清远），累计金额约15亿元。其中8个市级消费券中，发放金额从高到低依次是佛山市、珠海市、东莞市、江门市、中山市、清远市、广州市，17个区级消费券中，深圳市宝安区、佛山市顺德区、深圳市龙岗区、深圳市龙华区、佛山市南海区位居前五位，且派券金额均超过亿元。

（二）消费券发放的特点

从各地市消费券发放情况来看，此次消费券发放呈现出电子化、二线城市积极性高、政策措施因地而异和刺激消费领域针对性强等特点。

1. 消费券介质转变为电子化

相比于2002年底开始的“非典”和2008年金融危机后地方政府发放纸质消费券，此次新冠肺炎疫情后的消费券绝大多数是以电子化形式发放的。更多中老年人也开始网上购物和电子支付，据统计，国内城市电子支付使用率超过90%。为电子消费券提供了更广大和普及的应用场景。相比于纸质消费券，电子消费券的优势主要体现为成本更低、精准发放、避免冒领转卖等行为、便于实时统计和调整。

2. 二线城市发放消费券积极性更高

在各地市消费券发放中，相较于一线城市，二线城市更加积极。一方面，一线城市人口密集，相比刺激消费，会更加注重对疫情的防控；另一方面，二线城市对尽快重启经济的需求更强，与同档次城市竞争的压力更大，内在动机更强，且比三四线城市而言具有一定经济和财政基础。因此，二线城市对于发放消费券更为积极。

3. 各地市消费券呈现出“一城一策”的特点

从消费券政策来看，各地市消费券具体规则由各地市自主决定，灵活性较大，在满减额度、有效期、品类限制等方面差异较大。消费券面值及其配套的“满减额度”显著影响着持券居民的消费冲动，一般面值较小、满减额度较低的消费券更能调动居民的消费热情。由于消费券是为了刺激短期消费，其有效期设定为不超过1个月，一般情况下，有效期越短，核销的消费券数量就越少；但为部分使用门槛低、以日常消费品为标的的消费券设定更短的有效期，可能反而会引导居民迅速大量使用。通过对消费券进行一定的品类限制，既可以设置使用条件，避免出现囤积日常消费必需品、降低政府财政效率的情况，也可以引导居民消费导向，避免出现消费领域过窄、大量消费券被废弃的现象，保证刺激消费的效果。

4. 消费券刺激消费领域的行业针对性强

餐饮、旅游、住宿等受疫情影响较为严重的行业是消费券重点支持领域。从广东8个市级消费券和17个区级消费券来看，有九成以上是支持餐饮消费领域，占比高达92%。主要原因是餐饮消费更加本地化，具有高流动性和高频次性，且餐饮消费产业链上游带动作用强、横向关联行业多，能够有效带动食材供应、配送、仓储和门店加工等相关行业，对本地经济拉动效应最为明显；其次，零售百货（60%）、文化旅游（52%）和酒店住宿（44%）等也是消费券的主要支持领域。

三、消费券发放效果

1. 消费券作用机制

消费券相当于是政府或企业向居民转移购买力，在特定期限内用于特定领域的消费，从而通过“杠杆效应”在短期内迅速提升居民的边际消费倾向，刺激相关领域消费的复苏。与直接发钱相比，发放消费券更能用于消费，刺激效果更明显。相较于传统的货币政策和财政政策，消费政策对于快速恢复经济更为有效。传统的货币政策和财政政策一般不直接作用于消费者，而是通过政策中介或经济载体发挥政策效果。当经济体系遭受大规模冲击时，政策中介载体受到严重破坏，传统政策工具的作用将会显著降低。如果社会系统放缓到“基本维持”状态，出台消费券等消费政策对恢复经济具有重要意义。

2. 短期刺激效果明显

商务部信息显示，福建省通过支付宝发放数字消费券，全省累计投入财政资金1.83亿元，带动消费27.9亿元，杠杆比率达15.2倍；江苏各地政府累计发放消费券约27.1亿元，撬动消费近300亿元；济南市累计发放消费券2400万元，核销1769.4万元，拉动消费1.1亿元……各地市消费券均撬动了数倍的消费金额，推动各地消费经济加速恢复，重振消费的效果十分明显。

3. 长期效应较小

从消费券对各时期经济的带动效应来看，消费券仅仅是刺激消费的启动键，能够起到初始带动的作用，但并不能长期带动消费。消费券并不能根本性地改变消费者对未来的收入预期，只是一次性地提升消费者支付能力，却无法为消费市场注入长久动力。因此，消费券作为一种特殊时期的专用券和经济政策工作，具有明显指向性特征，能在短期内提升民众消费欲望，可以快速刺激消费，但从拉动消费全局看，消费券模式并无长期效应。

四、存在问题

消费券有效地推动了各地消费经济回暖，但消费券发放过程中也存在着不少问题，主要有存在虚假交易和违规套现漏洞、发放对象未全覆盖、缺乏监管机制、单一发放平台涉嫌垄断等。

1. 存在虚假交易、违规套现的漏洞

对于各地市发放的满额减消费券，消费者可以在不购买任何商品的情况下，通过向协商过的商家支付相应金额使用消费券，与商家将满减金额进行分成套利。部分“羊毛党”的不法行为和虚假消费的做法，使得消费券的意义大打折扣，既无法发挥撬动消费经济的杠杆作用，也使政府补贴款项造成浪费。

2. 电子化发放形式使部分居民无法参与

由于各地市消费券多以电子化发放，部分低收入、中老年人、数字经济参与程度低的居民参与领取数字消费券的意愿和成功率较低，而此类居民正是最需要消费券扶持的群体，信息不对称以及缺乏移动支付经验可能会使消费券的作用打折扣，“数字鸿沟”的现象将影响消费券发挥刺激消费的效果。

3. 消费券的发放缺乏监管机制，容易滋生乱象影响社会公平

很多地方只是跟风、形式化地发放消费券，象征性地发放面值小、限制多的消费券，这既可能让消费券成了部分人专享福利，也会增加当地政府的财政压力。而且在消费券实际发放过程中有的人一张都抢不到，有的人却利用漏洞哄抢多张进行套现，导致资源浪费、社会成本增加等问题，无法改善最需要消费券扶持的中低收入群体的经济状况。

4. 单一发放平台涉嫌垄断市场

在发放消费券时，很多地市都会选择多个平台或者渠道派发消费券，而部分城市只选择了单一发放平台。一般情况下，政府选择与支付平台合作派发消费券，一般是会提前对此进行公开招投标，最终由一个或者多个中标者，与政府进行合作，来派发消费券，如浙江嘉兴的2亿元电子消费券，就是多个平台共同派发，并非单一平台。而政府发放资金补贴是来源于纳税人，如果只给一家企业，再通过这家企业来转化为消费券，违反了营造公平竞争市场环境的要求。

五、政策建议

消费券最终能发挥的刺激消费的效果受诸多方面的影响，要结合当地实际，

加强消费券设计、发放和监管的全流程管理，增强消费者信心，从各层面着手完善消费券政策，进而保障消费券对提振消费的作用和效果。

1. 客观看待，充分调研，结合当地实际发放消费券

各地应客观看待消费券，端正消费券发放态度，既“慢不得”更“急不得”，切勿造成不合理的行政干预，非但鼓励不了消费，还会打击消费积极性，甚至造成误解。此外，在地方政府债务压力一直不小的基础上，疫情防范又增加了许多支出，各地应注意自身的财政负担，视地方财政收入情况而定，切勿盲目跟风发消费券，避免造成地方财政运行风险。在确定发放消费券的基础上，各地政府应积极探索符合当地实际情况的模式，通过充分的调研、论证，在消费券的设计上下功夫，因地制宜做到“一城一策”。

2. 兼顾救助，精准发放，实施“双层”消费刺激方案

做好救助与刺激的平衡，拓展消费券的内涵，实施有差异化的“双层”消费刺激方案，并行推进民生保障和消费刺激。“双层”刺激方案的关键在于在大规模发放消费券的基础上，注重向中低收入群体精准投放，既要鼓励居民拿到消费券后在短期内消费，同时又要兼顾低收入及贫困家庭，让其也能分享到消费券的补贴。可参照和借鉴武汉、杭州等地做法和经验，制订定向计划，针对低保、特困、建档立卡贫困人口等低收入群体发放现金消费券，既能维持其日常生活的运转，也可利用其恩格尔系数较高的特点保障消费券的核销比例。加大对低收入等人群的定向扶持，针对“数字鸿沟”问题提前制定相应的政策机制，可提前公布各区域的社会救助电话，保障每个人尤其是老年人与低收入群体都有条件和能力领取消费券，确保消费券发放透明、公正、高效。

3. 优化设计，灵活调整，充分扩大刺激消费的效应

优化消费券设计机制，完善消费券的金额设计、发放方式、发放机制等，不断提高消费券拉动经济发展的作用。完善消费券的发放方式，简化领取流程，保证消费券应领尽领和无障碍领取。注重考虑资金安全和发券效果，从承受网络流量洪峰的能力、风控能力、平台覆盖率、商业生态丰富性等角度进行综合对比和衡量，审慎选择发券平台，以确保资损最小化、带动消费效果最大化；采取在多个平台上发券的方式，既可以保证市场的公平竞争，也能让消费者有自由选择的空间，避免指定或者二选一的情况出现。结合用户多元化需求设计消费券面额：一方面，设置小面额消费券以满足餐饮、食品等“必需型”消费场景；另一方面，设置数百元中等面额消费券以满足美妆服饰、娱乐旅游等“享受型”消费场景，做到各种消费场景的广泛覆盖。加强对消费券使用过程的管理，增加消费券

发放弹性，灵活设计消费券发放的密度和广度，及时优化发放机制。以适中的消费补助金额在较短时间内进行一轮一轮地实验，观察消费复苏和经济回暖情况，并酌情调整发放频率和消费补助金额。

4. 加强监管，引入惩戒，遏制违规套现等乱象发生

加强新技术应用，可利用区块链技术发行消费券，充分利用其难以篡改的技术特点，实时追踪每一张消费券的使用情况，提高平台监管能力，保证券尽其用。跟进和加强消费券发放后的监督管理工作，充分发挥商家自律机制，引入信用惩戒机制，厘清相关部门的职责，加强对申领消费券的人员、实施消费券抵扣商家的信用监管，提高其违法成本，遏制违规套现等乱象发生。

5. 提振信心，完善环境，建立消费增长的长效机制

与一般的优惠券不同，消费券不等于对过去交易行为的打折，也并非单纯的一锤子买卖。消费券的重要效果不在于当次交易本身，而在于引导消费者在短时间内重新形成消费习惯，通过增强消费者信心和刺激消费习惯，进而发挥更大的乘数效应，以在短期内发挥带动经济发展的杠杆效应。长期来看，要做好消费券刺激和消费制度、环境完善的衔接，加强减免企业的经营成本，推动企业尽快有序复工复产和居民实现稳定增收，从政策上营造宽松的就业创业环境、安全便捷的消费环境，增强消费者信心，建立更加完善的消费增长长效机制。

参考文献：

[1] 北京大学国家发展研究院课题组，林毅夫，沈艳，孙昂. 我国消费券发放的现状、效果和展望研究[J]. 中国经济报告，2020（04）：21-33.

[2] 李博硕. 新冠疫情下消费券发放的内在逻辑与潜在风险研究[J]. 价格理论与实践，2020（04）：47-50.

[3] 王容. 新冠肺炎疫情冲击下电子消费券的效应分析[J]. 现代商贸工业，2020，41（24）：72-73.

[4] 郭功星，杨坦能，刘晒珍. 消费券拉动内需的作用及局限性研究[J]. 中国商贸，2010（04）：233-234.

（作者：王英，佛山市发展和改革局科员）

微观篇

新生代老龄群体消费：特征、难点及对策

谢仁寿

摘要：随着我国“白发浪潮”的到来，一个庞大的老龄消费群体正在对经济和社会产生日益深远和广泛的影响。与传统老龄群体有钱不敢花、不愿花不同，“新生代”老龄消费群体有着强大的消费潜力。这个群体有自己独特的消费特点和消费趋势，同时他们在消费市场也会遇到许多问题与障碍。在此背景下，本文将尝试探讨如何从政府层面和企业层面采取有力措施，破解制约新生代老龄群体消费的不利因素，以更好满足其不断增长的消费需求。

关键词：新生代；老龄；群体消费；需求

一、新生代老龄消费群体的消费特征及其变动趋势

（一）新生代老龄消费群体的消费特征

本文所谓新生代老龄消费群体，是指60周岁以上（亦含50周岁已退休女职工）、具有一定经济实力及退休保障、消费能力强、消费观念和消费方式新、会规划自己老龄生活并愿将更多储蓄用于追求高质量老龄生活的新一代的老龄群体。特别是随着“50后”“60后”退休群体的不断加入，这些新生代老龄群体的消费观、消费能力及消费结构较老一辈的老龄消费群体已发生深刻变化。

1. 消费群体“大”

近年来我国老龄人口规模呈快速扩大趋势。来自国家统计局的行业大数据显示，截至2020年1月17日，中国大陆总人口破14亿，60周岁及以上人口2.5388亿，占总人口的比重升至18.1%。根据联合国《联合国人口展望2019》的预测，到2050年，我国60周岁及以上老龄人口将达到4.85492亿人，占总人口的比重将达到40.06%（见表1）。而全球2019年65岁及以上老人比例约为9%，2050年将达

16%，届时中国将远远高于这一比例。

表1 2050年中国人口结构预测

年龄组（岁）	人口数量（千人）	年龄组（岁）	人口数量（千人）
0~4	42913	55~59	93243
5~9	46389	60~64	119853
10~14	47776	65~69	88913
15~19	48419	70~74	78346
20~24	53716	75~79	83097
25~29	63906	80~84	65139
30~34	82123	85~89	32954
35~39	84612	90~94	12480
40~44	81766	95~99	4089
45~49	79500	100+	621
50~54	83768	合计	1211857

从表1可以看出，我国的新生代老龄消费群体数量庞大，“有闲有钱”，蕴涵的消费潜力绝不可小视。

2. 消费观念“新”

过去的老年人退休金不多、积蓄也少，因而会顾及养老、医疗等种种因素，致使他们普遍有节俭心理，不敢或不愿随便花钱。而新生代的老龄消费群体则不同，他们受益于我国经济的持续健康快速发展，人均可支配收入稳步上升，尤其是老年人的社会保障体系水平不断提高，同时来自儿女的负担也大大减轻，他们的消费观念正在发生根本性变化，更向往和追求高品质的生活，因而消费信心指数大幅提升。

3. 消费能力“强”

老龄群体的收入来源主要有退休金、储蓄和理财等。根据《2020中国银行业老年金融创新趋势报告》，我国退休人员中，退休金月入5000元以下是主流，占61%，3000元以上占比54%。从城市层面来看，《中国城市养老消费研究报告》显示，一线城市退休金收入5000~8000元的占44%，三线及以下城市退休金收入普遍在3000元以下，占比58%。此外，我国有孝敬父母的优良传统，年轻人收入水平提升后，也愿意花钱提升父母的消费质量与养老水平。社会保障与医疗保险水平的提升，也使这一群体的生活水平有了普遍提高，老年人手上的闲钱即可任意支配收入越来越多，这一切会促使他们的消费观念不断更新。与此同时，老年人用品与服务供给的增加，也给这一群体释放其强大的消费力提供了物质基础和条件。

4. 消费方式多“变”

越来越多的新生代老龄消费群体愿意尝试网上购物和移动支付。在一二线城市，这一群体甚至学会了网上预约、求医问诊和支付。在时下最火的以年轻人为主体的短视频领域，也出现了中老年人的身影，老龄“网红”不时可见。

（二）新生代老龄消费群体的消费趋势

1. 消费需求重心由“硬”向“软”转变

新生代老龄群体的消费需要不限于物质领域，而是体现在文化、政治、民生、环境等多方面，他们追求高品质的美好生活。换言之，他们的消费需求重心正在由“硬”向“软”转变。随着人们生活水平的提高，新生代老龄群体的文化消费大增，越来越多的人走进老年大学，享受读书的乐趣。这部分老年人年轻时忙于工作，没有时间培养发展兴趣爱好，退休后，渴望学习一些新知识、新技术，追上新时代的步伐。根据教育部发布的统计数据，2017年我国有700多万老年人在老年大学等机构学习，4560多万人次群众参与了各类学习活动。

2. 崇尚健康与绿色生活

根据麦肯锡《2017年中国消费者报告》，近十年来，中国重视健康和饮食、运动和环境对生活质量影响的人数大幅上升，有65%的中国消费者追求更健康的绿色生活方式。老人最大的财富不在于有多少存款，而在于是否健康和快乐。新生代老龄群体与传统老年人相比较，他们更加崇尚健康生活与绿色生活，从居住、饮食、睡眠到运动，都会以健康与绿色的生活理念来积极调理自己。

3. 信息消费如火如荼

随着智能手机、移动支付方式的普及和消费观念的改变，中老年群体不断突破硬件和能力的“壁垒”，跟上了时代进步的节拍，成为数字生活和新消费的参与者。随着老龄化社会的来临，被视为是年轻人专享的网购也为越来越多的老年人所接受，这些“有钱有闲”的新生代老龄群体，其“触网”的深度和在线消费的能力可能会直追年轻人，成为新的消费增长点。

4. 消费多元化、高端化

新生代老龄群体是旅游消费的生力军。一方面，他们旅游消费的标准较高，旅游消费渐趋多元化、高端化；另一方面，旅游消费的方式从原来的重传统“旅游消费”转型为重“休闲消费”。国家日益发达的交通条件和日益提高的物质生活条件，为新生代老龄群体旅游消费的多元选择提供了重要物质基础。他们对旅游景点的选择也不限于国内，生态环境良好的外国景点对这个群体的消费者同样具有吸引力。旅游出行的方式也多种多样，除传统的参团外，还可自驾游或半自助游，即由旅行社购买往返机票或车票，到达旅游景点后再自行安排吃、住、游。

5. 重视“保养”“美妆”“抗老”消费

多家在线购物平台发布的数据表明，老龄群体美妆购买力正逆势上涨。其中，50岁以上用户购买美妆的消费金额同比增长51%，受老年人欢迎的染发剂销量环比增长118.09%。“银发族”对“抗老”有较高的期待，他们会将25%的护肤消费花在以抗老为主打的产品上。此外，具有滋养功能的面部护肤品也受到新生代老年消费者的关注。①

二、新生代老龄消费群体的消费制约因素

新生代老龄消费群体是一个巨大的消费市场，但受制于多种因素的影响，其潜在的消费力并未得到有效释放。

（一）产品供给难以满足新生代老龄群体的消费需求

新生代老龄消费群体因经济能力、教育程度及消费观念不同，其需求异质性特征明显。目前国内企业对这一群体的消费需求调研不够深入细致，不仅市场定位不准，市场细分不够，新产品开发的针对性不强， 而且产品品种多样性严重不足，生活所需器械、护理用品及电子、文化产品等，均难以满足新生代老年人日益增长的消费需求。日本市场的老龄用品超过4万种，我国市场仅2000多种，是日本老龄用品的1/20。②面对新生代老龄消费由“硬”向“软”转变，供给的“短板”问题尤其突出。如各地的老年大学存在场地限制、办学经费和师资力量均不足等问题，与日益增长的老年群体的求学需求不相适应。此外，虽然照顾老年人生活的住家保姆数量不少，但保姆的服务理念、服务水平均有待提升，服务标准有待细化和规范化。

（二）老龄消费市场发展缓慢，区域分布不均衡

老龄消费市场发展缓慢表现在：我国新生代老龄消费市场虽然潜力极大，但

① 老龄产业研究：中老年美妆购买力，疫情逆势增长[R/OL].（2020-04-29）. https://www.sohu.com/a/391761064_120449748。

② 有效供给不足 莫让老年人用品成“老大难”[R/OL].（2016-04-15）. https://www.sohu.com/a/69423575_161623。

目前对老龄产品市场的细分存在许多短板，从老龄日用品、老龄电子产品到老龄文化用品，相对应的市场还处于起步阶段，行业发展速度较为缓慢。老龄消费市场区域分布不均衡表现在：我国区域经济发展水平及文化差异性极大，新生代老年人的经济实力、文化水平、消费观念存在较大差异，老龄产品市场的区域分布不均衡，其中东中部发达地区及一线城市产品较为丰富，相比之下，其他区域的老龄产品则较为单一。

（三）销售渠道有限，配套服务欠缺

新生代老龄消费群体对老龄商品需求巨大，但有特色的专卖店和综合性商店仍较欠缺。老龄产品宣传和展示平台不多，新生代老龄消费群体对许多新老龄用品缺乏了解和认知，这也抑制了这一群体的消费。企业有针对性的服务意识不强，商场和购物场所的布局、装潢、展示等，少有从老年人的角度出发。如：商品信息中专门针对老年人老花眼的特殊标识难得一见；对于已出售的老龄用品，售后的使用指导及维修服务也难以满足老龄群体的特殊要求；电商平台对新生代老龄消费群体更是缺乏相应的信息引导；等等。

（四）相关政策供给缺失

根据2020年第45次《中国互联网络发展状况统计报告》，到2020年3月，中国的网民规模已达9.04亿，但60周岁及以上的老龄网民只占6.7%。而截至2019年底，60周岁及以上人口有2.54亿人，占总人口的18.1%。由此推算，尚有上亿的老年人未曾“触网”。导致这一现状的原因，除老年人自身的学习能力下降外，也与操作界面未能适应老龄群体需求、商家的设计没能照顾到老龄群体的使用习惯等有关。

（五）老龄市场监管不到位

新生代老龄群体的消费需求未能得到很好满足还与老龄市场的监管不到位有关。目前我国老龄用品市场的发展仍呈分散和自发状态，一些相关行业尚处于探索和开拓时期，对老龄用品市场缺乏整体布局和系统性规划，行业标准缺失、监管缺位、市场秩序混乱等问题普遍存在。老龄保健品行业利润大，实行的是多头管理，对生产商和销售商只审批不监管的问题普遍存在，缺乏统一的行业标准和分类，保健品认证机构缺乏、认证程序不规范等，均不利于这一行业的健康发展。一些生产商和销售商夸大商品用途，误导老龄消费者，行业生产无序，市场秩序混乱，一些违法生产的劣质产品甚至也流入市场。对保健品的保健功能，没有国家机构的相关验证，只有评审专家对提交材料的理论分析。此外，对网络上

充斥的各种虚假信息，这一消费群体也往往因辨识能力整体较弱而更容易上当受骗。

三、促进新生代老龄群体消费的措施

（一）加大政策资源投入，激活老龄市场活力

针对新生代老龄群体日益增长的多层次消费需求与公共供给不足的矛盾，政府要积极出台相关政策，加大政策资源投入。一是支持基层老龄文化教育设施与平台的建设，推进“互联网+”医养服务，从顶层设计与规划到财政投入，政府出台相应的发展计划。二是为老龄消费市场发展提供精准的政策支持。如出台相应的优惠政策，为老龄消费市场的发展创造有利条件；将老龄产业作为国家扶植产业，从税收、信贷等各环节给予支持和鼓励；等等。三是引导和激励相关企业深入了解老年人实际需求，不定期进行产品需求调研；销售产品的同时可进行问卷调查，或者开展街头或社区走访活动，深入老龄群体，了解他们对产品和服务的真实需求；可利用移动互联网收集其日益增长的消费需求大数据，有针对性地设计和开发新的老龄商品；细分老龄商品市场，增加老龄商品种类和款式，丰富老龄商品市场。

（二）进一步完善社保体系，释放老龄群体消费力

进一步建立和完善养老保障制度，包括养老保险制度、社会福利制度和社会救济制度；不断加大各级财政对养老保险基金的投入，建立城乡一体化的最低生活保障制度，积极开辟多元投资渠道；建立可持续性的保险金制度，解决老龄群体消费的后顾之忧，让老龄群体放心消费，释放老龄群体消费力。

（三）拓宽销售渠道，完善配套设施及服务

积极发展老龄商品专卖店，在原有老龄商场专柜的基础上，采用连锁专卖模式统一进货、统一销售，实现低成本快速发展。可借鉴孕婴专卖的经验，将具有老龄特色的商品集于一店，满足老龄商品的一站式购物需求。流通渠道方面，可进一步优化网点布局，完善网点配套设施和服务设施建设，提高展示、指导、销售、售后等相关服务水平；店址的选择尽量接近老龄群体较集中的居住区或交通便利的地方；可充分考虑老龄群体的心理和生理特征，创建老龄群体网络消费专栏，并对网页进行无障碍设计，为老龄群体浏览、下单购买提供充分的便利；引导企业推出专为老龄用户量身定制的APP，拓宽老龄群体的商品消费和服务消费路径。

（四）搭建学习手机使用的免费平台，消除老龄群体的“触网”障碍

让老龄群体融入数字生活，是社会的一份责任与要求，是帮助老龄群体适应老龄化社会的重要举措。各级基层政府应结合实际情况，为老龄群体搭建学习平台。可采取多种方式，由基层政府、社区、志愿者等组织进行有针对性的培训，消除老龄群体的“触网”障碍。

（五）加强老龄市场监管，优化“银色消费”环境

一是相关国家机关、部门和行业协会应履行各自职责并形成合力，建立和完善老龄市场准入制度及其产品认证制度；二是加强保护老龄用品的知识产权，维护相关企业的核心利益，鼓励企业创新更多更具竞争力的老龄商品品牌；三是加大市场监管力度，坚决杜绝不合格产品、劣质产品流入市场，查处虚假宣传、制假售假等破坏市场秩序的违法行为，从生产、流通、销售各个环节维护老龄消费群体权益，促进老龄消费市场的持续健康发展。

（作者：谢仁寿，中共广东省委党校教授）

疫情对家庭消费结构的影响

——以广东10个家庭为例

姜彩芬　　张亚处　　张乔凡

摘要：本文通过调查广东省10个家庭在2020年1—4月和2019年1—4月的同期月平均居民消费支出情况，分析新冠肺炎疫情对广东家庭消费支出的影响。同时按居住城市疫情严重程度将受访家庭划分为“高风险地区家庭”和“低风险地区家庭”，并比较分析不同疫情程度地区的受访家庭消费结构情况，以探讨疫情对家庭消费结构的影响。

关键词：疫情；家庭；消费结构；广东

2020新年旧岁交替之际，突如其来的新冠肺炎疫情打乱了人们的生活节奏。自2020年1月23日武汉“封城”，随后全国各地纷纷启动一级应急响应，全国较长时间的停工、停产、停学，至5月中旬仍未完全恢复正常经济生活，严重影响了居民的就业和收入，对我国经济造成巨大的冲击。按照疫情防控需要，居民主动减少外出购物，纷纷取消聚餐聚会，非生活必需类商品销售和餐饮业受到明显冲击。国家统计局3月16日、4月17日提供的数据表明，在2020年1—2月，社会消费品零售总额同比下降达到20.5%；3月，社会消费品零售总额26450亿元，同比下降15.8%。随着国内疫情逐渐得到控制，复工复产有序推进，消费态势也逐渐回暖，但相比疫情前仍呈现疲态。

而广东省作为中国经济最发达、人口流动量最大、出口量最大的省级行政区之一，有必要及时探讨、分析本次疫情对本省家庭消费需求、消费水平、消费结构的影响，以帮助如何尽快恢复甚至提高居民消费水平、改善消费结构，并助力实现全面建成小康社会的宏图伟愿。由于疫情尚未完全结束，宏观数据也有待下一年统计年鉴的公布，因此本文以广东省10个家庭为例，通过一手资料分析和比较2020年疫情期间与去年同期家庭消费支出的情况。

一、消费支出的分类

按国家统计局《居民消费支出分类（2013）》，本文将居民消费支出划分为八类，将金融消费独立为投资支出。重点访问了2019年1—4月和2020年1—4月两段时间内包括衣着、食品、住房、出行通信、教育文娱、生活用品及服务和医疗保健这七大消费板块的具体消费支出情况，还有金融方面的投资板块支出情况。表1列出了消费支出的七大类别及投资板块的定义：

表1　消费支出类别及投资板块的定义

消费支出	定义
衣着	衣着消费指身上的穿戴消费，包括衣服、鞋子、裤袜、手套、围巾等等。
食品	家庭食品消费即一个家庭的在家就餐和外出就餐方面的综合支出。
住房	住房消费包括租金、房贷、装修房子、盖房子、买卖房子等。
出行通信	出行通信消费是指购买交通和通信类工具，使用、维护相关物品与相关服务的费用支出。包括购买交通工具、通信工具、燃料及维修、交通、电信、邮寄费用等。
教育文娱	教育消费包括教育服务费用、学杂费、在校饮食服务和住宿服务等费用。文娱消费包括用于文化、休闲、娱乐等目的的消费品，如各种设备、体育器械、乐器、报刊、书法、玩具等；文娱消费还包括与文化和娱乐有关的服务支出，如电影院、游乐园、旅游等。特别说明的是，在本调研中，我们在文化方面侧重于红包、祭祀和人情世故等消费。
生活用品及服务	生活用品及服务消费包括家具、家用器具、家用纺织品、家庭利用杂品、个人护理用品、家政服务等。
医疗保健	医疗消费是指为了满足个人生理、心理的保健需要购买医疗产品的行为和活动。
投资板块	**定义**
金融理财	金融理财消费包括股票、基金、期货、国债、信托产品、外汇产品、黄金和保险等。

二、调查过程及受访家庭情况

本次调查在2020年5月1日—5月15日进行，调查家庭在2020年1—4月以及2019年1—4月的消费支出情况。调查问题包括了家庭基本信息和七大类别的消费支出。家庭基本信息板块，共设置8个调查问题；七大消费支出板块，共设置了26个调查问题。调查中，原则上以七个板块顺序进行调查提问。按广东省疫情地图，我们将调查的10个家庭按地区的疫情风险程度分为高风险地区和低风险地区两类，每一类中有5个家庭。根据划分的标准，高风险地区为广州、佛山、中山、珠海等城市（确诊人数为50人以上）；低风险地区为揭阳、汕头、阳江、江门等城市（确诊人数为50人以下）。其中高风险地区也是经济更发达地区，家庭年均可支配收入为27万；低风险地区家庭年均可支配收入为19万。疫情发生的四个月以来，收入普遍减少在10%以上。受访的家庭具体情况见附录表格。

三、调查结果分析

（一）总体来看，食品、医疗保健类支出增加，其他类别支出减少；金融投资也存在减少的情况

受访的10个家庭的月平均支出具体见表2。

表2　2019年1—4月与2020年1—4月月均各类别消费支出占总消费支出情况

消费支出类别	2019年1—4月支出/元	2019年1—4月各类别支出所占比例	2020年1—4月支出/元	2020年1—4月各类别支出所占比例
食品	3080	30.39%	3582.5	42.13%
教育文娱	2676	26.4%	1333.4	15.68%
医疗保健	468	4.62%	644.5	7.58%
出行通信	667	6.58%	516	6.07%
衣着	537.5	5.3%	342	4.02%
住房	2119	20.91%	1611	18.94%
生活用品及服务	588	5.8%	473.5	5.57%

由于疫情期间大家都不得不居家生活、不可外出，因此消费情况大同小异，家庭普遍在食品方面（居家自制美食）支出较大且与去年同期比较增加较多；同时为了防疫需要，在医疗保健方面有明显的增加，例如购买各类口罩、消毒液等防疫用品。而其他类别的支出均明显减少，另外，金融理财投资也有减少的趋势，其中2019年1—4月的月平均支出为2520元，而2020年前4个月的月平均支出为2420元。

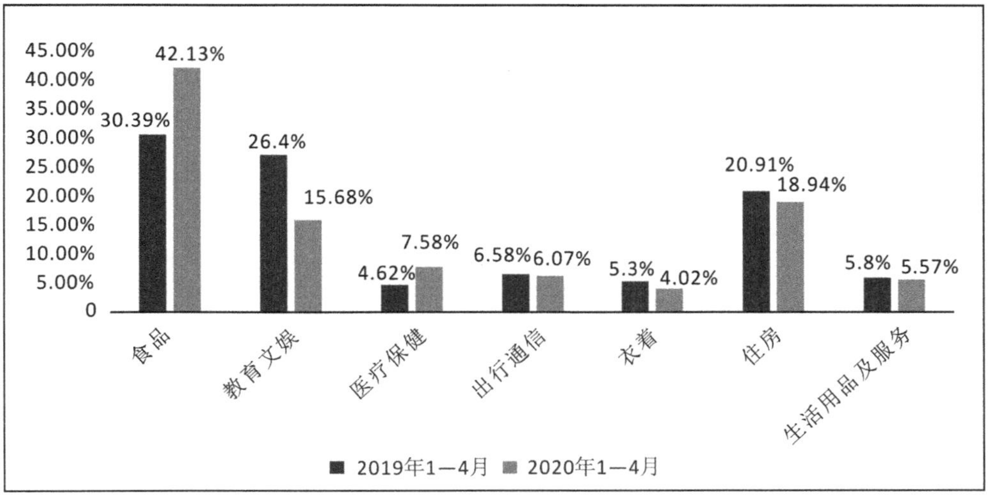

图1　2019年1—4月与2020年1—4月月均各部分消费支出对比

由图1可知，2019年受访家庭平均支出中，食品与教育文娱平均支出占比最高，分别占比30.39%与26.4%；而医疗保健平均支出占比最低，仅占比4.62%。而2020年受访家庭平均支出各部分占比结构与2019年的基本类似，但也有部分支出发生显著改变，具体情况如下：2020年食品平均支出仍是受访家庭的最主要支出，平均支出为3582.5元，占总平均支出的42.13%，占比接近一半，且增加较大；而衣着平均支出转变为受访家庭的最少支出，平均支出为342元，仅占平均总支出的4.02%。次要支出依次为住房平均支出，平均支出为1611元，占总平均支出的18.94%；教育文娱平均支出为1333.4元，占总平均支出的15.68%；医疗保健平均支出为644.5元，占总平均支出的7.58%。受访家庭消费的更多重点支出在于物质层面（食品支出、住房支出、医疗保健支出合计占比68.65%），而关于精神文化方面的消费支出较少（教育文娱占比仅为15.68%）。

（二）高、低风险地区家庭消费结构变化情况分析

表3~表6为高、低风险地区10个家庭在2019年1—4月和2020年1—4月的八大类别支出的月均支出情况。表中为高、低风险地区的10个家庭分别编号，其中1~5号为高风险地区家庭，6~10号为低风险地区家庭。

表3　高风险地区家庭2019年1—4月的月平均消费支出（单位：元）

家庭	食品	教育文娱	医疗保健	出行通信	衣着	住房	生活用品及服务	金融理财投资
1	4500	3100	2600	490	500	1040	160	15000
2	4300	3138	30	1200	200	16000	100	6000
3	750	2250	1000	750	1000	750	2250	0
4	2700	3100	200	500	0	2300	150	1500
5	2000	2760	100	1100	875	500	900	0

表4　低风险地区家庭2019年1—4月的月平均消费支出（单位：元）

家庭	食品	教育文娱	医疗保健	出行通信	衣着	住房	生活用品及服务	金融理财投资
6	3000	2950	200	760	200	0	800	0
7	3000	962	0	120	200	400	200	0
8	2800	2600	200	400	500	0	800	0
9	3750	4400	300	350	400	200	400	0
10	4000	1500	50	1000	1500	0	120	2700

表5　高风险地区2020年1—4月的月平均消费支出（单位：元）

家庭	食品	教育文娱	医疗保健	出行通信	衣着	住房	生活用品及服务	金融理财投资
1	5200	1133	2270	980	20	1060	210	7500
2	4500	638	175	925	175	11000	150	12500
3	1000	3000	2000	250	500	500	0	0
4	2700	1150	200	300	0	2300	150	1500
5	3000	1510	500	850	750	500	950	0

表6　低风险地区2020年1—4月的月平均消费支出（单位：元）

家庭	食品	教育文娱	医疗保健	出行通信	衣着	住房	生活用品及服务	金融理财投资
6	4500	1775	400	360	500	0	1000	0
7	3000	878	100	120	125	400	200	0
8	3000	1500	300	325	150	0	1325	0
9	4425	1000	375	300	200	200	550	0
10	4500	750	125	750	1000	150	200	2700

剔除金融理财投资，不同地区家庭在2019年和2020年前4个月的各类型消费

支出占消费总支出比例如表7所示。

表7　不同地区家庭消费结构情况

消费支出类别	高风险地区		低风险地区	
	2019年1—4月	2020年1—4月	2019年1—4月	2020年1—4月
食品	22.51%	32.44%	43.48%	56.33%
教育文娱	22.67%	14.7%	32.61%	17.12%
医疗保健	6.21%	10.18%	1.98%	3.77%
出行通信	6.38%	6.54%	6.91%	5.38%
衣着	4.07%	2.86%	7.36%	5.72%
住房	32.53%	30.39%	1.57%	2.17%
生活用品及服务	5.63%	2.89%	6.09%	9.5%

由表7可知，不同地区家庭在食品、医疗保健与教育文娱支出三个消费类别方面变化较为明显，出行通信、衣着和生活用品及服务支出变化呈小幅度波动。通过分析，我们认为这些消费类别变化情况虽然都受到疫情因素、所处地区经济发展因素等的影响，但还有一些具体因素也会影响到这些变化，下面我们将对这七个消费类别变化情况进行具体的分析。

1. 食品消费支出方面，低风险地区家庭支出比例更高，且疫情期间增加也更多

2019年1—4月高风险地区家庭食品消费占消费总支出的比例为22.51%，低风险地区家庭食品消费占消费总支出的比例为43.48%。2020年1—4月高风险地区家庭食品消费占消费总支出的比例为32.44%，低风险地区家庭食品消费占消费总支出的比例为56.33%。具体如图2所示。

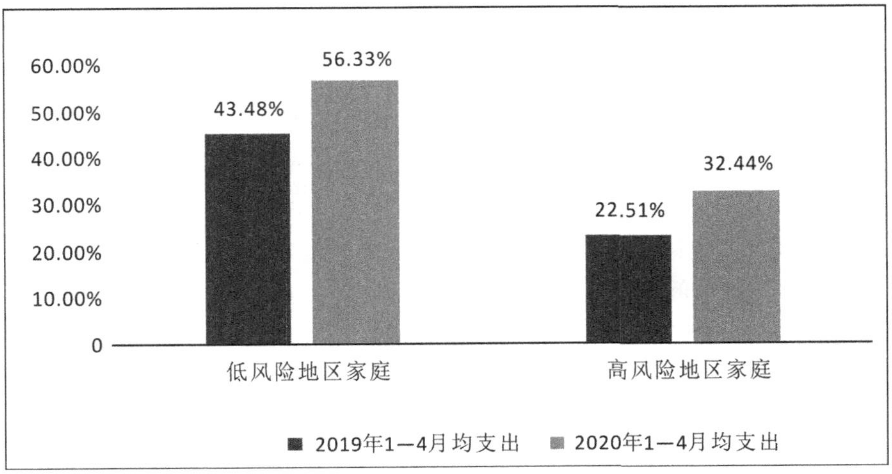

图2　不同地区家庭食品支出情况

高风险地区的食品支出比例的增幅是9.93%，低风险地区的食品支出比例的增幅是12.85%。可见，低风险地区家庭食品支出所占比例更大且增幅也更大，恩格尔系数更高。这可能是由于地区经济发展水平不同，高风险地区的家庭大多处于珠三角地区，经济发展水平较高；低风险地区的家庭处于三四线城市，经济相对欠发达。其次，经济欠发达地区由于疫情不严重，家庭收入受疫情的影响更小，人们更乐于利用空闲时间在家制作美食。再者，节假日及疫情期间物价较高也使得食品支出增加。

2. 教育文娱消费支出方面，低风险地区家庭在疫情期间降低得更多

本次调查中发现教育方面的消费支出，低风险地区家庭的比例更高；文娱方面的消费支出，低风险地区家庭的比例也更高。两者综合起来，2019年前4个月，低风险地区家庭在教育文娱消费方面的支出所占比例更高，且在疫情期间降得也更多。具体如图3所示。

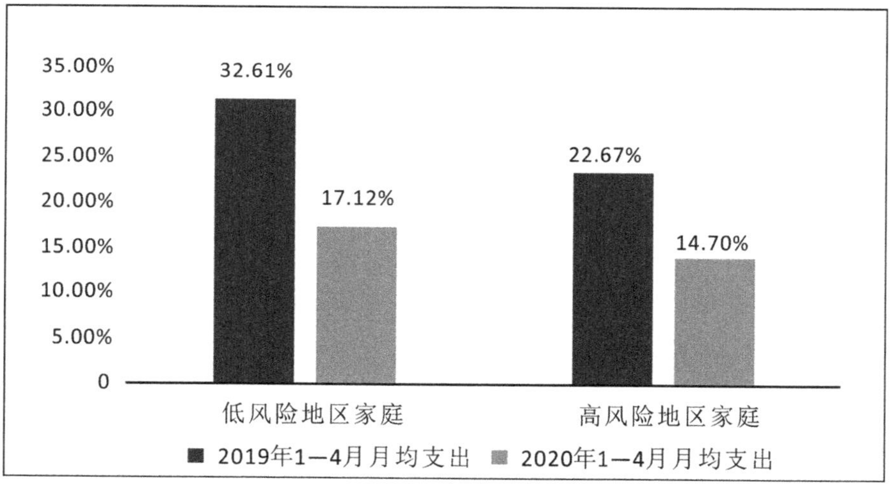

图3 不同地区家庭教育文娱支出情况

由于疫情期间停课停学，电影院、博物馆等也关闭，总体来说家庭这方面的支出都有所减少。但有些高风险地区的家庭，其所处地区经济、网络、信息流动更为发达，在疫情期间增加了在游戏虚拟产品、线上教育及健身锻炼等方面的消费（受访家庭3和受访家庭5），使得家庭的休闲娱乐项目更多元，而不仅仅局限于影视、旅游等方面的消费，而低风险地区的教育文化娱乐支出更为单一，因此疫情影响使得低风险地区的教育文娱消费支出的降幅也更大。

3. 医疗保健消费支出方面，高风险地区家庭支出比例更高，且疫情期间增加得更多

2019年1—4月高风险地区家庭医疗保健消费占消费总支出的比例为6.21%，低风险地区家庭医疗保健消费占消费总支出的比例为1.98%。2020年1—4月高风险地区医疗保健消费占消费总支出的比例为10.18%，低风险地区医疗保健消费占消费总支出的比例为3.77%。具体如图4所示。

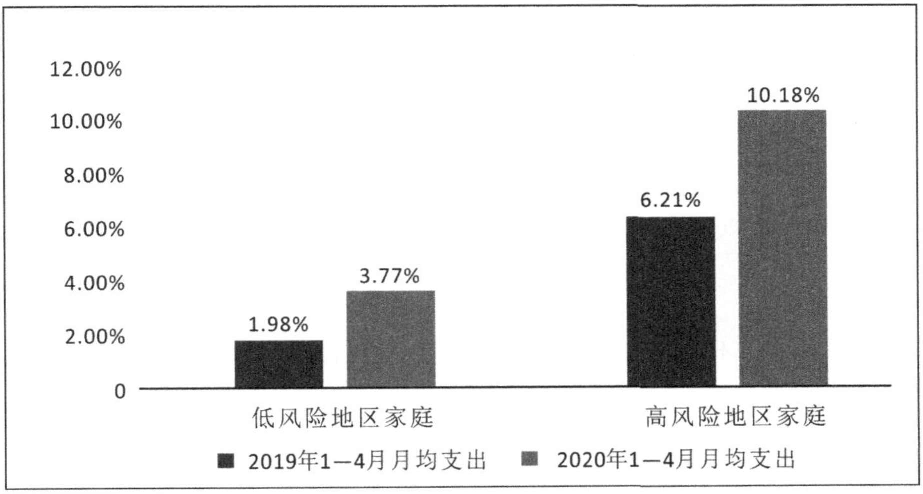

图4 不同地区家庭医疗保健支出情况

可见，处于低风险地区的家庭在疫情前与疫情期间的医疗保健支出均显著低于处于高风险地区的家庭。高风险地区的医疗保健支出比例的增幅是3.97%，低风险地区的医疗保健支出比例的增幅是1.79%，高风险地区家庭的医疗保健消费占比增幅明显大于低风险地区家庭。

受疫情影响，高风险地区人流量较大，出行接触人群的概率较高，地方政府对佩戴口罩的管理要求较严格，因此日常口罩消耗量较大，对口罩等防护用品的需求量较高。低风险地区，疫情对当地人民生活的影响较小，地方防疫管控较宽松，人们对疫情的警惕性较松懈，出行佩戴口罩的自觉性较差，因而其医疗保健消费虽然有所增加，但强度不及高风险地区家庭。

4. 出行通信消费支出方面，低风险地区家庭在疫情期间降低得更多

2019年1—4月高风险地区家庭出行通信消费占消费总支出的比例为6.38%，低风险地区家庭出行通信消费占消费总支出的比例为6.91%。2020年1—4月高风险地区家庭出行通信消费占消费总支出的比例为6.54%，低风险地区家庭出行通

信消费占消费总支出的比例为5.38%。具体如图5所示。

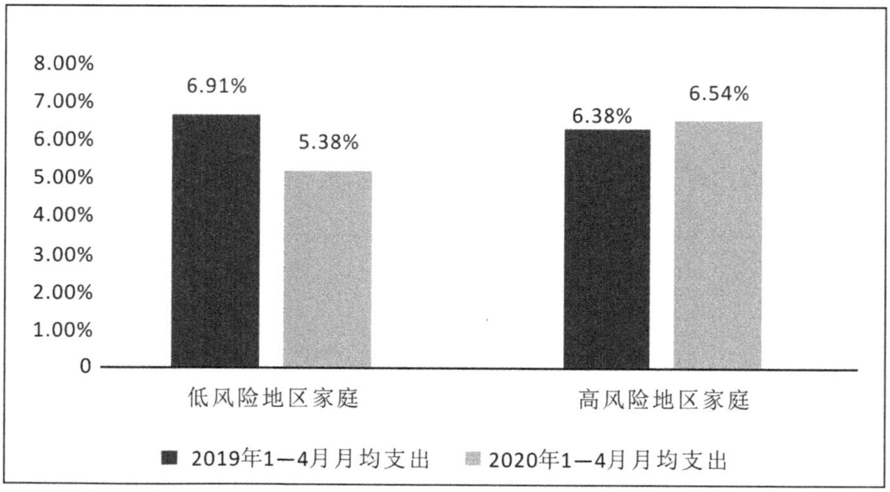

图5　不同地区家庭出行通信支出情况

受疫情影响，不同地区的家庭在疫情期间比疫情前的出行支出变化不一，但高风险地区的通信所受影响较小。总体来看，低风险地区的出行通信费用降低得更多。但总的来说，变动幅度不大，基本保持平稳。

5. 衣着消费支出方面，低风险地区家庭支出比例更高，疫情期间降低得更多

2019年1—4月高风险地区家庭衣着消费占消费总支出的比例为4.07%，低风险地区家庭衣着消费占消费总支出的比例为7.36%。2020年1—4月高风险地区家庭衣着消费占消费总支出的比例为2.86%，低风险地区家庭衣着消费占消费总支出的比例为5.72%。具体如图6所示。

低风险地区的衣着消费比例更高与其家庭收入更低有关，且实际衣着消费减少的金额和比例更多。

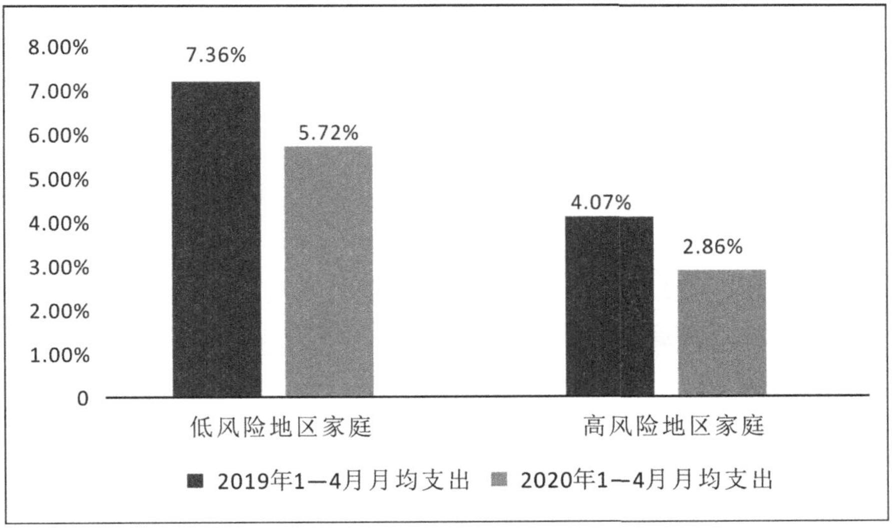

图6 不同地区家庭衣着支出情况

6. 住房消费支出方面，高风险地区家庭支出比例更高，且疫情期间增加的更多

2019年1—4月高风险地区家庭住房消费占消费总支出的比例为32.53%，低风险地区家庭住房消费占消费总支出的比例为1.57%。2020年1—4月高风险地区家庭住房消费占消费总支出的比例为30.39%，低风险地区家庭住房消费占消费总支出的比例为2.17%。具体如图7所示。

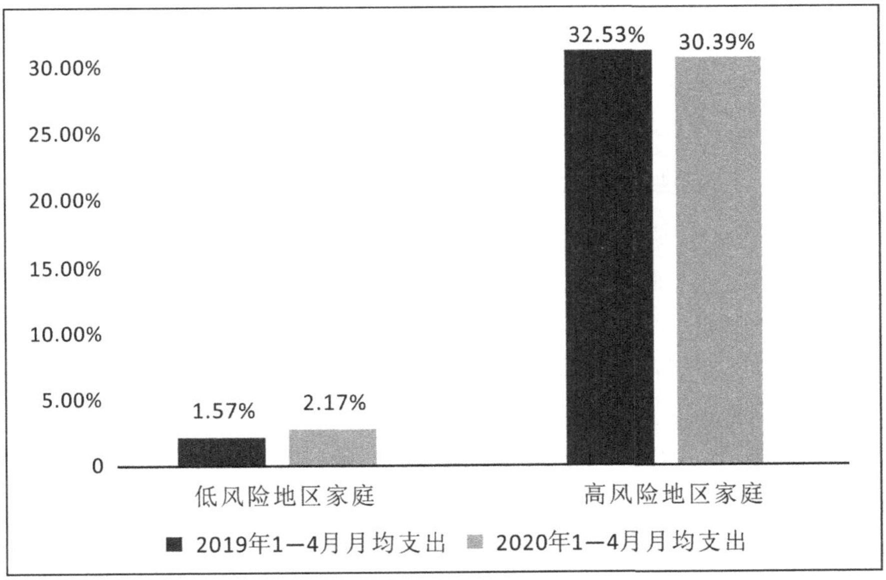

图7 不同地区家庭住房支出情况

高风险地区处于经济发达地区，住房成本更高，疫情期间长期在家的人数增加也导致水电费用支出增加，因此高风险地区增加的比例也更高。低风险地区有的家庭拥有自建房，因此这方面的支出也更低。

7. 生活用品及服务消费支出方面，高、低风险地区家庭支出变化相反

2019年1—4月高风险地区家庭生活用品及服务消费占消费总支出的比例为5.63%，低风险地区家庭生活用品及服务消费占消费总支出的比例为6.09%。2020年1—4月高风险地区家庭生活用品及服务消费占消费总支出的比例为2.89%，低风险地区家庭生活用品及服务消费占消费总支出的比例为9.5%。

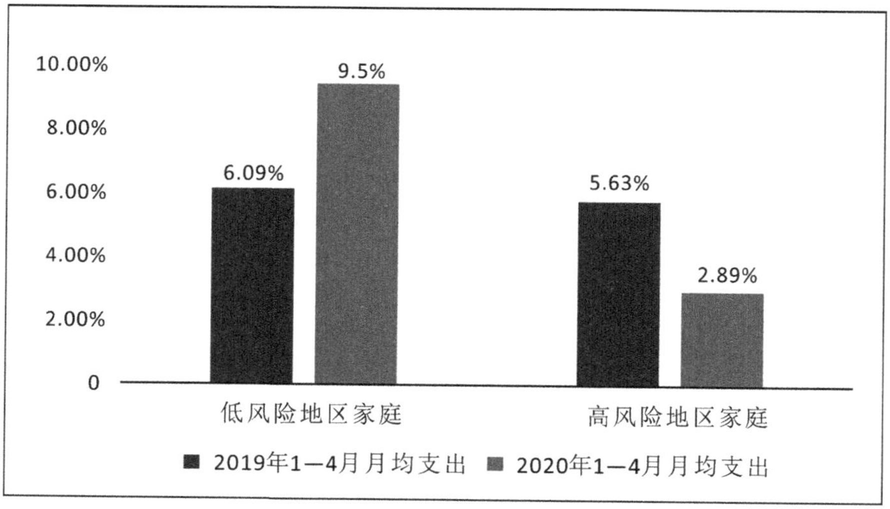

图8　不同地区家庭生活用品及服务支出情况

高、低风险地区的家庭在疫情前与疫情期间的家庭生活用品及服务消费不存在明显的规律。这可能与疫情期间家庭人数、家庭消费观念有关。低风险地区家庭居家人口数量更多，造成生活用品支出增加；而高风险地区家庭工作和收入在疫情期受影响更大，例如居住成本增加更多，使得其更注重节俭，减少在家庭用品方面的支出。

综上所述，2019年1—4月高风险地区家庭的住房和教育文娱消费为主要消费支出，占比分别为32.53%、22.67%；其次为食品消费支出，为22.51%；衣着消费为最少消费支出，仅占4.07%。低风险地区食品消费为主要消费支出，占比43.48%；教育文娱消费为次要消费支出，占比32.61%；其次是占比7.36%的衣着消费支出；占比最少的是住房，为1.57%。2020年1—4月高风险地区家庭的食品消费转变为主要的消费支出，占比32.44%；次要消费支出为住房消费，占比30.39%；接下来是教育文娱与医疗保健消费，分别占比14.7%和10.18%。同时期低风险地区的家庭仍然以食品消费为主要消费支出，占比56.33%，教育文娱消费依旧为次要消费支出，占比17.12%；接下来是生活用品及服务与衣着消费，分别占比9.5%和5.72%。

无论是疫情前还是疫情期间，高风险地区住房、医疗保健消费占总消费支出的比例都要高于低风险地区。但低风险地区的食品、衣着消费占比都高于高风险地区；低风险地区的家庭疫情前和疫情期间都以食品消费为最主要消费支出，而高风险地区家庭疫情前是以住房、教育文娱消费为最主要消费支出，疫情期间却以食品消费为最主要消费支出。

疫情期间，高、低风险地区的家庭消费结构中的食品消费占比显著增长，两者的医疗保健消费占比都出现较大增长态势；教育文娱消费占比都显著下降，衣着消费占比都出现小幅度下降。另外，高风险地区生活用品及服务消费占比下降，而低风险地区的生活用品及服务消费占比呈正向增长。

四、总结和建议

本次调查表明，地区疫情风险程度与地区经济发展不平衡带来的人口流动强度、家庭收入水平有极大关联。通过对不同疫情风险程度地区家庭消费结构的比较分析，疫情对广东省家庭消费支出的影响集中体现在食品、医疗保健和文娱教育方面。在高风险的地区，家庭需要囤积粮食、医疗物资，当地对文娱活动的限制也较高，家庭“宅家”程度更加彻底；而在低风险地区的家庭，焦虑感知程度明显低于处于高风险地区的家庭，对食品、医疗物资的购买不紧迫，文娱教育支出较为单一。疫情始终会过去，为了尽快恢复疫情后的居民家庭消费，建议如下。

（一）政府方面

政府可用通过直接发放消费券等财政补贴的方式提高居民消费意愿，刺激家庭各项消费支出；加大降税减费力度，通过降低税费的方式，让利于民，让老百姓多出一部分收入，让人民敢于消费与投资；扶持医药零售行业，帮助医药零售行业抓住互联网带来的巨大流量，对医药零售行业，尤其是O2O医药零售电商颁布相应扶持政策。

（二）医疗行业方面

本次疫情将使医疗行业得到更多的重视，在行业管理方面有必要优化医疗机构运作体制，未来将考虑为社区群众提供优质的社区化、小型化、连锁化、集约化的基层医疗机构，让人们更加方便快捷地求医问药；医疗机构可以在实体医院的基础上，运用互联网技术提供安全适宜的医疗服务；医疗机构、药品经营企业则可委托符合条件的第三方机构配送，促进药品网络销售和医疗物流配送等规范发展。

（三）商家方面

商家应加快建立和完善自己的线上销售平台，如微信小程序、微信店铺等推送关怀优惠券，联合配送服务；开展大促减免活动，刺激居民消费需求；由于疫情期间粉丝线上停留时间更长，借此机会做好线上互动、整理会员信息，维护沟通渠道，注重VIP会员的个性化服务，赠送酒精棉片、口罩、一次性手套等特殊时期用品。

（四）教育文娱行业方面

本次疫情将对教育文娱行业带来较大的影响，如在教育方面，可以预见学校将更多普及线上线下混合教育模式，提高教学效率；在休闲娱乐方面，则需拓展多元化产品与服务，提供更多的线上娱乐产品。

百年一遇的新冠肺炎疫情使大多数家庭长时间居家生活，消费情况也有很大的相似性。但本次调查家庭数量有限，只能从中发现一些现象和问题。而疫情对人们未来的消费方式、消费观念产生的影响，还需进行更多的实地调查和宏观数据分析，以扩大消费市场，改善家庭消费结构。

参考文献：

[1] 中华人民共和国国家统计局公告2013年第1号. 居民消费支出分类（2013）[R/OL]. http://www.gov.cn/zwgk/2013-03/18/content_2356851.htm.

[2] 中华人民共和国国家统计局公告. 2020年1—2月份社会消费品零售总额下降20.5%[R/OL]. http://www.stats.gov.cn/tjsj/zxfb/202003/t20200316_1732236.html.

[3] 中华人民共和国国家统计局公告. 2020年3月份社会消费品零售总额下降15.8%[R/OL]. http://www.stats.gov.cn/tjsj/zxfb/202004/t20200417_1739331.html.

附录：受访10个家庭具体情况（其中1~5号家庭为高风险地区，6~10号家庭为低风险地区）

居住地	2019年家庭年收入范围（可支配收入）（单位：元）	角色	年龄（岁）	职业	婚姻	受教育程度
中山（1号家庭）	21万~50万（30万）	父亲	44	个体户	已婚	小学
		母亲	43	个体户	已婚	初中
		爷爷	70	退休	已婚	小学
		奶奶	70	退休	已婚	小学
		长女	24	职工	未婚	大专
		次女	22	学生	未婚	本科
佛山（2号家庭）	21万~50万（35万）	父亲	43	个体户	已婚	小学
		母亲	44	个体户	已婚	初中
		长子	22	学生	未婚	本科
		女儿	20	学生	未婚	高中生
		次子	18	学生	未婚	高中生
佛山（3号家庭）	11万~20万（15万）	父亲	44	会计	已婚	高中
		母亲	45	会计	已婚	高中
		爷爷	75	退休	已婚	–
		奶奶	74	退休	已婚	–
		儿子	21	学生	未婚	本科
广州（4号家庭）	11万~20万（12万）	母亲	56	无	丧偶	小学
		长子	27	职工	未婚	大专
		次子	25	职工	未婚	本科
		三子	22	学生	未婚	本科
珠海（5号家庭）	21万~50万（30万）	父亲	43	职工	已婚	本科
		母亲	43	职工	已婚	本科
		长子	21	学生	未婚	本科
		次子	12	学生	未婚	小学生
普宁（6号家庭）	11万~20万（17万）	父亲	48	职工	已婚	高中
		母亲	41	个体户	已婚	小学
		长女	22	教师	未婚	本科
		次女	21	学生	未婚	本科
		长子	19	学生	未婚	高中生
		次子	16	学生	未婚	初中生
		三女	13	学生	未婚	小学生

（续表）

居住地	2019年家庭年收入范围（可支配收入）（单位：元）	角色	年龄（岁）	职业	婚姻	受教育程度
江门（7号家庭）	11万~20万（10万）	父亲	49	职工	已婚	大专
		母亲	48	会计	已婚	初中
		爷爷	76	退休	已婚	初中
		长女	26	职工	未婚	高中
		次女	23	无	未婚	大专
阳江（8号家庭）	11万~20万（13万）	父亲	51	职工	已婚	高中
		母亲	49	职工	已婚	小学
		儿子	22	学生	未婚	本科
		女儿	14	学生	未婚	小学生
揭阳（9号家庭）	11万~20万（15万）	父亲	52	职工	已婚	初中
		母亲	52	职工	已婚	初中
		长女	23	职工	未婚	高中
		长子	24	学生	未婚	本科
		次子	22	学生	未婚	本科
普宁（10号家庭）	21万~50万（25万）	父亲	52	商人	已婚	高中
		母亲	50	商人	已婚	小学
		长女	27	教师	未婚	大学
		长子	25	白领	未婚	大学
		次女	23	商人	未婚	高中
		次子	22	学生	未婚	本科

（作者：姜彩芬，博士、广州大学管理学院副教授）
（作者：张亚处，广州大学管理学院硕士研究生）
（作者：张乔凡，广州大学管理学院本科生）

防疫常态化背景下我国地摊经济绿色发展导向面临的挑战及对策研究

陈端计　　杭　丽

摘要：防疫常态化背景下我国地摊经济的发展更应重视绿色发展导向。然而，地摊经济面临资源环境约束和低水平的规划治理、商贩摆摊和公共利益的权责边界不清晰等深层次制约、制度制约、绿色技术发展水平相对不足、社会中介组织建设明显滞后等问题，借鉴国外大都市地摊经济发展的成功经验，防疫常态化下我国地摊经济应从区域治理、数字技术应用等方面采取精准施策促成向绿色发展转型升级。

关键词：防疫常态化；地摊经济；绿色发展

面对2020年突如其来的新冠肺炎疫情“黑天鹅”事件，人们不禁审思在疫情下如何才能正确处理好“生命无价，经济有价”两者之间的矛盾关系。为了有效控制疫情传播保证人民群众的生命安全，为了最大限度地减少疫情对经济发展的持续负面冲击代价，疫情防控常态化俨然成为当前世界经济复苏的必然趋势。2020年全国两会政府工作报告中强调，要在疫情防控常态化的前提下，着力加强供给侧结构性改革，实现经济高质量发展。在此背景下，作为我国政府采取成套组合拳的经济政策和产业发展模式之一，全国各地开始出台政策扶持地摊经济发展。截至2020年6月4日，全国至少有27个地区通过设立摊贩规范点等方式明确鼓励发展地摊经济，广州、上海、杭州、成都、深圳的收入反弹的小店数量最多。相关数据显示，截至2020年5月底，全国已有1200万小店和路边摊收入实现了同比增长。仅就全国率先扶持地摊经济的成都一地而言，地摊经济为成都增加就业岗位超过10万个。2020年6月1日，国务院总理李克强考察山东烟台一处老旧小区时，又强调指出地摊经济、小店经济是就业岗位的重要来源，是人间的烟火，和

"高大上"一样，是中国的生机。伴随地摊经济的放开，以辽宁大连、福建石狮、河南信阳为典型代表的夜市环境均存在"脏乱差"的现象。地摊经济在疫情防控下仍然具有创业门槛相对较低、学历知识和技术能力要求相对不高、店铺租金压力相对较低等独特的就业民生优势。但是，生态环境保护、生态文明显然已成为地摊经济的一个大"痛点"，其必将影响未来幸福城市可持续发展的规模、水平、速度、质量和效益。不言而喻，在地摊经济与城市可持续发展过程中，以绿色发展理念为导向，让市场在资源配置中起决定性作用，合理优化地摊经济资源配置，促进要素市场化改革，理应成为疫情防控常态化下促进我国经济高质量发展的重点突破领域之一。本文探讨疫情防控常态化背景下我国地摊经济绿色发展导向面临的挑战及对策，以期引导我国地摊经济的可持续高质量发展。这无论是对推动我国的绿色城镇化建设、促进城市幸福转型，还是扩大绿色消费内需，特别是对我国推进供给侧结构性绿色改革和经济高质量发展均具有较重要的现实指导价值。

一、防疫常态化背景下我国地摊经济绿色发展导向面临的挑战

学界公认环境是影响宏观经济发展的内生变量。在防疫常态化背景下，思考如何塑造我国地摊经济的绿色发展动能显得更为重要和关键。然而，防疫常态化背景下我国地摊经济向绿色发展导向转型过程并非一蹴而就，它是以"绿色"的方式实现自然环境、社会、经济、人文四大系统绿色转型与绿色改革的过程，这一过程受到资源、制度、技术等众多因素的影响。因此，中国的地摊经济绿色发展导向之路面临着许多困难和挑战。概括起来，主要表现为以下五个方面：

（一）"地摊经济"资源环境约束和低水平的规划治理问题

资源是稀缺性产品，粗放式的经济增长模式需要消耗更多的资源，而资源的有限性却不能日益满足人类持续扩大的经济规模。我国地摊经济快速发展附带产生资源消耗高、环境污染等突出问题。2020年6月6日，大连一夜市开放之后，附近的交通出现严重拥堵，一晚过后，满地都是垃圾和塑料袋。摆地摊一方面容易造成交通拥堵，阻碍正常交通秩序，直接影响市民们的正常生活；另一方面，在环境卫生方面也会产生一定的负面效应，影响城市的原有风貌，比如影响市容市貌，部分摊点深夜扰民、产生大量垃圾，部分商品服务缺乏后续监管等，这些都大大增加城市精细化管理的难度，并对城市高质量建设提出新课题、新要求。

"地摊经济"从无序走向有序离不开系统规划和高水平治理能力。当前一哄

而上、盲目跟从的地摊经济全面铺开极有可能带来以下问题：市容环境破坏等精细化市容秩序管控工作倒退，例如出行障碍、噪声污染、垃圾遍地等；小吃摊子食品安全问题如何妥善监管，例如杂粮煎饼、凉皮凉面、卤食、烧烤等；消费者该如何维护自身权益，如地摊产品大多自产自销，倘若摊贩售卖的商品出现质量问题导致消费者的身体健康受损，消费者却只能“哑巴吃黄连，有苦说不出”；地摊交易缺乏诚信现象时常存在。深究其因，各级地方行政管理部门需要立足区域差异化发展思维，结合本区域实际情况，大力探索适合本地区地摊经济稳健发展的长效机制和激励机制，助推地摊经济成为本区域内大众创新、创意、创业发展的新内生动力动能。简言之，绿色发展导向的地摊经济应如何落地生根发展？

（二）商贩摆摊和公共利益的权责边界有待厘清

摆摊设点涉及民生发展、社会治理两大核心问题。由于地摊流动性、随意性极强，常常游离于市场监管视线之外，处于“法外之地”。而今，重启地摊经济，势必要求各级政府管理部门厘清商贩摆摊和公共利益的权责边界范围，及时为各类商贩提供相应行业内的经营行业准则清单，鼓励其在允许的范围内依法规范经营；协调相关部门通过常态化巡查、巡视、抽检等方式，确保食品卫生管理从食品溯源链条开始，各生产制造加工环节环环相扣；严厉打击各类地摊经营乱象，如哄抬物价、乱涨摊费、欺行霸市等，对情节严重且屡教不改的商贩，采取公开曝光、限制经营、列入黑名单、征信等级降级等方式予以处罚。一系列善治、法治的城市韧性管理举措，加上“铁杵磨成绣花针”的功夫，才能避免宽严失据，罚不责众，更好地体现高质量城市治理能力和治理体系现代化。

深究其因，其表现为地摊经济多方参与者利益与成本的竞争博弈问题。一是底层摊贩和城市规划管理者之间关于盈利与摆摊最合适位置资源配置问题的争执。底层摊贩认为盈利的前提需要有绝好的摆摊位置，而“黄金地段”位置资源恰恰具有稀缺性。倘若该资源没有办法按照确定规则配置或者制定的规则难以落地时，必定会引起底层摊贩之间的激烈竞争和利益博弈。而此时，城市规划管理者若不采取恰当措施而是放任发展，则既不能实现该政策原本试图指向的弱者（底层民众）利益维护，又会引发一系列不可挽回的社会稳定问题。更深层次地讲，地摊经济的地租、税费负担小甚至没有，不仅使城市管理者难以从地摊经济发展中获得相应的管理资源，而且地摊经济的“脏乱吵差”等特征还导致管理者的管理负担成倍增加。二是底层摊贩与实体店经营管理者之间关于商铺选址、售卖商品种类、服务品质等竞争博弈程度加大。受网络购物与地摊经济双重挤压，实体经营管理者除了要与网络购物相竞争以外，还要在商铺选址、售卖商品种类、服务品质等方面加以酌情考虑。

（三）地摊经济的制度短板等深层次突出制约

从经济学角度来看，市场和政府功能失灵是环境问题产生的原因，也就是说制度失灵导致环境问题的产生。在防疫常态化的背景下，地摊经济的绿色发展应解决擅自占道和无证照经营问题，在合法、合规中健康、可持续、高质量地发展。根据《城市道路管理条例》第二十七条第一项（城市道路范围内禁止擅自占用或者挖掘城市道路）和《无证无照经营查处办法》第二条（任何单位或者个人不得违反法律、法规、国务院决定的规定，从事无证无照经营）的规定，任何个人和单位不得擅自占用城市道路和无证无照的情况下开展经营。目前，相关地区部分城市推出促进地摊经济的相关政策措施，例如《关于确定大连第一批商业外展外摆地段并加强管理的通知》等，但是相应的地摊经济行业产业链上下游以及相关产业配置的政策寥寥无几。地摊经济的制度短板等深层次突出制约尤为明显。

（四）地摊经济的绿色技术发展水平相对不足

技术水平是经济增长的内生变量之一，技术的发展方向影响经济增长的速度与效益，决定经济发展是否可持续。尽管地摊经济火热，也带火一批与摆摊有关的附属产业和设备，但中国地摊经济向绿色发展转型的最大制约，是整体科技水平落后，技术研发能力有限。2020年6月2日，素有被外界大众誉为“地摊车”美名的五菱汽车，在官方微信公众号发布一款“两翼一键开关，打开就能卖货”的五菱荣光翼开启售货车。此外，在与以“地摊经济的正规主力军”为名号的五菱汽车同场竞技的赛场上，阿里巴巴、苏宁、京东等电商平台都相继向地摊经济抛出“橄榄枝”，出台专项扶植计划，为地摊摊主提供“练摊秘籍”，在货源、物流、结算等方面提供全方位支撑。特别值得注意的是，摊主摆摊经营也不同于曾经的传统练摊模式，有的摊主一边练摊一边开直播，借用互联网为练摊增加科技含量和关注人群。但是，地摊经济的绿色技术发展水平相对不足，急需增强我国地摊经济绿色创新的新动能，不断探索“互联网+”、人工智能、大数据、5G、数字货币等新一代信息数字技术与绿色发展结合的新模式、新业态。尤其在数字信息时代，绿色发展导向的地摊经济应考虑数字化经营或将成为未来行业发展长期趋势。

（五）地摊经济的社会中介组织建设明显滞后

与西方发达国家相比，我国坚持走中国特色社会主义市场经济体系。然而，在地摊经济的发展过程中，地摊经济社会中介组织建设明显滞后。在政府管理机构与各类摊贩业主之间，各类行业协会组织的“桥梁”作用仍然没有凸显。各类地摊行业协会组织，一头需要接受区域内政府机构如工商、税务、卫生、交通、城管等的行政指导，另一头又需要充分听取行业内不同摊贩业主的各类诉求、呼声，积极扮演好“缓冲器”“发声者”的角色。只有充分以各类摊贩业主协会为依托，加强行业信息沟通、交流、教育、培训，制定切行可实的各类指南与标准，维护区域内地摊经济行业信誉和口碑，才能促进我国地摊经济行业规范、行业自律、稳健长足发展。

综上所述，受到新冠肺炎疫情的影响，当前我国面临着经济下行压力加大、国际贸易经济受阻的双重局面。在防疫常态化背景下，生态环境保护和绿色发展将倒逼我国重启的地摊经济必须要向更加清洁、更加节约的方式转变，才能有效提升我国地摊经济发展的质量和效益，促进形成新的增长优势和重要经济增长点。

二、国外大都市地摊经济绿色发展导向的经验借鉴

事实上，国外不仅有马路市场、小贩经济、地摊经济，而且出现的时间更早。有的国家因地制宜、精准施策，让城市精细化的管理“顽疾”成为城市高质量建设的“金字招牌”。国外大都市地摊经济可以说是一种自由、随性、流动的商业形式。世界著名的大都市如纽约、伦敦、巴黎等都有摆摊、集市、周末市场、跳蚤市场、庭院销售等各种不同形式的个体经营者自由经济活动。借新、韩、法、美、英、日等国家治理经验可为地摊经济绿色发展导向提供经验借鉴。

（一）新加坡模式：要求持牌设摊、以“邻里中心”为特色的社区治理、打造多元消费场景

1. 持牌设摊

新加坡是世界上唯一一个所有街头摊贩都必须持牌设摊的国家。新加坡以政府为主导，打造小贩中心，将该中心功能整合在新镇和市中心区再开发项目中，从规划角度保证土地资源的分配。政府对小贩中心的主要管理职能是资格管理和环境卫生管理。

2. 以“邻里中心”为特色的社区治理

纵观全球城市，新加坡围绕“邻里中心”（Neighborhood Center），在培育社区商业、提升治理水平等方面有诸多成功的经验。“邻里中心”起源于新加坡政府1965开始推行并长期实施的组屋计划，其主要分布于政府组屋区域内，为当地居民提供完善的生活、社区和商业服务，最终发展成成熟的社区商业中心。20世纪60年代初期，新加坡住房情况异常糟糕，160万人口中只有不到一成人拥有自己的房子，超过50万人居住在狭小拥挤的陋屋里。于是，政府开始大力推行“居者有其屋”政策，为市民建造公共住房。不同于传统意义上小区内的零散商铺，新加坡政府主导的“邻里中心”的商业模式摒弃沿街为市的粗放型商业形态，立足于“大社区”理念科学设计各类社区服务，满足居民健康、教育、出行、文化、邻里关系等多样化需求。坐落于新加坡西部蔡厝港的第一乐广场是新加坡政府规划的高密度组屋住宅区，周边居住人口近50万人，是“邻里中心”社区商业的典范。第一乐广场成功的关键在于通过大量亲民设施增加社区商业黏度。第一乐广场根据家庭消费特征均衡布局了多种业态，购物、餐饮、娱乐、其他四类业态的占比分别为26%、25%、17%、32%。营业面积仅有2万多平方米，却分布150多家零售商家，足见其商业活力。在发展社区商业过程中，新加坡始终根据居民消费需求变化以及社区网点数量作出总体规划，并从更宏观视角将“邻里中心”的社区商业纳入城市总体建设规划中。2019年2月，新加坡本地首个新一代“邻里中心”——绿洲台正式面世。绿洲台靠近绿洲轻轨站，毗邻新加坡知名的榜鹅水道。不同于传统“邻里中心”分布于组屋区域，主要满足社区居民娱乐、购物及餐饮三大需求，新一代“邻里中心”综合性能更强，增设更多专业服务，同时更好地与城市其他商业区块实现连接。

3. 打造多元消费场景

以“邻里中心”为特色的社区，其建设和治理离不开政府主导和社区力量的积极参与，但要想实现可持续发展，让城市的烟火气“长盛不衰”，离不开多元消费场景的打造和社区商业的不断完善。“邻里中心”布局了多种业态，包括菜场、银行、邮政、卫生所、洗衣房、理发店、快餐店、超市、书店、修理铺、公共厕所和社区活动中心。完善的商业配套极大地增强了社区居民黏性。

（二）美国模式：实行“营业执照”管理模式、商贩自治组织

1. “营业执照”管理模式

美国对各类地摊经济采取“营业执照”管理模式，申请人想在某一市区摆

摊、出售小商品，首先需要向该区域的集市组织申请营业牌照。该区域集市组织收到申请人的申请书之后，将在期限内反馈批准号和获批的摊位编号，并根据摊位编号的面积大小、位置区域、营业时间段收取一定的管理费。此后，摊主需要主动向政府上报营业额，缴纳相应的所得税，同时也可以获得各类补助或减免。食品类摊位是美国各州监管的重要领域，如纽约州对各类流动餐车的监管尤其关注，需要填写详细的个人信息，学习相应的食品餐饮课程，通过相应考核，获得州卫生局的许可执照，并主动接受卫生、安全、环境等部门的各类执法检查。

美国对地摊经济进行牌照管理，认为其只是一般商业管理的延伸。在大城市摆地摊，流动商贩需要获得执照、达到卫生标准等，与普通经营行业的规定一致。在税务管理方面也有严格要求，摊主在申请登记时要出示身份证与报税卡。在美国流动商贩的准入门槛较高，这种高门槛并非仅仅出于保持市容环境的需要，而是卫生、安全、依法登记和纳税等综合性的要求。具体来看，美国各部门对地摊经济的管理都制定了详细而严格的法规。以纽约为例，纽约市政府对流动餐车的管理尤为严格，车内温度、操作间是否定期清洗等都会列入检查范围，餐车停放位置也有标准。除卫生局的便衣巡视外，警察局也设有部门监督管理街头摊贩，任何一点小失误都可能招致处罚，处罚金额从50美元到1000美元不等。

2. 商贩自治组织

美国也比较重视商贩自治组织的作用。例如，小商贩如果在曼哈顿的街头摆摊，要先向街头集市组织填表申请，并且交摊位费。摊位费根据摊位大小、所在位置、季节月份而定。一般来说，一个摊位的收费在80~300美元。提出申请后，10天左右就会收到集市组织的批准信与摊位编号，申请人持批准信到纽约消费局领取临时摆摊许可证。出售饮料食品的摊主，还要到卫生局领取临时卫生许可证。每年4月之前，摊主要主动向政府上报所得税，并支付每季度300美元或400美元的执照费。当然，如果年销售额达不到最低标准，费用会有所减免。

（三）英国模式：执照经营

英国对地摊经济的管理也是执照经营。像伦敦这样的大城市，管理方式也主要是强化执照管理，建立信用体系。如果市民想摆地摊，需要提前申请执照才能获得摆摊资格，申请小商贩执照需由所在地区的警察进行资格审核，申请者必须年满17周岁。在英国健全的个人社会信用体制下，违法受处罚者不敢轻易逃遁。

在资格审核上，英国的小商贩需要经过四步程序：第一，向当地的商业管理部门申请商贩执照，这种执照一般由区商会颁发，可以在网上申请；第二，准备申请材料，其中包括经营范围、经营地点等；第三，完成申请表格，缴纳申请费用，一年执照申请费用是12.25英镑（约合106元人民币）；第四，等待审批。在拿到执照前不能摆摊设点。商贩如果无照摆摊或将执照借给别人使用，将被处以200英镑（约合1730元人民币）的罚款。如果在申请执照时提供虚假信息或伪造执照，将被处以200 英镑罚款，并在 6 个月内禁止申请新的执照。

（四）法国模式：市集管理

法国依法管理和用心服务缔造闻名世界的巴黎跳蚤市场。巴黎市对跳蚤市场的管理方法是将巴黎市区接近环城路的各个城门附近的街道，在一周时间内分别辟为举办跳蚤市场的地点，相关的交通管制提前公布，并成为一项制度。法国巴黎第六区的哈斯拜有机市集，这里是巴黎名人出没最多的菜市场，人们对在这里见到明星和名人早已习以为常。这个市集之所以“贵气十足”，是因为市集上出售的产品多是有机农产品，质量一流、新鲜美味。但是，由于种植成本高，价格也比其他市集贵。

（五）日本模式：民间组织协会

日本地摊经济意为“自由市场”。日本道路交通法规定，各类摊贩必须符合该法规，并经过审批后合法经营。在日常经营中，日本食品安全法和消防设施法等均有明确规定，摊主需要通过相关安全知识专业培训，获得营业许可证和消防许可证，持证上岗。同时，日本各地都有自发形成的民间组织协会，专门负责协调管理地摊市场。它们制定每次地摊市场举办的时间、地点，负责审核预约参加的摊主，以及现场的管理、布展、宣传和结束后的卫生监督等工作。

日本屋台可以说是最著名的地摊。屋台是指日本传统街边小吃店，一般没有正式名称，卖什么就写那个食品的名字。每到夜色降临，大城市的街道上就会看到流动夜宵摊。福冈市的屋台数量最多，也最为出名，并成为一种观光资源。因为成本很低，屋台的效益很好。据估算，屋台一般一天销售额在5万至30万日元。地摊经济对解决个人就业发挥着不可或缺的作用。

（六）韩国模式：区域管理模式

与中国相近的韩国，“摊贩文化”在其各大城市同样比比皆是。韩国主要采取地摊经济划区管理模式。韩国政府对地摊经济总体上采用区域管理，即将市区划分三类：第一类是“绝对禁止区域”，指易造成交通障碍、严重影响市容的地区，绝对禁止摆摊；第二类是“相对禁止区域”，指妨碍城市美观等对市容影响程度较小的地区，对摊位规模、摆摊时间和经营范围有一定限制并强调严格管理和执法。第三类是“诱导区域”，一般指与居民区分离的市中心外围空地、车辆通行很少的河溪两侧道路以及经过长时间形成的传统市场内的道路，政府一般允许摆摊设点，但对营业时间和经营范围也有限制。

综上所述，以新、美、英、法、日、韩等为代表的主要世界大都市在推进本国地摊经济可持续发展过程中均能够积极采取以市场有为的商业管理为中心、以政府有为的行政法治为主导、以社会有为的行业自治为辅助的地摊经济行业发展模式。这样不仅有利于形成政府、市场、社会三位一体的地摊经济发展模式，而且更加注重人与自然、社会的和谐关系，融合城市治理和社会管理创新的新规划要求，有利于“从质、从减”优化地摊经济绿色发展所需的绿色生态环境要素资源的配置和利用，进而为我国传统地摊经济积极向绿色发展转型提供充分的有利条件。

三、防疫常态化背景下地摊经济绿色发展导向的对策建议

当前，国内地摊经济的快速发展不可回避地具有应对新冠肺炎疫情影响之特殊考量。然而，在防疫常态化下重启地摊经济绝非权宜之计，并不会因为疫情的结束而消失。从长期来看，地摊经济必将成为国家经济生态圈的重要一员，并走向高质量发展之路。未来，经过高质量发展后的地摊经济，将不再是各类城市发展过程中的“顽疾”“痛点”“堵点”，而是经济社会高质量发展的新绿色增长极。

（一）因地制宜，合理灵活城市规划，打造区域“多样化”地摊样本

不同城市要遵循不同的人文历史、发展脉络、发展阶段、发展规律要求。地摊经济能否促进一个城市高质量发展，必须要由这个城市的功能、定位、品质等决定，切忌盲目跟风、一哄而上地发展地摊经济，以免适得其反，“蚕食”多年积累的治理成果。各地可结合城市规划、本地特色，打造不同经济地段。有条件地方作为通用地段，可选取如大型广场等公共场地、郊区闲置空地等不影响交通出行和居民生活的地点设置特色市场，如跳蚤市场、传统集市、早市、夜市等，周边配套公交线路、出租车候车点、共享单车、电动车等，方便居民出行购物，打造规模型、品牌型亮点市场。条件受限但非市容、交通秩序严管区作为备用地段，在不影响行人通行、市容秩序美观如背街小巷等位置可允许店外经营，但绝不允许占用盲道，同时注意统一划线确保有序规范。同时，特殊商店、特殊时段可特殊对待，例如大型商场前有空地的在保证停车、通行的情况下，可以批准店

外促销但严禁扰民；龙虾、烧烤等排档店可同意其在夜间规定时段，不影响通行和保证环境整洁情况下店外设桌就餐。城市主要街道等市容、交通秩序严管区块作为禁用地段应加强日常监管和严格执法，严禁擅自占道、越门经营。此外，城市管理者应深入挖掘地摊经济的地方文化和城市记忆，让地摊不仅是疫情过渡阶段解决群众钱包问题的短暂平台，更是融入当地，成为可持续高质量发展的一种“新文化”和一个“金字牌”。简言之，要着眼于城市发展，因地制宜，合理灵活制定城市规划，打造区域“多样化”地摊样本。

（二）加强统筹协调组织领导，建立“集中化”审批机制

组建由当地人民政府牵头，城管、规划、文化旅游、交通、市场监管、公安交警、应急、消防、供水、供电等相关部门为成员单位的领导小组，下设办公室具体负责地摊经济推进的统筹协调，专门负责群众信访投诉受理工作，同时引入信用机制，引导经营者诚信经营。依托“最多跑一次”，建立临时占道、证照办理等集中审批机制，简化办事程序、优化网上审批和允许容缺审批，对临时占道费用多少、高低等问题可仿照诸暨等地，结合实际向社会公开征求意见。此外，针对烧烤等产生油污类摊点，应要求解决油烟和污水排放问题，若无法妥善解决，建议如大连市禁止现场烧烤、油炸食品等污染业态，禁止使用液化气罐等易燃易爆物品。此外，要制定统一的地摊经济准入许可标准、从业资格条件和商品入市手续，统一颁发资格证、许可证等，给予地摊经济从业者合法地位和长期稳定的发展预期。同时，要以大数据技术为支撑，精准分析、评估和预测周边消费人群的特点、数量，合理引导形成不同区域的“早市”“晚市”“夜市”等各具特色的地摊经济街区。

（三）智慧高效管理，构建“有序化”营商环境

建立“准入和退出”机制。因摊位资源有限，对参与主体设置一定门槛，保证真正的底层获得经营机会，如适当向困难户、需求户倾斜。制定“五星摊点”管理制度，出台考评办法，在零投诉、保洁好、无违纪等优秀摊贩的摊位上设立“五星摊点”标识，在投诉多、保洁差、违法记录多的设立“三星及以下摊点”标识。推进“互联网+监管”模式。以广州市为例，利用街面管控和巡查上报系统排摸登记所有摊贩信息，将日常巡查发现的问题及时导入线上作为考评和处罚依据；设立监控探头和高空喊话器，减少人工成本，进行远程管理。探索管理服务外包模式，对于具备一定规模的成熟集市，可引入第三方机构进行专项有序管理，降低政府管理压力。对小型疏导点，除要求摊贩签订“门前三包六清”协

议、做好各自摊位保洁工作外，再派专人落实秩序管控、环境保洁。

（四）柔性执法到位，倒逼“合格化”监管，打造有序化健康格局

地摊经济需堵疏结合，管理、执法两手抓，以到位执法助推合格管理。推进非现场执法和执法全过程记录，确保执法过程留痕和证据采集完善，实现文明规范执法。深化“三色执法”（即第一次劝导、第二次警告、第三次处罚），推行轻微违法承诺告知制等柔性执法模式，对轻微违法的，不予处罚，让商户签订承诺书；对一般违法行为以批评教育为主。但值得注意的是，对屡次违法拒不改正、严重影响市容秩序等情节恶劣的应严格执法，落实行政处罚，做到执法张弛有度。从社区治理来看，推动各类摊贩业主弘扬“工匠精神”，以市场发展动态和目标人群消费发展趋势为引领，在领域内不断做深做细，形成产品特色、深入挖掘商品和服务的内涵，同时，推动各类特色鲜明的集中区域向特色“民俗商业街”转变发展。

（五）利用数字化技术赋能地摊经济绿色发展

从长远来看，要不断推动各类地摊经济与电子商务、互联网经济等新兴经济业态的大力融合，激发产品和服务的原创动力，为新时期我国经济发展提供新的活力，努力打造“地摊经济2.0”版本。借助多领域平台企业推出地摊支持计划，利用数字化技术手段赋能地摊经济绿色发展。在供应链、交易支付、消费场景等方面将线下摊贩与线上平台协同合作紧密联系，利用数字技术重构“人—货—场”的新零售模式以及数字货币、微信、支付宝等数字支付新模式。

参考文献：

[1] 王明旭，赵卉卉，崔建鑫，等．珠三角绿色发展评估报告[M]．北京：中国环境出版集团，2018.

[2] 胡鞍钢．中国：创新绿色发展[M]．北京：中国人民大学出版社，2012.

[3] 孙芝兴，李子韦，戴星翼．摊贩经济研究[M]．上海：上海人民出版社，2009.

[4] 崔占峰，吴浩宇．“摊”经济70年：城市治理中的“嵌入性”弹性治理逻辑[J]．经济问题，2019（06）：1-10.

[5] 李坤梁，李娟．基于完全竞争视角下地摊经济管理研究——以贵州省凤冈县为例[J]．现代商业，2018（27）：68-69.

[6] 王岩．城市精细化管理如何包容地摊经济——基于上海中心城区的实证调查研究[J]．中

国发展观察，2018（13）：47-51.
[7] 陈秋燕，吕跃，邓翠馨，等. 广州市社区管理与摊贩治理模式研究[J]. 中国管理信息化，2015，18（24）：219-220.
[8] 陈端计. 绿色发展：中国 "十二五"发展转型升级的必然选择[J]. 经济问题探索，2011（08）：153-158.
[9] 闻之. 各国"地摊经济"不一样的人间烟火[J]. 金融博览，2020（14）：82-83.
[10] 刘佳. 地摊经济与城市管理[J]. 经营与管理. 2020（09）：1.
[11] 王延伟. "地摊经济"，应高质量发展[J]. 金融博览（财富），2020（07）：22-23.
[12] 杭丽. 社会管理创新与提升主观幸福感的互动机制[J]. 中国集体经济，2018（34）：63-66.
[13] 浅谈如何可持续发展"地摊经济"[R/OL].（2020-6-10）. https://www.sohu.com/a/400573810_694812.
[14] 27地设摊贩规范点发展地摊经济 网友：好有烟火气[EB/OL].（2020-6-4）. https://news.sznews.com/content/2020-06/04/content_23220639.htm.
[15] 成都允许临时占道经营"生"出10万个就业岗位[EB/OL].（2020-5-26）. http://m.xinhuanet.com/SC/2020-05/26/c_1126035147.htm.
[16] 赵展慧. 在复工复产中按下绿色发展"快进键"[N]. 人民日报，2020-05-15（04）.

（作者：陈端计，东莞理工学院经济与管理学院教授）
（作者：杭丽，广东科技学院讲师）

粤港澳大湾区睡眠产业发展分析

陈　搏　　蒋序标　　陈启宇

摘要：文章结合心理研究的理论成果，对睡眠产业发展呈现的新趋势作了分析，对粤港澳大湾区的睡眠产业发展情况作了梳理。在此基础上提出睡眠产品以“90后”为主要目标客户、开发具有催眠功能的空调产品、打造卧室助眠整体解决方案、设计高品质的“睡眠舱”产品、建设睡眠产业集群组织机构和加强大湾区内睡眠产业企业之间的合作，以促进粤港澳大湾区的睡眠产业高质量发展。

关键词：粤港澳大湾区；睡眠产品；睡眠产业

一、前言

随着国民生活水平的不断提高，生活节奏也在不断加快，生活、工作所引发的焦虑、压力很大程度体现在了睡眠上。许多人出现了睡眠障碍，主要表现为睡眠量不足、入睡困难、容易惊醒等。睡眠质量的降低使得身体机能紊乱，甚至导致脱发、新陈代谢变慢等问题。不仅如此，睡眠质量的下降还使得人们的工作效率降低、精神状态不佳。以上问题又将引发新的焦虑与睡眠障碍，形成恶性循环。《时代》周刊的统计数据显示，美国工薪阶层睡眠不足导致的工作状态不佳，带来生产力下降和死亡风险增加，大约一年可造成4110亿美元的损失。中国睡眠研究会的调研结果显示，我国超过3亿人有睡眠障碍。2020年突发的新冠肺炎疫情使更多的人因焦虑产生睡眠问题。调查显示，疫情期间睡眠质量较差者占被调查人员的22.4%，高于普通时期。睡眠问题越发成为“老大难”问题。为帮助人们认识和解决睡眠问题，很多企业都研发并产出了系列有形和无形的睡眠产品，由此形成了一个睡眠产业。同时，市场上也有更多的人愿意为睡眠消费，并且消费的规模正在快速上升。本文拟对粤港澳大湾区的睡眠产业作一个初步分析。

二、睡眠产业发展的需求背景呈现新趋势

（一）我国居民睡眠问题整体上有不断加重的趋势

近年来，来自各种研究机构的报告数据表明，国人的睡眠问题正呈现加重的趋势。北京睡眠呼吸中心发布的《2018中国睡眠质量调查报告》显示，10万被调查者中经常受到睡眠问题困扰的占83.81%。其中25.83%的人有入睡困难，26.49%的人属于浅睡眠者，更严重还有25.54%的被调查者被观察到有呼吸短暂停止的现象。《2019中国睡眠指数报告》显示，49.2%的国人有严重的睡眠问题，仅13.8%的人拥有甜美睡眠。1942年，我国人民每晚的平均睡眠时间是8小时，而截至2019年的研究报告发现，这个数字减少为6小时。根据京东发布的基于用户问卷调研和京东平台消费大数据分析的《2019—2020线上睡眠消费报告》，超过七成的用户存在不同表现形式和不同程度的睡眠问题。2020年睡眠问题线上问诊量增长了10倍。

（二）我国居民睡眠问题呈现年轻化的趋势

多家研究机构的报告显示，大部分“90后”成为睡眠问题的“特困户”，睡眠问题年轻化是一种新的趋势。一项针对全国20多个省（区、市）的《2018年中国的“90后”年轻人睡眠指数研究》显示，“90后”的睡眠均值为66.26的刚“及格”（满分为100分），普遍睡眠不佳，呈现出“需要辗转反侧，才能安然入睡”的状态。其中，29.6%属于“苦涩睡眠”，33.3%属于“烦躁睡眠”，12.2%属于“不眠”，“安逸舒适睡眠”仅占19.4%，只有5.1%睡眠处于“甜美睡眠”。基于4.5亿人睡眠大数据的《2020喜临门中国睡眠指数报告》显示，2019年，“90后”（包括“95后”和“00后”）占总失眠人群的36.7%。京东发布的《2019—2020线上睡眠消费报告》显示，超过七成的“90后”表示自己“睡眠时间不足”。

三、睡眠问题整体加重的因素分析

（一）电子产品的广泛使用对正常的睡眠习惯造成严重干扰

随着人们生活方式和生活节奏的改变，出现了“深夜手机党”这一流行词。“深夜手机党”指的是一群习惯于睡前甚至在熄灯后躺在床上玩手机的人。阿里巴巴发布的“夜经济”报告显示，在23点到凌晨3点（按照生理规律，这个时间段是人的最佳休息时间）的深夜，有好几万人在天猫上“熬最晚的夜，买最贵的

眼霜”。有关报告显示，“90后”年轻人中有3/4是晚上11点以后入睡，其中有1/3是凌晨1点后入睡。心理学研究表明，电子产品的使用对睡眠的影响主要表现在以下几个方面：一是电子设备屏幕发出的光可能会影响褪黑素，褪黑素是由松果体产生的一种激素，具有促进睡眠、调节时差等的功能；二是睡前使用电子设备会引起个体生理和心理水平上的唤起，从而对睡眠产生影响；三是由手机发出的电磁辐射可能会改变睡眠结构；四是睡前使用电子设备，容易导致睡前拖延，错过最佳睡眠时间。

（二）生活中的各种心理压力直接影响睡眠质量

对公众睡眠质量造成影响的压力大多源于情绪波动、生活压力、工作压力三点。猎豹用户研究中心发布的《2019年国民睡眠质量和助眠需求调研报告》显示，“70后”“80后”“90后”的失眠原因主要是工作压力，而“00后”的失眠原因主要是学习压力（见表1）。学者的研究表明公众睡眠质量与情绪存在密切关系，情绪不良是导致睡眠质量下降的主要因素。随着社会步入知识经济时代，工作的性质和环境都在发生变化，“无意识加班”（劳动者在下班后仍然通过智能手机、平板电脑等接收并处理工作，却没有意识到自己处于加班状态的现象）群体越来越多，这群“身体上”下班了但“精神上”没有下班的人，其生活规律可能被打乱，睡眠质量也因此受到影响。再加上部分城市的高房价和子女就学等生活压力，睡眠质量不高的群体数量还在上升。根据猎豹用户研究中心发布的《2019年国民睡眠质量和助眠需求调研报告》，全国有50%以上的人群睡眠评分处在“苦涩区”甚至更差，女性比男性睡眠质量差，白领睡眠质量最低，大部分人的睡眠时间集中在6~7小时。

表1　不同人群失眠原因占比的情况①

人群类型	失眠原因	占比
00后	学习压力	53.5%
90后	工作压力	36.1%
80后	工作压力	31.5%
70后	工作压力	48.2%
60后	莫名失眠	24.5%

① 资料来源于猎豹用户研究中心发布的《2019年国民睡眠质量和助眠需求调研报告》。

四、粤港澳大湾区的睡眠产业发展现状

根据《2018—2023年中国睡眠医疗市场分析与投资前景研究报告》，2017年，我国改善睡眠产业市场规模高达2797亿元。其中，睡眠器械用品市场规模为2500亿元，睡眠保健品市场规模为128亿元，睡眠药物市场规模为134亿元，还有市场规模为35亿元的睡眠服务等。据不完全统计，中国广义的大睡眠市场（包含寝具、家居等）体量已达10000亿元。从医药保健品、寝具、音频App到智能硬件，市场正从多个角度提供满足助眠需求的产品。

（一）空调市场具有国际领先优势

从睡眠环境的角度来看，空调为睡眠创造了一个舒适的环境。理论研究表明，对于自身身体温度而言，当我们的身体温度较低或正在下降时我们会倾向于睡觉。反之，当身体温度较高或者正在上升时我们会苏醒。

2019年1—6月全国空调产量达到11978.8万台，广东省空调产量排名第一，累计产量为3741.06万台，占全国总产量的比例接近1/3。省内的空调大企业也主要分布在大湾区，主要有珠海的格力和佛山的美的，被海信收购的科龙空间的生产基地也在佛山。其中格力电器是全球龙头企业。根据日本经济新闻社2019年发布的数据，格力电器以20.6%的全球市场占有率位列家用空调领域榜首。

（二）助眠电子产品开发拥有优势

粤港澳大湾区中深圳、东莞和惠州等是全球电子产品研发与生产的领先区域，在助眠电子产品开发方面也正在不断发力。香港喜旺国际集团旗下的乐腾达（深圳）日用品有限公司专注于打造高品质睡眠护理产品，主打产品有“零听”牌防噪音睡眠耳塞。大湾区生产睡眠监测仪的企业有多家，包括著名企业华为，还有深圳市迈迪加科技发展有限公司、深圳前海冰寒信息科技有限公司、深圳市格兰莫尔科技有限公司和广州中科新知科技有限公司。这些公司的产品都进入了中国十大睡眠监测仪品牌名单之中。

（三）大湾区内深圳企业正向高端和全领域发展

粤港澳大湾区内的企业看到了睡眠产业发展的潜力，正借助人工智能和新一代信息技术快速地切入这一产业，开发了一系列的助眠产品。其中，对市场敏感的深圳企业在这一产业中抢占了先机，并且向实体产品和数字产品全领域拓展，在全国的市场中占有突出地位。表2中列出了粤港澳大湾区睡眠产业中已经推出助眠智能产品的企业及其产品，9家企业中，深圳占7家（78%），广州和

中山各有1家。

表2　粤港澳大湾区睡眠产业智能产品生产企业

序号	企业简称	所在地	产品内容
1	冰寒科技	深圳	智能睡眠眼镜
2	云中飞电子	深圳	智能止鼾仪
3	迈加迪科技	深圳	智能枕、助眠灯、睡眠传感器、睡眠管理App
4	动静科技	深圳	智能睡眠枕、App
5	优安电子	中山	睡眠管理App
6	格兰莫尔	深圳	智能床垫、睡眠仪、App、卧室睡眠方案
7	慧创科技	深圳	智能止鼾枕、睡眠体征监测传感器
8	睡境科技	深圳	智能家居
9	中科新知	广州	睡眠体征监测传感器

整体而言，粤港澳大湾区的睡眠产业发展也存在一些问题，主要有：①产业集聚程度不高，目前助眠电子产品主要集中在深圳，广州、中山有散点分布；②产品同质化现象较为严重，容易引起恶性竞争；③产学研合作深度不够，脑科学家、心理学家、人体工程学专家和企业家之间没有一个深度合作平台；④产品整合程度不高，缺乏卧室助眠整套方案。

五、粤港澳大湾区的睡眠产业高质量发展的策略

（一）产品开发以“90后”为主要目标客户

1.“90后”是睡眠产品的主要消费力量

京东发布的《2019—2020线上睡眠消费报告》显示，“90后”睡眠消费的成交额是最高的，“90后”毫无疑问是睡眠产业中的主要消费力量，也是各个商家面对的主要消费人群。目前的“90后”尤其是“95后”主要处于学生向社会人转变的阶段，在这一时期“90后”需要学习并处理大量信息，因此睡眠不足带来的记忆力减退以及精神状态不佳将对日常工作和学习带来较大的影响。

2.“90后”对新型消费的接受程度较高

“90后”大多生活在信息爆炸的环境中，常常接受大量的外部输入信息，尤其是模棱两可的信息。因此，“90后”中很容易出现从众现象，即个体在群体中由于群体压力而表现出和大众一样的行为的现象，也就是我们常说的人云亦云。企业产品营销策略恰当的话，较容易引导“90后”消费。对于“90后”来说，睡眠成为他们难以得到满足的生理需求，购买助眠产品也是在满足自身基础的生理

需要。

（二）开发具有催眠作用的空调产品，打造卧室助眠整体解决方案

首先可生产一种具有催眠功能的空调，对室内机和室外机同时进行重新设计。除了调温控噪等基本功能之外，还可将可穿戴设备的数据与空调电脑用物联网技术进行连接，空调电脑根据室内人的身体数据进行调温，播放相适应的音乐等，这种智能空调要比使用人自己还了解自身的身体需求。要打造这类产品，需要可穿戴产品开发企业与空调产品企业加强合作，共同研发。同时，政府要引导制定这类智能产品的数据传输标准，使得任何一款可穿戴产品都可以与空调电脑进行数据传输。还可以通过数字技术创新App工具，为消费者提供助眠知识库，并为消费者设计一套自检程序，让其一项一项地检查是否存在影响睡眠的外部因素，例如检查室温、噪声、灯光、寝具等。对应选择香薰、发热眼罩、耳塞、药物褪黑素、智能止鼾枕等产品。总之应对于个人不同需求，提供个性化定制产品，可借助可穿戴设备收集的数据，将这些大数据处理后为消费者提供睡眠问题的解决建议。

（三）将“睡眠舱”作为未来竞争产品

很多企业都出现过员工休息不足导致工作效率下降等现象，一些大公司已经为员工推出了“睡眠舱”服务，例如Google、Facebook、赫芬顿邮报、华为、阿里巴巴等。这种“睡眠舱”有可能成为未来高科技企业的标配。因此，睡眠产品开发企业应该将这种“睡眠舱”进一步优化，向高端发展，使其催眠效果更好，并且又不占用太大的空间。

（四）打造睡眠产业集群组织机构

人类对睡眠的认识还刚刚起步，解决睡眠质量问题需要多学科研究的共同努力，还要将理论研究、应用研究进行快速融合，因此，亟须产、学、研、用深度整合。建议由睡眠产业协会联合高校、科研机构的力量打造睡眠产业集群组织机构，共同决定产业发展的技术路线图，制定相关技术标准，促进产业知识分享和利用，并且推动政府建设相关的公共基础设施。粤港澳大湾区的企业可以借助深圳国家综合性科学中心的大科学装置，深入推进睡眠机理的研究，在源头创新上实现突破，为整个产业的创新奠定基础。

（五）加强粤港澳大湾区产业合作，打造世界级的睡眠产业

面对国内国际形势发生的新挑战、新变化和新趋势，中央部署推进“以国

内大循环为主体，国内国际双循环相互促进”的新发展格局。加快国内大循环的发展，不是为了关起门自己发展，而是要以提高产品质量为目标，营造更加公平竞争的环境，锻造国内企业更强的市场竞争能力，在国际大循环中形成更强有力的优势。

粤港澳大湾区的睡眠产业企业要扎根国内市场，为国民提供高质量的助眠产品，同时，加强企业之间的合作，形成对外竞争对内合作的发展格局。一是建立大湾区睡眠产业联盟，将与助眠相关的企业都会聚起来，共同探讨产业的发展方向；二是每年举行睡眠产业发展年会，邀请学术界、产业界和消费者共同讨论助眠产品的设计和制造等问题；三是每年举办一次助眠产品展示博览会，让消费者体验最新的助眠产品，扩大大湾区内睡眠产业的品牌影响力；四是建立睡眠产业知识库，将产品制造和使用知识、睡眠自我调节知识等在产业内进行分享，并支持产品需求者参与知识库建设，特别是反馈产品使用信息和产品改进建议。

综上所述，在人们对电子产品依赖不断强化的背景下，加上社会发展带来的竞争压力上升的影响，受到睡眠质量下降困扰的人口总量正在快速增长，而且呈现年轻化的趋势，这给粤港澳大湾区内的企业提供了发展的新机遇。作为国内制造业发展强势区域，大湾区企业在助眠产品开发和生产上形成了竞争优势，但也存在产业集群规模小、产学研合作有待深化、产品同质化严重和缺乏助眠整体性解决方案等问题。文章为推动粤港澳大湾区睡眠产业的高质量发展提出了以下建议：产品开发以“90后”为主要目标客户；开发具有催眠功能的空调产品，打造卧室助眠整体解决方案；设计高品质的“睡眠舱”产品；建设睡眠产业集群组织机构；加强大湾区睡眠产业企业之间的合作。

参考文献

[1] 姬彦彬，王忠，陈文浩，等. 新冠肺炎流行期公众睡眠质量及相关因素[J]. 中国心理卫生杂志，2020，34（09）：795-799.

[2] Green A, Cohen-Zion M, Haim A, et al. Comparing the response to acute and chronic exposure to short wavelength lighting emitted from computer screens [J]. Chronobiology International, 2018, 35（1）: 90-100.

[3] Green A, Cohen-Zion M, Haim A, et al. Evening light exposure to computer screens disrupts human sleep, biological rhythms, and attention abilities [J]. Chronobiology International, 2017, 34（7）: 855-865.

[4] B. Claustrat, J. Leston Melatonin: Physiological effects in humans [J]. Neurochirurgie, 2015, 61 (2-3): 77-84.
[5] Weaver Edward, Gradisar Micheal, Dohnt Hayley, et al. The effect of presleep video-game playing on adolescent sleep [J].J clin sleep med, 2010, 6 (2): 184-189.
[6] Sarah P. Loughran, Andrew W. Wood , Julie M. Barton, et al. The effect of electromagnetic fields emitted by mobile phones on human sleep [J]. NeuroReport, 2005, 16 (17): 1973-1976.
[7] 何静文，屠志浩，苏彤，等. 睡前使用电子产品对睡眠的影响[J]. 职业与健康，2020, 36 (12): 1725-1728.

（作者：陈搏，博士、深圳市公共管理学会副会长）
（作者：蒋序标，广东金融学院教授）
（作者：陈启宇，华南师范大学硕士研究生）

加快发展冷链物流　促进粤港澳大湾区消费升级

左连村

摘要：本文在论述发展冷链物流、促进消费升级对建设粤港澳大湾区优质生活圈的必然性和必要性的前提下，分析了粤港澳大湾区发展冷链物流、促进消费升级的环境条件和优势以及消费升级的制约因素，在此基础上提出促进冷链物流一体化建设、注重冷链物流空间合理布局、推进冷链物流基础设施设备建设、健全冷链物流标准和服务规范体系、加快冷链物流信息技术发展和冷链物流人才培养等建议。

关键词：冷链物流；粤港澳大湾区；消费升级

2017年国务院办公厅发布了《关于加快发展冷链物流保障食品安全促进消费升级的意见》，明确提出要建设现代化冷链物流体系，满足居民消费升级需要，促进农民增收，保障食品消费安全。由于我国经济发展的不平衡性，东中西部地区居民的生活环境和消费水平也表现出明显的区域不平衡，因此在发展冷链物流、促进消费升级的过程中也会有不同的表现。本文主要结合粤港澳大湾区的实际，就湾区内如何加快发展冷链物流、促进消费升级作些探讨。

一、发展冷链物流、促进消费升级是建设粤港澳大湾区优质生活圈的必然要求

《粤港澳大湾区发展规划纲要》（后简称《纲要》）提出把建设宜居宜业宜游的优质生活圈作为粤港澳大湾区建设的战略定位之一，并同时指出要提高大湾区民众生活便利水平，提升居民生活质量，为港澳居民在内地学习、就业、创业、生活提供更加便利的条件，加强多元文化交流融合，建设生态安全、环境优美、社会安定、文化繁荣的美丽湾区。这里所说的提高大湾区居民的生活便利水

平和生活质量，主要体现在居民的衣、食、住、行、娱、学习、工作等方面的便利、高效和安全。

建立优质生活圈，本质上就是要通过促进消费升级，提升消费质量。优质生活圈首先对饮食提出高质量的要求，即要吃得丰富和高质量、吃得安全、吃得便利，就要保证生鲜类的产品在仓储、运输、流通加工、配送等各个流通环节的质量与安全，这正是冷链物流的主要工作。因而粤港澳大湾区要促进消费升级，打造居民优质生活圈，冷链物流是其中非常重要的环节，也是必然的发展要求，因为它直接影响着居民的生活质量与便利程度。冷链物流在粤港澳大湾区内是否得到很好的快速发展，是大湾区消费是否升级以及优质生活圈是否形成的重要标志之一。

冷链物流指冷藏冷冻品在生产、贮藏、运输、销售，到消费前的各个环节中始终处于低温环境下，以保证产品质量，减少物品损耗的系统工程。冷链物流具有复杂性、协调性及高成本性特征，适用于果蔬、肉禽蛋、水产品、加工食品、速冻食品、乳制品、花卉产品、快餐原料、包装食品、特殊商品、药品等领域。所以它比一般常温物流系统的要求更高、更复杂，建设投资也要大很多，是一个庞大的系统工程。

近年来我国居民收入水平的稳步提高，对于食品、医药等消费品的需求稳步提升。同时，在互联网消费、配送方式升级支持下生鲜电商迅速成长。这些因素都在推动冷链物流及冷库需求持续走高。未来我国冷链物流系统将加速完善，冷链流通率及运输率有望逐步向发达国家水平靠拢，冷链配送服务及装备产业将迎来快速扩容机遇。数据显示，我国的冷藏冷冻食品的总量以每年10%的比例增长，冷藏冷冻食品的销售量占到食品销售总量的10%左右。初级农产品、各类水产品、速冻食品、包装熟食、奶制品的产量和流通量逐年增加，相关的冷链物流运作越来越受到关注。此外，随着生活水平日益改善，人们的食品安全意识、食品质量理念进一步增强，全社会对生鲜食品的安全和品质提出了更高的要求。人们开始更多地关注产品的整体市场表现力，从而关心与产品生产、流通、销售有关的活动。

相关调研资料显示，粤港澳大湾区城市居民消费观念在过去几年里发生了重大改变，以传统消费方式为主的线下消费逐渐转变为频繁的线上消费，食品类生鲜特产消费排名前三的城市为广州、深圳、东莞，另外惠州、江门等珠三角区域的其他几个城市中，此类产品的消费订单和金额也成倍增长，而这些商品都属于冷链物流运输的范畴，这说明冷链物流企业的发展对粤港澳大湾区的发展尤其重要，已经成为促进湾区经济增长和消费升级的重要因素。

冷链物流链的发展对粤港澳大湾区消费升级和优质生活圈建设的积极促进作用主要表现在以下方面：

第一，冷链物流产业的发展壮大，为来自粤港澳大湾区内外和国内外的生鲜农产品、水产品、医药产品等提供全程冷链物流，从而确保将品质优良和品种齐全的生鲜农产品、水产品、医药产品等供给粤港澳大湾区居民，有助于提升粤港澳大湾区居民的生活质量，促进消费升级，有利于粤港澳大湾区优质生活圈的建设。

第二，冷链物流的发展可以促进粤港澳大湾区冷链物流标准化建设，形成食品检验检疫标准、食品质量安全标准以及冷链物流标准的统一，打造大湾区全程温控冷链物流服务体系，实现全程可追溯，从而有效避免生鲜产品和药品运输过程中衍生的食品安全事件，从而有利于粤港澳大湾区的消费升级和优质生活圈的建设。

第三，冷链物流的发展有利于促进冷冻工艺技术的提高和冷链物流操作效率的提升，从而降低冷链产品损耗；减少企业运营成本，增加企业收益。以农业为例，农产品冷链物流大发展，可以减少农产品产后损失，并带动农产品跨季节均衡销售，促进农民稳定增收。冷链物流供给环节成本降低有利于促进冷链产品消费的扩大。

第四，冷链物流产业的发展壮大，使更多企业进入冷链物流行业提供冷链运输、冷链配送、仓库冷藏、冷链物流信息共享等服务。冷链物流企业的专业化和规模化，将直接为粤港澳大湾区居民提供更多的就业岗位，有助于推动粤港澳大湾区在经济、文化、社会等各领域的融合发展，有助于将粤港澳大湾区建设成宜居宜业的优质生活圈，对整个社会经济秩序的稳定都将起到很好的作用。经济的进一步发展将进一步带动大湾区消费规模的扩大和消费质量的提高，消费升级成为自然而然的必然结果。

第五，冷链物流产业的发展壮大，有利于促进粤港澳大湾区国际贸易的发展，有利于引进国际大湾区的先进消费理念，进而促进粤港澳优质生活圈的建设。在开放的环境下，特别是在电商迅速发展的大环境下，冷链物流的发展必然具有国际性。粤港澳大湾区的特点之一就在于开放性。在“一带一路”倡议的推进下，在广东自由贸易区的拉动下，粤港澳大湾区的冷链物流国际化发展的规模将会越来越大，对大湾区消费升级和优质生活圈建设的影响也将会越来越明显。

二、粤港澳大湾区发展冷链物流促进消费升级的环境优势

粤港澳大湾区冷链物流发展面临良好的发展机遇，具有十分有利的环境条件。《纲要》的实施，《内地与香港关于建立更紧密经贸关系的安排》（CEPA）的持续发挥作用，“一带一路”倡议的带动，广东自由贸易区的建立以及国内创新驱动战略的推进，是区域内发展冷链物流的多重机遇，也是大湾区消费升级的良好环境条件。

（一）有利的叠加政策环境

CEPA的实施，为粤港澳大湾区冷链物流发展提供通关便利，使得冷链物流进出口业务量增加。口岸部门的监管互认、信息互换和执行互动，使通关效率得到很大的提高，进而提高了冷链物流效率，促进大湾区冷链货物流动。同时也有利于内地与港澳冷链物流企业相互渗透，加速粤港澳大湾区冷链物流行业的有效融合，提升粤港澳大湾区冷链物流行业的国际竞争力。

中国—东盟自由贸易区的建立，使得粤港澳大湾区进出口贸易不断增强，特别是在农产品、能源和橡胶方面。粤港澳大湾区每年出口的生鲜农产品数量的不断增多，也为粤港澳大湾区冷链物流发展带来了难得的机遇。粤港澳大湾区冷链物流建设应借助这些自由贸易协定和安排带来的双向开放市场，加强与周边东盟国家的设施“硬联通”和机制“软联通”，促进区域冷链物流生产要素流动，挖掘区域经济合作潜力，拓宽发展空间。

“一带一路”倡议的推进，使得跨境冷链业务日益频繁，而移动互联网的崛起，又催生了生鲜电商、冷链宅配，这些无疑将是冷链物流发展面临的新主题、新机遇，要依托沿线基础设施的互联互通，对沿线冷链物流要素进行优化配置，形成以粤港澳大湾区为中心的冷链物流枢纽。这也有利于促使冷链物流融入国际市场，加快冷链物流的发展；有利于国际合作交流，提升冷链物流服务水平。

国家实施的创新驱动战略，促进了国家的创新机制形成和创新成果不断涌现；广东自由贸易区的建立和运行，使得对外贸易和国际交流不断扩大，这些对大湾区冷链物流的发展有着直接的促进意义。

《纲要》的颁布和实行，为大湾区冷链物流的发展提供了直接的操作指引和政策依据。交通、物流、食品安全、农产品、供应链等概念作为关键词在《纲要》中频繁出现，同时，《纲要》还提出推进粤港澳物流合作发展，大力发展第三方物流和冷链物流，提高供应链管理水平，建设国际物流枢纽。

（二）活跃的经济发展环境

改革开放以来，我国经济快速发展，粤港澳大湾区在中国甚至在世界都属于经济发展的增长极。粤港澳大湾区经济发展水平全国领先，产业体系完备，集群优势明显，经济互补性强，香港、澳门服务业高度发达，珠三角九市已初步形成以战略性新兴产业为先导、先进制造业和现代服务业为主体的产业结构。随着粤港澳大湾区经济的发展，湾区内居民消费能力不断提升，消费结构持续升级，湾区内生鲜易腐类商品的需求逐渐加大，粤港澳大湾区冷链物流行业迎来了发展机遇。活跃的经济发展环境成为粤港澳大湾区冷链物流发展和消费升级的重要基础。

（三）现代化的综合交通网络环境

交通是经济发展的先行官，正所谓"要想富先修路"。《纲要》多次提到交通互联互通建设，提出构建现代化的综合交通运输体系，包括提升珠三角港口群国际竞争力、建设世界级机场群、畅通对外综合运输通道、构筑大湾区快速交通网络、提升客货运输服务水平。目前，粤港澳大湾区已初步形成以广州、香港（深圳）、澳门（珠海）为枢纽，其他城市为节点的多核放射线与环线结合的现代综合交通网络，粤港澳大湾区的高速公路、铁路、轨道交通、港口和机场无论是总体能力还是总体交通量，都在世界各大主要湾区中名列前茅，已达到世界先进国家水平，基本达到现代化水平，为粤港澳大湾区进一步发展打下了坚实基础。这些基础在粤港澳大湾区互联互通的建设过程中，有助于冷链物流运输大通道的形成，冷链物流行业将直接收益。良好综合交通网络是粤港澳大湾区冷链物流发展和消费升级的有力支撑条件。

（四）良好的国际化发展环境

香港作为国际金融、航运、贸易中心和国际航空枢纽，拥有高度国际化、法治化的营商环境以及遍布全球的商业网络，是全球最自由经济体之一。澳门作为世界旅游休闲中心和中国与葡语国家商贸合作服务平台的作用不断强化，多元文化交流的功能日益彰显。珠三角九市是内地外向度最高的经济区域和对外开放的重要窗口，在全国加快构建开放型经济新体制中具有重要地位和作用。粤港澳大湾区的国际化发展为冷链物流的发展带来了良好发展机遇。《纲要》提出多项鼓励措施，强调一致对外，加强对外开发合作，如提出以"一带一路"建设为重点，构建开放型经济新体制，加快培育国际合作和竞争新优势，以及强调支持横琴与澳门联手打造中拉经贸合作平台，搭建内地与"一带一路"相关国家和地区的国际贸易通道，推动跨境交付、境外消费、自然人移动、商业存在等服务贸易模式创新。支持横琴为澳门发展跨境电商产业提供支撑，推动葡语国家产品经澳门更加便捷进入内地市场。这众多的举措意味着国家是要将粤港澳大湾区建设成世界一流湾区，向国际市场进发。冷链物流产业也将随着大湾区建设脚步，走向国际市场。粤港澳大湾区各项规划的逐步实施，将为冷链物流企业带来重大机遇。国际化发展优势是粤港澳大湾区冷链物流发展和消费升级的有利条件。

（五）优势明显的“一国两制”制度环境

从合作机制和体制层面来看，粤港澳大湾区最大的特点是在“一国两制”环境下，呈现出一个国家、两种制度、三个独立关税区，以及与三个独立关税区相适应的三种货币制度和三种法律体系。《纲要》强调把港澳融入内地发展大局，这将进一步推进大湾区经济一体化发展，对于现代化的冷链物流的发展非常有利。同时港澳的消费理念、消费模式和消费质量等会给大湾区内的居民消费升级带来直接的影响。这是国内其他任何区域合作发展中都不具备的制度优势。

三、粤港澳大湾区发展冷链物流促进消费升级的制约因素

在当前的形势下，粤港澳大湾区冷链物流的发展也面临一些不可回避的困境和问题，如何破解这些难题，成为影响大湾区冷链物流未来发展和促进消费升级的重要因素。

（一）社会制度差异对冷链物流的发展带来不利影响

在发挥“一国两制”优势的同时，社会制度差异以及相应的不同货币及法律体系也给粤港澳大湾区的经济贸易融合方面带来一定的挑战。从经济贸易领域来看，明显存在经济自由度、市场开放程度、营商便利度及社会福利水平等方面的差异，这些差异将对珠三角九市与港澳在经济贸易融合方面造成极大的障碍，不利于粤港澳大湾区经济市场互联互通水平的提升，也不利于形成生产要素高效便捷流动的局面。粤港澳大湾区冷链物流在这种差异化的社会制度下想要做大做强面临着更大的挑战，这也必将制约湾区内消费的进一步升级。

（二）物流管理体制差异形成不利发展因素

中国内地和港澳在物流管理体制方面存在着明显差异。物流管理体制差异增加了物流企业间合作的难度。首先，《纲要》中提出鼓励粤港澳三地企业融合，共同发展，但由于粤港澳三地的物流管理体制不同，三地企业的流动、投资、合作以及信息沟通等都存在问题，企业间、政府间、企业与政府间都容易出现诸多

矛盾。其次，珠三角九市、香港、澳门三地冷链物流服务水平差距较大，具体表现在冷链物流服务人员水平、服务质量水平、服务品牌战略、服务流程、服务时效、服务态度等方面的差异。这种不同体制带来的服务水平的差异，以及粤港澳三地不同的制度法律环境致使湾区内冷链物流企业间协作不佳，而且竞争多于合作。即使在深圳和广州之间，也存在缺少合作的问题，各企业都以自己的利益为上而令行动难以协调，这不利于湾区内冷链物流业的发展和消费的快速升级。

（三）基础设施有待完善

首先是基础设施管理体制叠加，在湾区内存在香港体制、澳门体制、特区体制、自贸区体制以及国内通用体制等。不同管理体制间无论是管理理念还是基本机制都存在很大差异，短期内对这些差异协调困难，这在一定程度上阻碍了湾区的协作发展。其次是基础设施互联互通不足，各地区间的通道仍不通畅，“瓶颈路”“断头路”等经常存在，难以形成一体化的通行网络。再次是交通基础设施软硬件匹配失衡，如制度、规则及软环境等。最后是湾区内不同关税区交通管理水平差距较大。

（四）物流业规模发展不足，行业集中度不高

粤港澳大湾区冷链物流企业数量虽多，但成规模企业较少，多为供方和需方自己提供物流服务，外包给第三方物流企业的比例不高，导致冷链物流企业资源分散，市场化、社会化程度不高。部分地区重复建设严重，资源利用率不高，导致冷链物流产业形成不了规模效应，无法摊销冷链物流的高成本。粤港澳大湾区冷链物流行业的小规模企业运作模式，导致行业集中度非常低。据了解，我国排名前十的冷链物流企业市场占有率仅1%，排名前100的市场占有率仅10%，缺乏具有整合冷链物流企业的大规模企业，导致市场散乱无法形成规模效应。行业运营成本高、盈利低也成为冷链物流发展的短板。

（五）缺乏大数据平台支撑，冷链物流标准化体系不完善

随着社会的高速发展和日益增长的健康需求，未来的粤港澳大湾区冷链物流必将向着智慧化、可视化方向发展。智慧冷链以信息化为依托，广泛应用大数据、云计算、物联网等新一代信息技术与手段。信息共享和大数据支撑是粤港澳大湾区打造智慧冷链的关键所在，其中大数据系统关系着信息的真实性、实用性和可靠性。而当前湾区内大数据系统和信息平台的缺失使大量冷链物流信息缺乏衔接机制，导致大量冷链物流资源不能得到合理配置，从而影响冷链物流行业整体效率的提升。另外，粤港澳大湾区冷链物流技术标准不统一、标准体系不完

善，也会明显地降低冷链物流发展的效率，进而影响消费升级。

（六）冷链物流管理人才缺乏

无论是在粤港澳地区还是在国内其他地区，都面临着专业冷链物流人才十分缺乏的情况。冷链物流人才供给不足，冷链物流人才创新能力不足，冷链物流人才培养质量有待提高。人才的产生主要依靠学校培养，但国内只有少量院校开设了冷链物流相关专业，培养的人才远远满足不了冷链物流行业发展的需求。吸收和引进人才也存在人才融合的问题。

《纲要》中无论是对吸引国外人才，还是鼓励港澳人才到内地就业创业都提出了相关的举措，但实施起来还是有很大的困难。税收制度、出入境管理、医疗保险、住房、社会福利、科研经费管理问题等方面都会存在一定的障碍，所以湾区内人才的聚集以及流动都还存在一定的难度。

四、粤港澳大湾区发展冷链物流促进消费升级的对策措施

（一）促进粤港澳大湾区冷链物流一体化建设

促进粤港澳大湾区冷链物流一体化建设，应重点加强冷链物流管理体制的协同创新，推动粤港澳大湾区港口群一体化、机场群一体化以及通关一体化建设。理顺粤港澳大湾区内部的物流管理体制。应建立统一的协调机构，构建物流“一站式”办公模式，通过湾区冷链物流一体化建设，共同开拓冷链业务市场，共同提高冷链综合服务能力，优化冷链通关环境，构建冷链运营信息共享平台，推进冷链多式联运服务等。同时要创新通关模式，实现口岸基础设施互联互通，建立鲜活产品绿色通道，优化通关流程与作业方式，创新冷链监管模式，优化冷链监管流程，助力湾区冷链物流快速发展。

（二）注重粤港澳大湾区冷链物流空间合理布局

广东省冷链物流总体上呈比较好的发展态势，但也存在一些问题，主要表现在冷链物流区域发展不平衡、冷链设施结构不合理、低温库所占比例较高、保鲜冷库占比较低、冷链物流园区建设滞后、空港冷链物流中心建设不完善等方面。因此应不断促进大湾区的冷链物流空间布局合理化。政府要鼓励企业加大对高温冷库建设的投入，优化大湾区冷链物流布局。应在广州、深圳、香港和澳门这四大中心城市建设大型的冷链物流枢纽站，承担冷链物流产品的集中与分散的功能。政府要支持进出口贸易发展冷链物流，投资建设综合型的冷链物流园区，促进跨境冷链物流的发展。

（三）推进粤港澳大湾区冷链物流基础设施设备建设

冷链物流的基本功能有二，一个是冷链运输，另一个是冷链储藏，而冷库是冷链储藏的载体，是实现冷链储藏的基本保障。因此应重点加强粤港澳大湾区交通的互联互通，加大冷链运输设施设备建设和冷链物流仓储设施设备建设。加强粤港澳冷链物流基础设施设备建设，就要树立共建共享意识，建立粤港澳大湾区统筹协调机构，合理整合三地现有交通资源，优化交通结构，完善配套服务体系，柔性处理体制问题对交通一体化建设的约束。加强粤港澳冷链物流基础设施设备建设，还要加快冷藏车和冷库的建设；要优化冷藏车市场结构，加强冷藏车市场监管力度，提升冷藏车品质，促使冷藏车行业向专业化、多样化发展；做好整体规划，扩大冷库规模，提升冷库的技术含量，发展绿色智慧冷库。

（四）健全粤港澳大湾区冷链物流标准和服务规范体系

加强粤港澳大湾区冷链物流标准化建设，首先要加强市场和消费者对冷链物流标准化的认识，使消费者能够理解冷链物流标准化的意义，促使消费者对冷链物流标准产品进行消费。遵循统筹优化、简化通用、系统归并、衔接兼容等原则，重构和完善冷链物流标准化体系，建立全程冷链物流可追溯系统。加强政府对冷链物流标准化的支持和监管力度，建立冷链物流全程质量检查与监督机制，掌握企业冷链物流标准化执行状况，为完善冷链物流系统提供保障。同时应注意大湾区冷链物流标准与国际标准对接，并要针对重要管理环节研究建立冷链物流服务管理规范体系。

（五）促进粤港澳大湾区冷链物流信息技术发展

信息技术的发展对粤港澳大湾区冷链物流的发展至关重要，粤港澳大湾区冷链物流信息技术的发展应以国家冷链物流的发展方向和方针为指导，结合粤港澳大湾区区域发展的实际情况进行研究。冷链物流信息技术的发展离不开物流行业信息技术的发展，粤港澳大湾区冷链物流信息技术的发展依然是以冷链物流行业的信息技术发展为依托。第一，加强冷链物流理念与技术研究。应该加大对粤港澳大湾区冷链物流相关企业、相关高校专业的研发投入，促进冷链物流装备与技术升级。加快粤港澳大湾区冷链物流技术创新和冷链物流企业经营创新。加快粤港澳大湾区冷链物流信息化水平建设，并把信息化水平建设作为粤港澳大湾区的冷链物流建设的重点，加强对各种新技术的应用，包括射频技术、3S技术及冷链物流信息化技术等，大力发展“互联网+”冷链物流，提高冷链资源综合利用率。同时还要重构和完善信息标准化体系，加强信息技术的标准化建设。

（六）加快粤港澳大湾区冷链物流人才培养

利用粤港澳大湾区高校众多的优势，鼓励高校加快冷链物流人才的培养。包括通过增设大学冷链物流专业，优化物流管理专业的人才培养方案，对冷链物流管理专业进行课程改革，加强冷链物流实验室建设，培养冷链物流管理的应用型、复合型、技能型人才。要发挥企业在冷链物流管理人才培养中的作用，通过校企合作，推动冷链运输设备专业教育和职业培训，形成多层次的教育、培训体系，大力培养市场需要的专业化人才。同时发挥政府、行业协会和企业在培养人才中的作用，联合培养人才。完善适合粤港澳大湾区的冷链物流人才管理机制，推进湾区内冷链物流人才一体化建设。全方位建设湾区人才高地，引进高层次冷链物流人才，形成培养和引进相结合的人才形成机制。

参考文献：

[1] 国务院办公厅关于加快发展冷链物流保障食品安全促进消费升级的意见[R/OL].(2017-04-21). http://www.gov.cn/zhengce/content/2017-04/21/content_5187961.htm.

[2] 中共中央 国务院印发《粤港澳大湾区发展规划纲要》[R/OL].(2019-02-18). http://www.gov.cn/gongbao/content/2019/content_5370836.htm.

[3] 谢庆裕，周人果．粤港澳大湾区：建设宜居宜业宜游的优质生活圈[EB/OL].（2019-02-21）.http://news.southcn.com/gd/content/2019-02/21/content_185255886.htm.

[4] 投中资本消费组.行业研报 | 生鲜消费升级的幕后英雄——冷链物流[R/OL].(2017-11-01). https://www.sohu.com/a/201639455_355052.

[5] 谢庆裕，周人果．粤港澳大湾区：建设宜居宜业宜游的优质生活圈[EB/OL]. (2019-02-21). http://news.southcn.com/gd/content/2019-02/21/content_185255886_2.htm.

[6] 辛均庆，吴少敏，尚黎阳等.代表委员热议粤港澳大湾区建设：打造宜居宜业优质生活圈[EB/OL]. (2018-01-28). http://news.southcn.com/gd/content/2018-01/28/content_180601335.htm.

[7] 陈晓曦．大湾区物流供应链发展提速——解读《粤港澳大湾区发展规划纲要》[J]. 物流时代，2019（04）：68-71.

（作者：左连村，广东外语外贸大学教授）

基于粮食生产、消费各环节分析粮食安全及对策

徐依然

摘要：粮食是最基本的生活资料，其供求状况事关国计民生。新中国成立以来，党始终把解决人民的吃饭问题作为国家长治久安的首要任务。从粮食的生产、加工到消费等各环节，做到厉行节约、杜绝浪费、减少损耗，是保证粮食安全的题中应有之义。

关键词：粮食；生产；消费；粮食安全

一、研究背景及意义

（一）研究背景

马克思和恩格斯指出，物质资料生产是人类自身生产的前提。“食物的生产是直接生产者的生存和一切生产的首要的前提”[①]，是最基本的生活资料，粮食供求直接关系人类生命安全，而粮食安全事关国运民生，是一个国家长治久安的基础。作为人口大国，我国尤其重视粮食安全，党始终把解决人民吃饭问题作为国家长治久安的首要任务。毛泽东强调要重视粮食生产要求“以粮为纲，全面发展”；邓小平把农业作为经济发展的基础，着力解决农业特别是粮食问题，抓紧粮食安全不放松；江泽民针对国际上“谁来养活中国”的舆论，提出中国人的吃饭问题要靠自己解决；胡锦涛高度重视粮食增产和农民增收问题，提出依靠政策调动农民积极性。党的十八大以来，以习近平同志为核心的党中央提出了“确保谷物基本自给、口粮绝对安全”的新粮食安全观，确立了以我为主、立足国内、确保产能、适度进口、科技支撑的国家粮食安全战略。[②]

① 马克思，恩格斯．马克思恩格斯全集（第3卷）[M]．北京：人民出版社，2002。

② 资料来源于中华人民共和国国务院新闻办公室于2019年10月发布的《中国的粮食安全》白皮书。

（二）研究意义

2020年以来，联合国已多次发布粮食危机预警，受新冠肺炎疫情、蝗虫灾害、自然灾害等影响，全球粮食市场面临严峻考验。作为人口大国，中国耕地面积仅占世界耕地面积的7%，人均耕地面积仅有世界平均水平的40%。我国粮食生产及消费长期处于“紧平衡”状态。面对耕地面积少、人口众多的国情，如何在提高粮食生产能力基础上，在有限的土地上满足基本消费需求并保证粮食安全，是我们研究的重点。2020年，习近平总书记对制止餐饮浪费行为作出重要指示，体现了对粮食安全一以贯之的高度重视和强烈忧患意识，也将各环节的粮食浪费提上议程。

面对14亿人口的粮食消费，任何环节的微小浪费都会产生巨大的负面效应。据此，笔者希望通过相关数据，具体分析粮食生产、消费各环节的损耗及浪费，以此提出相应的减少浪费的办法。

二、粮食现状

（一）我国粮食现状

1. 粮食作物播种面积

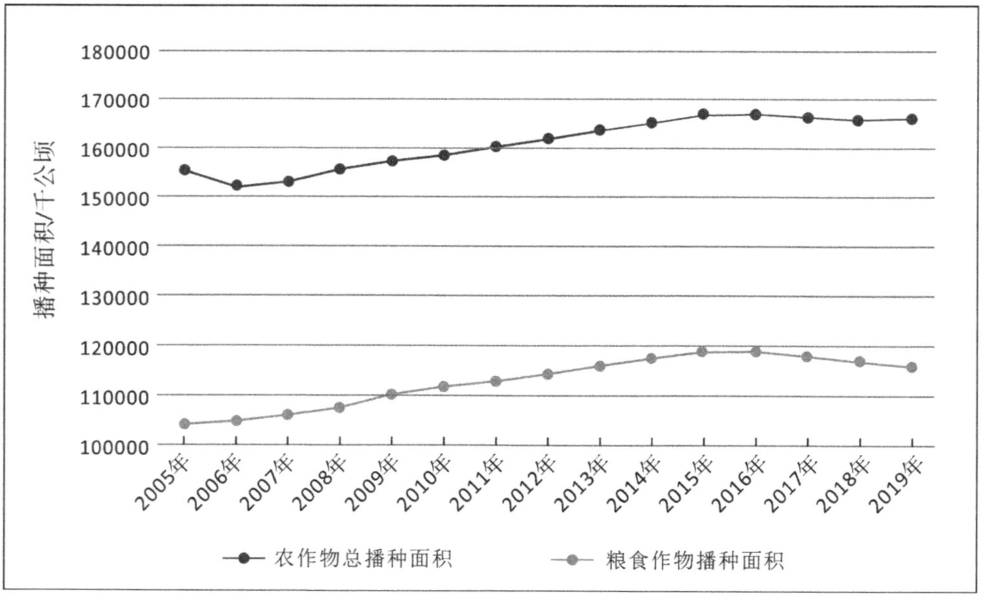

图1　2005—2019年我国农作物总播种面积与粮食作物播种面积对比

农作物总播种面积是指农业生产经营者在日历年度内收获农作物在全部土地（耕地或非耕地）上的播种或移植面积。收获农作物既包括粮食作物，也包括经济作物，是我国耕地面积的直观体现。从图1中粮食作物播种面积看，约占农作物总播种面积的70%，且二者面积变化趋于一致。国家统计局资料显示，近十五年来，农作物作播种面积呈上升后逐渐下降趋势，在2016年达到顶峰，为166939.04千公顷，后逐年下降，减少到2019年的165930.66千公顷。这一趋势是多方面原因导致的：一方面，粮食生产成本上升，收益下降，大量农业人员放弃种植粮食；另一方面，城镇化进程的加快带来了农村人口的大量流出，劳动力转移到第二、第三产业，导致土地荒废，粮食种植面积下降。同时，在对粮食作物播种面积统计中，包括了因灾害等原因应该收获却未能收获的播种面积，故实际收获的种植面积应少于统计数据。

2. 粮食产量现状

国家统计局数据显示，2005—2019年来，除少数年份外，我国粮食总产量处于稳定增长状态。2011年突破5.5亿吨界线，到2019年，我国粮食总产量达到6.6亿吨（见图2）。其中人均粮食产量（见图3）也呈递增态势，已经超过国际粮食安全线（400千克）。

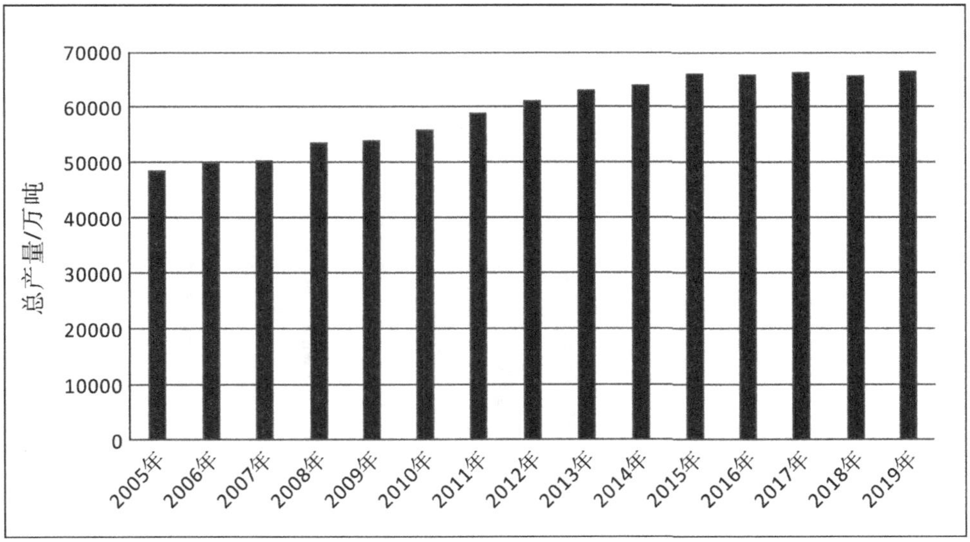

图2　2005—2019年我国粮食总产量

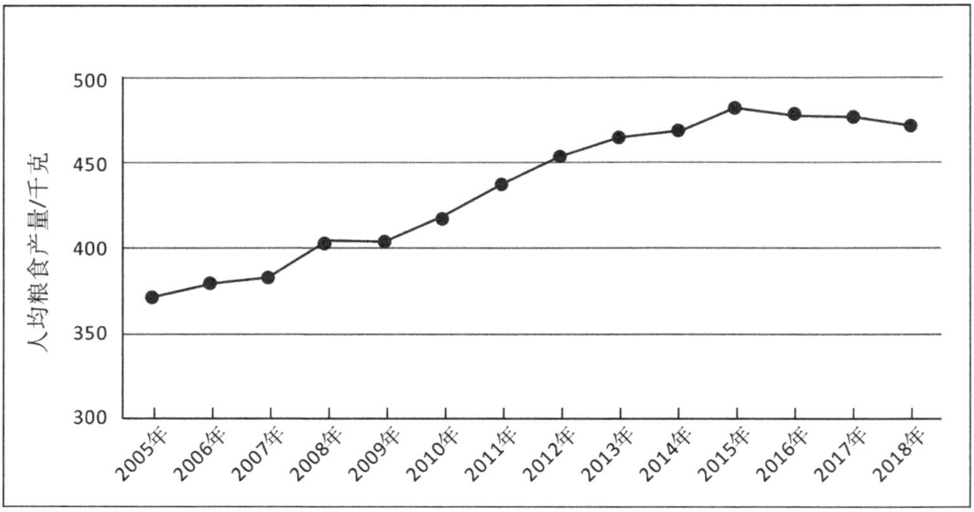

图3　2005—2018年我国人均粮食产量

3. 餐饮业现状

近几年来，餐饮业蓬勃发展（见图4），一方面反映餐饮市场蓬勃发展，消费者在外就餐比例不断加大；另一方面，其背后可能产生的食物浪费也触目惊心。

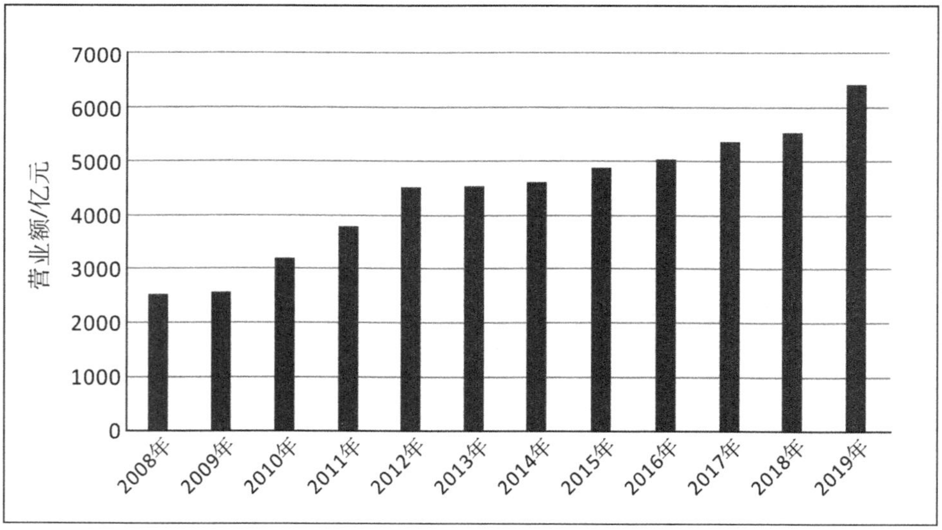

图4　2008—2019年我国餐饮营业收入

中国科学院地理科学与资源研究所关于食物浪费中的实地调研结果显示，

2015年，中国仅餐饮业餐桌食物浪费总量就达1700万~1800万吨，相当于3000万~5000万人一年的食物量。其与世界自然基金会联合发布《中国城市餐饮食物浪费报告》中的数据显示，中国餐饮业人均食物浪费量为每人每餐93克，浪费率为11.7%。其中，大型餐馆、游客群体、中小学生群体、公务聚餐等是餐饮食物浪费的“重灾区”，大型聚会浪费达38%，而学生盒饭有三分之一被扔掉。

粮食关乎国计民生，总体来看，我国粮食产量的稳步提升、人均粮食产量的逐步递增能保障粮食数量上的安全。然而，面对复杂的国际环境挑战：新冠肺炎疫情在全球蔓延，增加了国际市场对粮食贸易不稳定的预期；南亚、非洲一些国家及地区面临严重的蝗灾等自然灾害可能导致的粮食减产；国际金融投机资本可能利用疫情和粮食减产预期大肆炒作，引发全球市场恐慌，推动国际粮食市场价格上涨，导致全球粮食出现危机。我国仍需紧绷粮食安全这根弦，常抓不懈。

（二）世界粮食现状

联合国粮食及农业组织于1974年最早对粮食安全初步定义，后经过多次修订，最终确定从宏微观两方面将粮食安全概念扩展到可供应、可获得性、可利用性、稳定性、可持续等五个维度，形成了较为合理的粮食安全概念。

联合国粮食及农业组织发布的《2019世界粮食安全和营养状况》报告显示，全球每年约有三分之一的粮食被损耗和浪费，总量约为每年13亿吨。

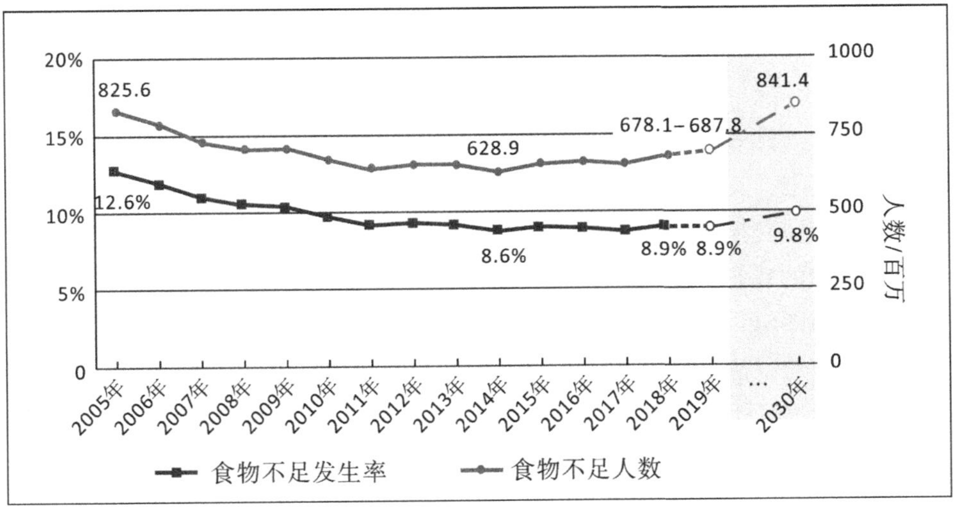

图5　全世界粮食不足情况统计图

图5数据为联合国粮食及农业组织统计及预测，其中2005—2018年粮食不足

发生率呈缓慢下降趋势，食物不足人数总体下降，但呈缓慢抬头趋势。根据预测，在2019—2030年更长周期内，世界粮食不足人口数量仍将继续增加，可持续发展目标2.1①中提出的消除饥饿目标将无法实现。且该数据统计于新冠肺炎疫情暴发前，考虑到疫情对经济的巨大影响，未来粮食情况更加不容乐观。联合国粮食及农业组织等相关机构的联合发布报告显示，受新冠肺炎疫情影响及国际关系、自然灾害等不稳定因素影响，2020年全球面临严重粮食不安全的人口数量可能由1.35亿人增至2.65亿人。

联合国粮食及农业组织、国际农业发展基金、联合国世界粮食计划署等五个组织于2020年7月13日联合发布的《世界粮食安全和营养状况》报告显示，2020年可能会有25个国家面临严重的饥饿风险，世界或面临50年来最严重的粮食危机。

面对严峻复杂的国内外形势，中国必须未雨绸缪，在继续稳定粮食生产、积极参与世界粮食安全治理的同时，从粮食生产到消费各环节减少浪费，坚决制止各种形式的浪费行为，在全社会营造浪费可耻、节约为荣的氛围。

三、粮食生产、消费各环节可能的损耗及浪费

据联合国粮食及农业组织界定，广义的粮食浪费包括粮食损耗及狭义的食物浪费。粮食损耗是指粮食在供应链过程中发生数量减少或质量下降。发生在从收获后到零售前环节的称为“粮食损耗”，发生在零售及消费环节的则为“粮食浪费”。具体来说，食物浪费主要表现在生产、收获、储存、加工、分配、零售等方面。现阶段，食物浪费已经成为全球性问题，需引发社会各界关注。

（一）生产环节的粮食损耗及浪费

1. 生产环节

农业是最易受气候变化影响、最脆弱的产业之一，频发的自然灾害也对粮食生产产生巨大的威胁。以我国为例，图6是2005—2019年我国农作物受灾面积变化曲线图。由图6可看出，随着科技水平的进步、对极端天气监测能力的提升，农业基础设施的完备，我国自2005年以来每年的受灾面积是在曲折中下降的，但总体来看，受灾面积仍高于15000千公顷，“靠天吃饭”在某种程度上还未改变。据国家粮食资源局相关数据，我国由于气象灾害和昆虫虫害等导致的粮食损失达到5%~10%。

---

① 此目标编写于世界卫生组织《2030年可持续发展议程》，具体目标2.1为“到2030年，消除饥饿，确保所有人，特别是穷人和弱势群体，包括婴儿，全年都有安全、营养和充足的事物”。

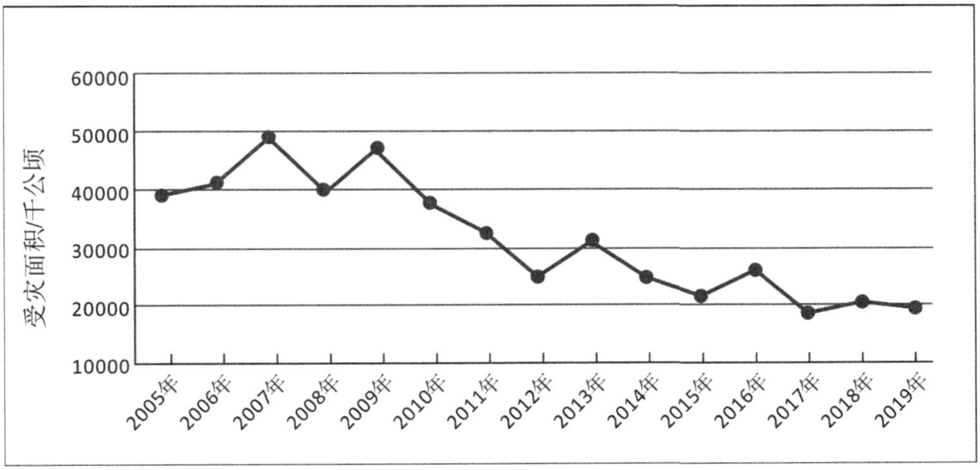

图6 2005—2019年我国农作物受灾面积变化情况

2. 收获环节

相关资料显示，从全球来看，约有14%的粮食损失在收获后到零售前，具体包括气候条件不适宜、收获时间不够充裕、收获后处理方法不当等（见图7）。这些都是造成粮食损失的相关原因，其中中国小麦收获后损失主要由于人工、机器操作失误导致。

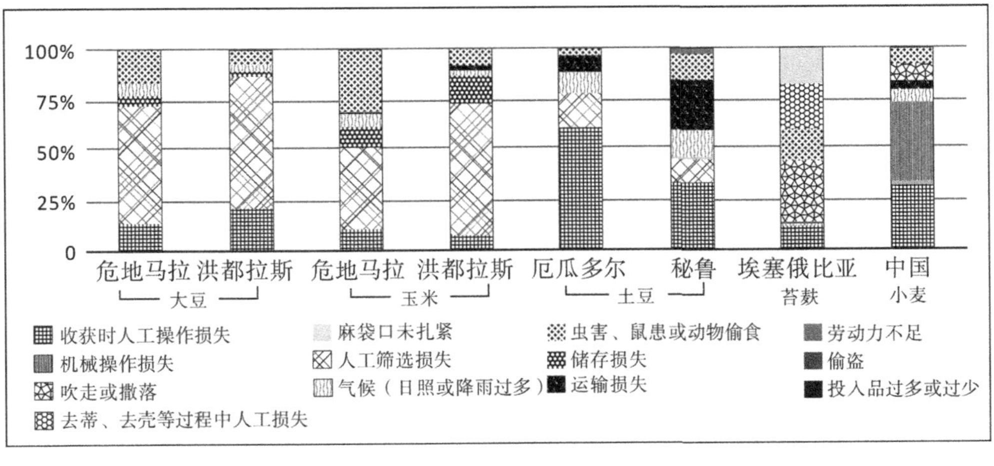

图7 中国等国家主要粮食作物收获后损失主要原因

同时，针对不同的农产品特性，损耗的比例也有所不同。据联合国粮食及农业组织相关统计，收获环节损耗最多的是根类、块茎及油料作物，其次是水果和蔬菜，这也与其不易保存的属性有关。

3. 储存环节

储存环节导致的粮食损耗包括储存空间不足、储存不当导致保质期缩短等。发展中国家因基础设施不完善导致的损耗较多；发达国家相对较好，但也会由于技术故障、温湿度控制不当等人为操作或库存过多导致粮食损耗。

4. 加工环节

具体包括由于技术进步、生活水平提高使得食品分级逐步细化，合格标准的不断提高导致生产线上局部残缺食物的淘汰、过分精加工导致的食物浪费等。

5. 分配环节

在一定时期和范围内，食物资源具有相对有限性，具体包括资金、劳动力、生产资料等分配不均匀等。如由于产地限制导致运输环节延长，若贸易物流和基础设施不够完善、食物处理和包装的技术不合理，以及运输过程中人工失误等，则容易产生损失。

（二）消费环节的粮食损耗及浪费

1. 零售环节

在零售和消费环节的粮食节约也十分重要。零售环节的浪费主要是由食品包装、饮食习惯、餐饮服务等多重因素导致的，如受商品保质期限制，包装分量不合理，消费者对食物外观、品种选择环节等导致的损失，还包括对最佳食用期和保质期不够了解导致的浪费等。

2. 消费端

消费端是造成食物浪费的关键环节，且呈日益严重趋势。消费端的浪费主要在家庭环节及餐饮业环节，多与消费者无计划性的消费及不合理消费等有关。同时，消费端的食物浪费还会产生负的外部效应，如食物浪费导致碳排放加大、生产资源无谓损失等。

（三）其他原因造成的粮食损耗及浪费

粮食安全不仅包括数量安全，还包括质量安全及结构安全，习近平强调“现在讲粮食安全，实际上是食物安全”。联合国粮食及农业组织也认为，粮食安全不仅仅是谷物的安全，还包括肉蛋奶等在内的食物安全，必须将获得安全、有营养和充足的食物视为一项人权。[①]在实际生活中，由于产品质量问题导致的食物浪费时有发生。

---

① 资料来源于联合国粮食及农业组织、国际农业发展基金等发布的《2018年世界粮食安全和营养状况》报告。

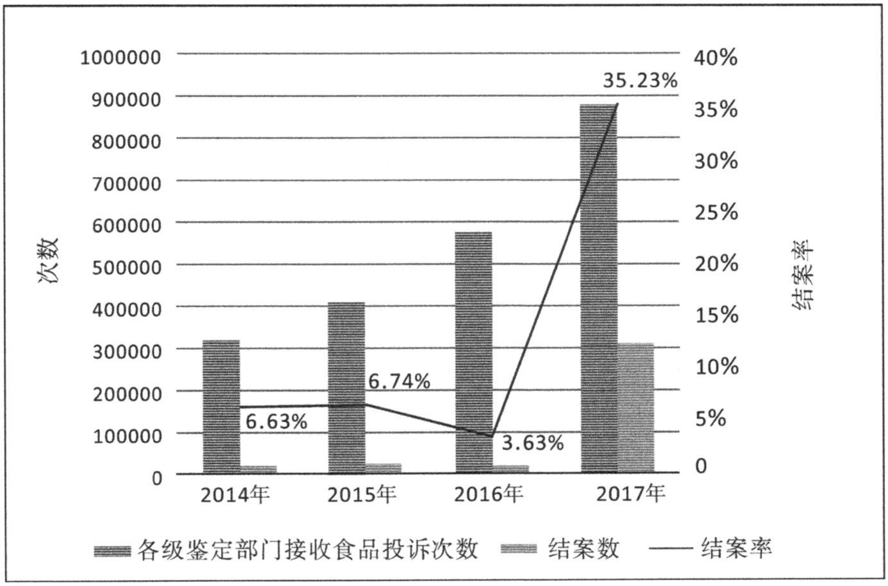

图8　2014—2017年各级监管部门接受食品投诉次数、结案数及结案率

图8为我国2014—2017年各级监管部门接受食品投诉次数、结案数及结案率的统计，可以看出，自2014年以来，各级监管部门受理食品投诉次数与日俱增，结案数及结案率仍有待提高，这也表明我国食品安全问题多发且形势严峻，由于食品不合格导致的食品浪费应引起足够的重视。

四、政策建议

在粮食生产力水平既定的情况下，减少粮食生产、消费各环节的食物浪费有着重大的意义，经过以上的原因分析，可以从以下几方面来减少浪费：

（一）政府部门

1. 守好耕地红线，保证粮食生产

要坚守18亿亩耕地红线和16.5亿亩粮食播种面积底线，持续加强耕地保护意识，合理利用土地资源，完善并落实配套的土地利用法律法规；提高耕地使用效率及质量，建设现代化高标准农田；要加强粮食产业科技研发等投入，加强重点项目扶持，提高粮食生产数量及质量。

2. 加强基础设施建设

生产环节的食物损耗多与基础设施不完备有关，要加强农业基础设施建设，提高农业生产中抵御自然灾害的能力；要完善现代农业仓储建设，扩大仓储规

模，完善仓储设施，提高安全储粮能力；要完善道路交通网，形成公路、水路、铁路、航空等联运格局，稳步提升粮食物流效率；要利用好已搭建的国家粮食电子交易平台，健全以国家粮食电子交易平台为中心，省（区、市）粮食交易平台为支撑的国家粮食交易体系，减少交换、分配环节的粮食损耗；要健全粮食储备和应急体系，保证储备粮数量充足、质量良好、储备安全，能应对重大自然灾害和公共突发事件；等等。

3. 出台相关政策引导社会风气

党的十八大以来，针对群众反映的公款餐饮浪费等，已出台《党政机关国内公务接待管理规定》和《党政机关厉行节约反对浪费条例》等。2014年，国务院办公厅印发了《中国食物与营养发展纲要（2014—2020年）》，也在社会上形成“光盘行动”热潮。要在社会上持续营造粮食节约风气，真正做到“厉行节约、反对浪费”，必须持续推进节约粮食宣传教育。调查显示，通过简单的信息干预可以有效减少15%的食物浪费。

4. 积极参与国际粮食安全建设

自联合国粮食及农业组织发起相关合作行动计划以来，中国一直致力于在世界范围内开展农业合作与经验分享，为全球消除饥饿和贫困贡献力量。在经济全球化背景下，2020年是中国全面建成小康社会的目标实现之年，也是全面打赢脱贫攻坚战的收官之年，中国目标的实现也将极大推动全球2030年实现零饥饿目标。据此，要在合作的基础上加强学习，学习国外好的做法，如法国的“食物浪费国家公约”计划（在2025年前将食物浪费减少50%的目标），美国的“减少食物浪费制胜计划”等，助力脱贫攻坚。

（二）企业

参与粮食生产、交换、分配各环节的企业需根据自身特色，探索节约粮食新途径。粮食生产企业需更新设备、提高技术，提倡适度加工，减少生产环节的浪费；也可通过开发新的技术，如生物堆肥发电等延长局部残缺食物的使用寿命。零售企业、餐饮企业需积极承担社会责任，给予消费者积极正面的指引如宣传“光盘行动”等。

（三）消费者

在消费数量方面，理性选择，树立正确的消费观；消费食物的选择以满足基本需求为主，不盲目消费及攀比。在消费内容方面，消费食物要结构合理、营养均衡，契合自身发展需要。在消费方式方面，倡导绿色消费、低碳消费，做好食物垃圾分类，使废弃物循环利用。

总之，食品安全问题由来已久，数量上的安全及质量上的安全需要社会参与方共同发力，这就有赖于政府对于食品安全管理的积极作为，有赖于相关厂商改进生产技术、改善经营管理，有赖于监管部门及媒体、消费者积极行动，形成良好社会风气等，共同维护食品安全。

参考文献：

[1] 聿曾. 国家粮食安全的新时代[J]. 农经，2018(01)：42-45.
[2] 王灵恩，侯鹏，刘晓洁，等. 中国食物可持续消费内涵及其实现路径[J]. 资源科学，2018，40(08)：1550-1559.
[3] 孙慧敏. 我国粮食安全战略研究[J]. 粮食安全，2020(04)：15-21.
[4] 张盼盼，白军飞，刘晓洁，等. 消费端食物浪费：影响与行动[J]. 自然资源学报，2019，34(02)：473-450.
[5] 刘立涛，刘晓洁，伦飞，等. 全球气候变化下的中国粮食安全问题研究[J]. 自然资源学报，2018，33(06)：927-939.
[6] 贾凡. 农业供给侧结构性改革背景下粮食生产安全问题研究[D]. 吉林：吉林大学，2020.
[7] 李雯雯. 保障粮食安全的"中国方案"——国新办发布《中国的粮食安全》白皮书[J]. 中国粮食经济，2019(11)：25-28.
[8] 何瑞英，赵金凌，李锐，等. 基于中国样本的食物浪费研究综述[J]. 食品安全导刊. 2020(03)：52-57.

（作者：徐依然，广东省社会科学院2015级硕士研究生）

成本分摊：旧楼加装电梯中的个体博弈与公共利益契约形成

江　波

摘要：随着越来越多的旧小区需要加装电梯改善小区居民生活，电梯产业有了新的发展契机。然而，老旧小区改造中的加装电梯工程成本较高，如何在此类公共消费中合理分摊其中的成本，用契约（制度）保障其中的权益，则是公共消费从政府供给转向民间供给的关键问题。本文分析了旧楼加装电梯中的个体博弈与公共利益契约形成的过程与背后深层次的逻辑问题，并提出公共利益契约的形成需要利益基础上的有效组织和制度保障。

关键词：旧楼加装电梯；个体博弈；公共利益契约

突如其来的新冠肺炎疫情，使得2020年的经济生活遇到前所未有的压力，不仅生产端停顿下来，消费端也局限于柴米油盐的基本生存层次。倘若从市场需求端给生产供给端提供机会和专业化的技术成长空间来看，如何将消费层次从基本生存提升到小康、幸福的内容上去，扩大诸如电梯需求从而给电梯产业发展带来强有力的市场成长机会，却是需要突破公共选择和公共消费等一系列的约束瓶颈。

消费行为历来分为个人和公共两个不同的领域与层次。经济学从个人理性出发，将分析的视野局限在经济行为就是以个人财务支付能力约束下的个人收益最大化选择。由此也局限了人们对公共消费的认知和判断力，比如在一项社区公共消费品中，是躲避成本分摊，还是努力通过合适的公共收益与私人成本之间形成一个恰当的契约？搭便车的机会主义行为，必然使得公共消费品的供给十分困难。然而在城市人们居住的群落中，群体消费的比重将不断提高，人们对公共治安、公共卫生、公共设施和公共的绿化、安静的环境等的需求不断加大，从而推动其中公共服务产业发展。这些都是考验进入小康社会的人们的新课题。

从产品与产业发展的市场条件来看，某种意义上说，与私人理性形成的产品效用内敛型发展模式不同，公共消费的效用发散性和外溢性，需要有一定的公共选择机制作为将公共需求内敛化，凝结成一个公共意愿的公约数，从而完成产品和产业发展的聚合效应。如同中国的高铁产业能够比较快地在国内获得集体选择中的集体理性，从而成为拉动经济的强有力的引擎。然而在国外，则由于诸如环境保护、公共财政预算等约束，无法形成公共理性的集合，所以无法将中国的高铁技术推向这些国家。旧区改造中的加装电梯，从经济学来分析，便是遭遇了类似公共理性难以聚合的困境，因此构成对电梯产业发展的一个无法逾越的障碍。

一、成本分摊的考量：个人在公共消费品中的收益是否大于或等于花费同样成本能够获得的私人收益？

为什么私人消费没有成本分摊困境？因为产品的边际收益与比较成本是一致的。倘若出现边际成本大于比较收益的时候，人们会自动停止购买行为。公共消费的收益是群体收益的集合，是一种众多私人收益的集合。这其中，每一个个体的收益是不均等的，因此与成本的对称关系建立起来十分困难。公交车的运营成本，本质上是纳税人的财政捐赠，车票只不过是作为一张象征性门票，远不够承担公交车的运营费用。然而每一个纳税人乘坐公交车的频率、远近是有差异的，而且公交车节约了城市交通道路资源后的畅通效应，在不同的私人交通方式那里怎样评估，都是非常复杂的，多元函数方程也不一定能够准确表达的。

所以，纳税的意愿总是低于社会对公共财政筹集额度所需要的程度。并且，低收入人群即使是公交车的主要消费群体，但其有限的收入决定了其每一元钱的实际心理效用评价高于社会平均水平，所以搭便车心理很难杜绝。

可是经济学的成本理论告诉我们，成本低下的产品品质必然受到抑制，并且如果有太多的躲避成本的行为，最终结果是公共消费品的投资成本无法落实，公共品供给成为难题。为什么旧楼加装电梯总是处于一个漫长的邻里博弈状态，有些干脆就无法集合出一个集体共同行动？电梯和公交车一样，只不过是一个消费群体局限于同居一座楼里的居民的垂直短途公交车系统。电梯给同一栋楼房里的居民带来的消费效用是显而易见的，并且从低层往高层呈现递增现象。可是为什么非常难达成共同的利益契约？原因或许有以下三点：

第一，不同人群的消费购买力有所差异，对货币的效应评价因此也有了不同的心理测算。这是一个集体往往无法自动集合出关于公共消费效用大小的集体理性的原因。现实中出现居住在五楼和六楼的住户也不愿意分摊比较多建设电梯的费用的情况，或许还有其他博弈的心理，但不排除其对费用与建设电梯后的收益之间的认识与其他住户有差别的可能。按林达尔均衡所阐述的公共品有效供给理论，参与公共选择的每一个人，互相都知道别人在公共品中所获利益大小，因此不可能用信息不对称来故意压低自己在公共消费品中的获益，从而达到减少成本分摊份额的目的。

第二，个人理性从来就不能自动集合成集体理性。作为个体的经济人，在经济选择时是会趋利避害的。出现非理性行为的时候，一般都是信息不完全、知识有所缺憾所造成。可是在集体选择时，则由于参与者的差异性，以及各自关心的都是自己的利益，即使有比较完善的信息和较好的知识准备者，也不一定能够成功成为集体选择中的代议者或对参与者行为的有效劝说者。互相难以建立充分的信任机制是一方面，同时在旧楼加装电梯这样的本小利薄的公共项目上，也承担不起聘请其中的优秀者充当代议者的成本。

以往比较有效地被供给出来的公共品，多数是在政府这个强制性公共主体的财政收支平衡的基础上完成的。试想由政府主持的许多大项目，科技发展、水利设施等，在没有税收强制筹款的情况下，在没有一定的代议制机制下，也是不可能运作的。

第三，旧楼加装电梯所涉及的需要协调的工作，并不简单。

其一，邻里的意愿表达和沟通。加装电梯需要获得2/3的业主签名支持并把资金交出来，有各种想法的邻里，往往成为第一道难以逾越的坎。低楼层的业主，特别是一楼的业主，不仅不会主动表达支持的态度，还会激烈反对。因为其中的获益是差异性的，高楼层的业主即使很想把电梯建起来，也想在劝说工作时期望搭便车，不愿意主动出来承担对低层业主的劝说工作。

其二，向政府土地建设规划部门报建。政府并没有为旧小区加装电梯专门设置工作窗口，流程上也没有去研究简化。撇开相关工作人员有可能的衙门作风，单就无差别地把电梯工程和其他建筑工程一样去要求材料和走流程，就让不少利用业余时间跑电梯报建的邻里望而却步。

其三，与承担土建和电梯设备制造安装的商家的沟通协调。由于推举出来业余充当业主代表与商家打交道的人，本身不是这方面的行家里手，也没有足够的时间来保障这些工作的要求。就是在监督产品品质方面，节约成本的办法依然是专业化，聘请专业的土建监理工程师，所耗费尽管不菲，但是较事后质量隐患重生，还是不可节省的一笔费用。

二、如何将加装电梯中的各方利益协调的成本显性化，成为可以货币计量的会计成本？

按照福利经济学的补偿原则，任何在非帕累托选择中受损的一方，不一定都是福利增进的反对者，通过补偿，也有可能成为接受者。例如卡尔多的补偿原则，无法做到不损人情况下的利己时，那么给受损者必要的合理的补偿，事情就变得可能推进了。关键在于如何评价这个受损的额度以及补偿成本的分摊。

然而现实中，尤其是旧楼加装电梯这样牵涉面广，总预算又不大的民生项目上，遇到的难题还真不少。

第一，低楼层业主受损的补偿问题，首先是如何定损。由于权威的第三方评估机构的缺乏，显然承担补偿成本的其他业主，也无法忍受低楼层业主的漫天要价。权威的第三方评估机构怎样成长起来，本身也是一个市场发育的过程。中国的市场中间性组织缺乏，使很多交易陷于甲方和乙方无法破解的困境中。

第二，某些低楼层业主的捞一把心理，是否应该支持。在集体选择中，某些人因为福利的增进不多，或者趋向于零，产生出的心理不平衡——所谓不患寡而患不均。高楼层业主在电梯工程中所增进的福利，同时在一部分低楼层业主那里引起的心理涟漪，已经不仅仅表现为用所支出的货币成本能够衡量的了。

第三，与政府规划部门打交道的精力和时间成本，包括对土建和电梯公司产品品质监督所耗费的心血，如果有一个市场化的加装电梯服务公司，其服务收费便将这部分的代议者付出显性化，成为整个工程的会计成本的一部分，可以比较公平地分配到每一个收益者那里去。

长期以来，中国社会缺乏对于从事公益行为的人力和智慧的成本分摊，也缺乏有理论深度的思考和实践。社会中需要有人作为公共利益的代议者，由政府供给公共品时，政府是代议者。民间为主体供给公共品时，这个代议者是同一栋楼里选出的业主，还是某个专业的电梯加装一条龙服务公司？从节约角度考虑，似乎是业主选出代表最好。但是，这个业主代表也是非专业的，其学习成本也不低。加上代议者也不都是活雷锋，或者活雷锋的数量与社会需要的公共利益代议者的数量之间，有着一个巨大的落差。这个时候，成本由专业化的服务市场报出，是将代议者的成本显性化的一个必然趋势。

与前面我们议论的电梯的业主协调、政府报建、土建和电梯设备三块成本需要合理在收益业主内部分摊一样，代议者的时间和智慧付出成本，也一样有着落实的机制，否则可能导致选不出代议者，或代议者工作不尽心。

市场经济中国家的公益事业从业人员的收益比照其人力资本在私人经济中的标准，并不因为其所从事的公共利益事业，就在道德评价上认为可以亏欠。他们也是在市场经济中的一个劳动力要素，需要养家糊口。精神保障和物质上的成本补偿，二者都必须保证。在市场经济下，没有免费的午餐。唯一节约成本的路径，就是专业化后，熟练的代议者会比偶尔充当的代议者效率更高，质量更有保证，从而成本更低。

第四，高楼层的业主，也存在将自己成本外溢的心理。为什么在市场经济成长过程中，大量负外部性泛滥？不仅因为缺乏制度约束，也有希望偷偷“排污”的机会主义倾向存在。高楼层的业主获利与成本分摊的一致性，按集体行动的逻辑，有不推卸自己应该承受的成本（包括资金和时间成本），才能使加装电梯项目有比较好的推进基础。

三、成本分摊是杜绝搭便车的机会主义和实现公共利益契约的有效保障

搭便车的机会主义行为与利己的个人理性趋利避害是同时存在的，也是承认私有产权的市场经济社会当中，不可避免存在着的一种人的本来追求。只要不损害他人或公共利益，这种追求本身没有什么值得谴责的。

人类有两个公器来约束机会主义和利己主义的个人理性：一是道德伦理，不允许违背帕累托准则，损人利己；二是制度和规则，对于搭便车的机会主义行为，本质上是将自己的要分摊的成本外溢，制度和规则便强制性将其内部化。税收的强制征收，便是让公共品供给中的搭便车行为无法成功。

旧楼加装电梯这样的民间工程，因为不可能有强制征税的机制，也不可能在业主之间存在强迫。这里几个机制都是一次性建立的，在电梯工程中一次性产生，成本自然不菲。

第一，代议者的产生。政府就是公共利益谋求的常设机构，有现成组织法和组织成本形成机制。而在一栋楼里允许某一个或几个业主代表全体业主作出决策，本身是一个无法可依的事实。比如一些重大的采购决策，土建工程方案、电梯设备的选购，构成80%以上的工程成本，不得不一次一议地进行沟通。

第二，针对机会主义行为，人们在社会中，常见的有惩罚机制。比如乘车时逃票，比如躲避公共成本的分摊、逃税等，有现成的法律之剑在空中悬着。可是民间工程则缺乏约束机制，有的只是同居一栋楼的低头不见抬头见的道德劝说。

第三，公共利益的分享难以设置门槛，所以搭便车的心理容易实现。不少地

方设计出刷卡才能乘坐的电梯，以及用“分时租赁”的设想，将整个电梯工程建设、使用、维护等一系列外包给一个市场化运作的公司，用资金的时间价值作为定价之锚，虽然提高了总的成本，却也将所有因加装电梯引发的延伸成本，都市场化地显现为会计成本，类似于在某些旅游景点乘坐从山脚往山顶的缆车或“天梯”，几十元上百元一次，省去其中大量的协调摩擦成本。

第四，电梯是一件公共消费品，自然也是群体利益的物质载体。然而这个物质设备的成本分摊机制，目前似乎是一楼一议、一楼一契约。随着物是人非、时过境迁，其中一部分业主也可能易主，后面加入的，必须以承认原有契约为前提，否则契约的可延续性必然有隐忧。

四、公共利益契约需要的条件：利益基础上的有效组织和制度保障

尽管消费选择中，相当一部分已经呈现出明显的公共消费效率高于私人消费，比如私家车不如公交系统，各家各户一台洗衣机不如洗衣房，共享单车的利用效率远高于私人占有。但是共享经济在热闹了一阵后，开始遇到无道德底线的摧残，以至于终于表现出，以私人产权为基础的市场经济，虽然不如共享经济具有效率，但却是可以持续性生存与发展的模式。

究竟是人类的智慧不够，还是没有寻找到合适的制度安排，使一个眼见高效率的模式濒临死亡。某种意义上讲，旧楼加装电梯也是在集资完成一项业主共享的公共消费。其中的困难还不是简单地让大家出钱凑份子完成电梯井土建和电梯设备的购买行为，而是如何达成一项公共利益的契约：这个建立在利益基础上的公共选择，最为关键的地方是，能否有一个有效组织行为，后面有着有力的制度设计与保障措施。

人类有一个矛盾的现象，在没有被组织起来时，几乎都有被组织的愿望，也知道组织起来的集体力量大于个体。然而真到了该集合个人理性为集体理性时，叶公好龙的心理立即暴露出来。卢梭的社会契约论认为，每一个个人的一部分权利让渡出来，是形成集体力量的前提。可是卢梭并没有提到在这个让渡过程中，有一部分人的心思是，能否比别人少让渡，而获得的利益不少于他人。搭便车的冲动，怎样在组织过程中被有效抑制是一个难题，而且常常是两难选择，一方面希望公共品能够顺利地被供给出来，另一方面又担心，在公共品中，其效用外部性是没有办法内敛的。收费困难本来就是导致搭便车行为得以实现的条件，刷卡式乘坐电梯，并没有普及开来，在杜绝了某一个弊端的同时，又引发出新的窘境：是否每一个家庭成员都需要有一张卡？卡系统也是一个门票软件系统，其本

身的成本是否导致规模不经济的选择？

在民法方面，公共消费的权益如何保障？比如电梯的折旧如何提取？运维费用怎样分摊？在电梯物理寿命即将结束时，一次性更新改造的资金怎样筹措？作为房屋产权的一个延伸，其物权怎样在政府部门获得认定？二手房交易时，电梯的产权本来应该随房屋转移，可是原来按某个比例分摊的公共物权，是否今后的运维费也依照这个比例分摊？诸如此类的一系列需要制度保障的方面，目前都是且行且试验，没有一个较好的范本指导。

按照《物权法》第九十七条规定："处分共有的不动产或者动产以及对共有的不动产或者动产作重大修缮的，应当经占份额2/3以上的按份共有人或者全体共同共有人同意，但共有人之间另有约定的除外。"可是在一栋居民楼里，并没有议事的现成规则，相当一部分业主也缺乏对公共事务处置原则的法律知识，所以迫切需要在政府帮助下，提供居民楼里的公共决策流程范本，并且将其覆盖在物权法下，使得民间一些反悔行为甚至撒泼胡闹的可能性降到最低。

五、集体行动的逻辑：由加装电梯工程引起的相关思考

电梯消费是一栋居民楼里的公共消费行为，而公共消费需要建立在集体理性的基础上。按照逻辑推论，只要是理性选择，市场交易机制就可以引导资源配置实现效率最优。可是，个人理性（自利性）并不自然导引出集体理性。曼瑟尔·奥尔森通过研究集体行为的有效运行发现"个人理性不是集体理性的充分条件"，如果由于某个个人活动使整个集体状况有所改善，由此我们可以假定个人付出的成本与集体获得的收益是等价的，这个个体的努力印证在整个集体的利益的增进上，但付出成本的这个个人往往却只能获得其努力创造的收益的极小的一个份额，因为作为集体的一个成员，他只能按成员之一的身份来分享公共利益的增进。因为集体利益的产权是公共性的，集体中的每一个成员必须共同分享他的那一份，而不管这个成员是否为这种公共利益的增进付出了成本或努力。这里关键的问题在于不论是公共利益（公共产品或公共服务）还是公共损失（外部负效应），都存在其效用的不可分割性，造成了个人的机会主义行为不可避免，在公共利益面前逃避成本分摊的份额（逃税行为），在公共损失（外部负效应）面前逃避责任。前者是搭便车，后者是转嫁私人成本于公共主体。这样集体理性（公共利益的最大化）的形成机制就被破坏了，所以说外部性和搭便车的机会主义行为破坏了个人理性通向集体理性、众多的个人利益集合成集体利益的桥梁。这个问题导致公共消费无法通过市场机制来自动实现效率配置，也对经济学上的倘若

没有交易费用市场可以达成一切交易的有效性提供了佐证，在公共消费的实现过程中，交易费用就是私人理性无法自动集合出集体理性。

首先，“市场机制是最好的资源配置机制”这个经济学通则，现在看来需要对其有所约束，即这个说法只是在一定前提下才成立。可以表述为在没有外部效应的私人经济行为领域，市场机制才是最好的资源配置机制。按交易行为涉及的最简单的利益关系来看，两两交易并且没有产生对第三方的外部负效应的情况下，交易双方的比较优势得到发挥，通过将彼此稀缺性较低的物品或服务交换成稀缺性较高的物品或服务，所占有边际效用和总效用都有所增加。这是符合帕累托改进的交易行为，也是在现实经济生活中约束最紧的市场交易行为。

但经济活动中的交易关系远比两两交换的关系要复杂得多，两两交换很可能在促进了交易双方利益的同时，给处于交换关系之外的第三方带来了利益的损失。这种损失有可能是与交易双方无关的，如卡拉OK厅的扰民问题；交易带来的损失也可能与交易双方有关，但交易者获得了利益补偿，其个人净收益还是大于零的，社会却为交易支付了一块成本，如污染问题。在两两交换行为产生了对两两之外的人们（不仅仅是第三方，甚至第四、第五方等）的外部效应，都违背了帕累托改进的“不损害他人利益前提下的自我利益增进”约束，市场机制的有效性这时就遭到了损坏。

由此可见，市场机制有效发挥作用的条件并不是任何时候都具备。因为条件不具备，追求个人利益最大化的个人理性就无法自然聚合成整个社会利益增进的集体理性。

其次，在不具备“交易是在没有外部性的条件下进行的”情况下，市场机制要么不能有效配置资源，要么需要通过一定的矫正机制使市场失灵得到修复。一般而言，修复市场机制以保障不被个人利益的外部性损坏的力量必须是外生的。尽管存在一部分道德情操高尚的人从内心约束自己损人利己的外部性冲动，但部分人的道德境界不足以成为全体人们的道德约束，只要有一个例外就可能导致社会利益的大堤有“管涌”，公共利益的大堤不会崩塌的防线必须建立在有效的外力强制性制度约束上，或许有一天，整个社会而不是一部分人的道德境界上升到内生地不产生外部负效应的时候，个人理性就不仅是从制度层面而且也从道德精神层面通向了集体理性。

那时的政府所提供的公共服务的原因就演化成单一的节约交易费用、追求规模效益的原因了。但今天显然还不行，不仅个人需要外生的强制性约束才能保障其经济行为的成本不外溢，而且作为一个局部利益的主体的企业、地区和部门以及单位与个人，都有可能在其经济行为中选择“上有政策，下有对策”的博弈行为。

第三，交易常常有可能在不对称的情况下进行，或是买卖之间信息不对称，或是力量不对称，不论是信息的垄断和还是市场份额的垄断都可能使交易失去公平性，导致市场机制对资源配置的效率受到损害。拥有较多信息的一方可以使交易利益的分配朝有利于自己的方向倾斜，拥有市场垄断地位的一方可以将垄断价格强加给交易的另一方，使交易总是处于不公平的条件下进行。政府或第三方组织存在的一个理由就是消除交易的非公平性，对信息垄断或市场垄断的一方加以管制，为社会提供一个公平交易的市场环境。例如低楼层业主的利益受损成为旧楼加装电梯第一难题，漫天要价成为此番交易无法进行的主要困境。两两交易或多边交易，在不可能轻易取得帕累托改进的条件下，缺乏受损评估是完成交易的主要障碍。一旦合理评估后，受损方取得受益方的补偿，交易得以完成，资源配置得以优化。

表面上看，旧区改造加装电梯仅仅是社区内小范围内的消费选择而已。但笔者认为，在中国的政治经济学视野里，一种公共消费真的需要从范式选择、人们的趋利行为、如何在公共制度创新下，尽快完成从市民社会到市民政治，将一个个分散的私人利益驱动引导到可以凝结成公共需求聚焦点上来，才能如同中国的高铁、高速公路、城市地铁那样快速发展。这二者之间缺的不是资金，也不是需要，而是将个人理性通向集体理性的桥梁。

参考文献：

［1］曼瑟尔·奥尔森. 集体行动的逻辑[M]. 陈郁，郭宇峰，李崇新，译. 上海：格致出版社、上海三联书店、上海人民出版社，2019.

［2］埃莉诺·奥斯特罗姆. 公共事物的治理之道[M]. 余逊达，陈旭东，译. 上海：上海三联书店，2018.

［3］刘军宁. 市场逻辑与国家观念[M]. 北京：北京三联书店，1995.

［4］孙来祥. 规范经济学与社会选择理论[M]. 北京：北京大学出版社，1990.

［5］安·B. 阿特金森，约·E. 斯蒂格里茨. 公共经济学[M]. 蔡江南，许斌，邹华明，译. 上海：上海三联书店，1992.

［6］W. 阿瑟·刘易斯. 经济增长理论[M]. 梁小民，译. 上海：上海三联书店、上海人民出版社，1994.

[7] R. 科斯，A. 阿尔钦，D. 诺斯. 财产权利与制度变迁[M]. 上海：上海三联书店、上海人民出版社，1994.
[8] 罗伯特·考特，托马斯·尤伦. 法和经济学[M]. 史晋川，董雪兵等，译. 上海：格致出版社、上海三联书店、上海人民出版社，2010.
[9] 叶进科. 基于旧楼加装电梯的难点与解决思路研究——以广州市增城区既有住宅集中连片加装电梯方案为例[J]. 住宅与房地产，2019（15）：200.
[10] 卫德明. 八大建议解决上海旧楼加装电梯难题[N]. 政府采购信息报，2016-10-10（23）.
[11] 王伟玲，宋子昀. 公共管理中的分歧管理——以旧楼加装电梯的管理为例[J]. 中国市场，2018（20）：118-121.
[12] 韩清雪. 浅析旧楼加装电梯存在的问题与阻力——基于广州的实证研究[J]. 科技信息，2013（22）：405.

（作者：江波，华南师范大学经济与管理学院教授、产业经济研究所所长）